陳鴻瑜————著

A HISTORY
OF LAOS

寮國史

自序

　　寮國位在印度支那半島的內陸地區，又是一個共黨政權，長期以來與世隔絕，臺灣學者和商人也很少對它感到興趣，即使在 1993 年的南向政策下，也很少台商前往寮國投資。在高等教育方面，亦因為寮國缺乏戰略重要性，一般都是略而不談寮國政情。以寮國作為學位論文者，更是鳳毛麟角，寥寥無幾。坊間書店很少有介紹寮國歷史的書籍，新聞媒體對於寮國的報導也是極少，可以這樣說，臺灣對寮國是相當陌生的，此引起本人想介紹寮國歷史的動機。

　　筆者參閱許多有關寮國史的英文著作，跟其他有關緬甸、柬埔寨或泰國歷史的著作一樣，最感到困擾的是人名、地名和史事，各書皆有各自的拼寫和記載，甚至年代時間也有差異。為了讓讀者清楚人名和地名，本書會在中文人名後面附上不同的英文拼寫，在註釋中則呈現不同書的有關年代和史事的不同記載。

　　在中國的古文獻中亦有若干有關寮國的記載，不過，都非常簡略，而且當時中文記載的寮國國王姓名，跟英文著作中的國王姓名有明顯的差距，因此只能從年代來推斷同一個年代的國王姓名。中國文獻記載的有關老撾或南掌的史事，幾乎都是以琅勃拉邦王朝為對象，對於永珍王朝或寮國南部的占巴塞王朝則少有記載。

　　跟筆者撰寫泰國史、緬甸史、柬埔寨史的寫作風格一樣，本書主要是以政治史為主，經濟部分僅略微提及，有一專章討論寮國文化。

　　本書如有疏漏之處，敬請博雅讀者諸君不吝賜教。

陳鴻瑜謹誌

2017 年 1 月 22 日

目 次

圖目次

表目次

中國

中國

越南

豐沙里

緬甸

瑯南塔

桑怒

琅勃拉邦

川壙

寮國

東京灣

永珍

湄公河

他曲

泰國

沙灣拿吉

沙拉灣

百細

柬埔寨

第一章

緒　論

第一節　自然環境與種族

　　寮國位在印度支那半島的中部內陸地區，南北狹長、東西窄，呈長條狀，湄公河從北向南流經其西部，形成少數的河流谷地和平原，主要有北部琅勃拉邦（Lung Prabang）沖積平原、中部永珍 (Vientiane) 平原。琅勃拉邦南部是川壙高原（Xiangkhoang Platueu），再往東有安南山脈與越南相鄰，中部和南部有安南山脈和越南中部相鄰，南部有波羅文斯高原（Bolovens Platueu）與柬埔寨相鄰。就地形而言，寮國全境幾乎是山地。

　　寮國北鄰中國，東連越南，西北接緬甸，西和西南界泰國，南與柬埔寨接壤。西北部以湄公河為中國、緬甸、泰國和寮國四國交界處，俗稱「金三角」，是治安的死角，成為鴉片生產和走私的地區。

　　由於是內陸地形，對外交通主要靠陸運和空運。北邊和中國有公路可通，其東部係通過越南中部的港口，將貨物運至海外。永珍以東 20 公里的塔納楞火車站從 2009 年 3 月 5 日通火車到泰國廊開市，是寮國唯一的鐵路線。

　　人口有 7,056,677 人（2015 年 7 月），是全世界最貧窮國家之一，全國有 22% 的人生活在貧窮線下（2013 年），預定在 2020 年脫離低度發展國家之列。其人均國民生產總值有 3,100 美元（2013 年）。約 73% 的人住在農村。主要經濟活動依賴天然資源出口，包括電力、銅礦、金礦、錫礦、咖啡、木材、木薯。2012 年主要出口國泰國占出口額 34%，中國 21.5%，越南 12.2%；主要進口國泰國占 62.1%，中國 16.2%，越南 7.3%。多年來對外貿易呈現逆差。2013 年積欠外債 66 億 9,000 萬美元。外來投資有增加趨勢，2011 年為 124 億 4,000 萬美元，2012 年為 151 億 4,000 萬美元。1975 年成為寮國共黨統治的一黨專政體制，至 1986 年才改革開放。1997 年加入東南亞國家協會（ASEAN），成為該一組織的家庭成員，脫離孤立的地位。2004 年獲得與美國「正常貿易關係」（Normal Trade Relations）之地位。

2013 年初加入「世界貿易組織」（World Trade Organization），隨即獲得美國「普遍優惠關稅制」（Generalized System of Preferences）之優惠。[1]

關於寮國種族之數量，有各種說法。根據法國統治時期之研究資料顯示，寮國共有四十七個種族，可分成三大族群，住在高地寮國的寮松族（Lao Sung，又稱高山寮族），占人口的 10%；住在中高山地的寮順族（Lao Theung, Lao Thoeng，又稱中高山寮族），占人口的 24%；住在低地寮國的寮龍族（Lao Loum, Lao Lum，又稱低河谷地寮族），占人口的 66%。在寮國獨立後，寮龍族之主要族群是寮族和泰族；寮順族之主要族群是卡族（Kha）；寮松族之主要族群是苗族（Meo）和猺族（Yao, Mien）。[2]

1999 年春季，「寮國族群團體國家建設研究部陣線」（Lao Front for National Construction Research Department on Ethnic Groups）派遣人員調查寮國各地種族情況，最初的報告指出寮國有五十五個種族，後來減為四十九個。在 2000 年 8 月 13–14 日正式接受該一調查結果，成為官方的種族數字。基本上，寮國種族分為四大類別：

1. 寮泰族（Lao-Thai）：有八個族群，包括寮族（Lao）、普泰族（Phu Thai）、泰族（Tai）、留族（Leu）、元族（Yuan）、沙克族（Saek）、揚族（Yang）、泰怒族（Thai Neua）。

2. 蒙明族（Hmong-Mien）：有兩個族群，包括蒙族（舊稱苗族，意即自由人）[3] 和魯明族（Lumien）。

3. 中國—西藏族（Chinese-Tibet）：有七個族群，包括阿卡族（Akha）、辛西里（Singsili）、拉胡族（Lahu）、西拉族（Sila）、哈乙族

1. https://www.cia.gov/library/publications/resources/the-world-factbook/geos/la.html　2015 年 8 月 23 日瀏覽。

2. Vatthana Pholsena, *Post-War Laos, The Politics of Culture, History, and Identity,* Cornell University Press, Ithaca, New York, 2006, pp.155,224.

3. Peter and Sanda Simms, *The Kingdoms of Laos, Six Hundreds Years of History*, Curzon Press, UK, 1999, p.199.

（Hayi）、儸儸族（Lolo）、霍族（Hor）。

4. 孟高棉族（Mon-Khmer）：有三十二個族群，包括崁姆族（Kammu）、普來族（Plai ／ Prai）、新木恩族（Singmun）、封恩族（Phong）、天恩族（Thaen）、伊度族（Idu）、畢特族（Bit）、拉眉特族（Làmet）、山道族（Samtao）、卡坦族（Kàtang）、馬倥族（Màkong）、特里族（T'li ／ T'ri）、塔歐伊族（Tà-Oy）、伊魯族（Y'lù ／ Y'rù）、特連族（Tlieng ／ Trieng）、雅族（Yàe）、拉偉族（Làvi）、不老族（Blao ／ Brao）、卡土族（Kàtu）、歐伊族（Oy）、克連族（Klieng ／ Krieng）、沙丹族（Sàdang）、拉拉克族（Lalàk ／ Ralàk）、司威族（Suay）、高棉族（Khmer）、帕可族（Pàkò）、土姆族（Tùm）、恩光族（Nguan）、孟族（Mon）、克里族（K'li ／ K'ri）、成族（Chéng）。[4]

另外據美國中央情報局（Central Intelligence Agent, CIA）的資料，寮族（Lao）占 54.6%、克茂族（Khmou）10.9%、蒙族（Hmong）8%、泰族（Tai）3.8%、普泰族（Phu Thai）3.3%、留族（Leu）2.2%、卡坦族（Kātang）2.1%、馬倥族（Mākong）2.1%、阿卡族（Akha）1.6%、其他族（10.4%）、未明族群 1%。[5]

Laotian 一詞是指寮國人民，Lao 一詞是指寮族。

寮龍族說的是泰－卡代語系（Tai-Kadai），例如寮語（Lao）、魯語（Lue）、泰丹語（Tai Dam, Black Tai)、泰登語（Tai Deng, Red Tai)。寮龍族較喜歡住在低地河谷地區，從事稻米農作生產。寮順族是住在中部的土著，原本是在低地種稻為生，後來遭到寮族的驅迫，而遷移到中部山區。寮順族的文化和語言比寮龍族更為複雜，包括在北部的崁姆族（Kammu,

---

4. Vatthana Pholsena, *op.cit.*, p.226. 原書列出的孟高棉族只有三十一個族群，少了一個。

5. https://www.cia.gov/library/publications/resources/the-world-factbook/geos/la.html 2015 年 8 月 23 日瀏覽。

Khamu and Khmu)、拉眉特族（Lāmet），在中部的卡坦族和馬佺族，在南部的羅文族（Loven）和拉衛族（Lawae）。寮松族為住在北部山地的少數民族，主要族群有蒙族，又稱苗族，另有猺族、黑泰族（Black Thai）、道族（Dao）、撣族（Shan）、阿卡族、拉胡族和幾個說藏緬語（Tibeto-Burman）的小族群。[6]

基本上，上述諸族群可分為兩大類，一是住在河谷地帶的族群，一是住在高地的族群。前者種植水稻，信仰佛教；後者種植旱稻，信仰拜物教。[7]二者在生活習慣、想法和政治態度上皆不同。傳統上低地寮族並沒有同化高地寮族的政策或想法，而是各自過著各自的生活。

雖然種族之間在血統和風俗習慣方面有差異，但很少發生直接的衝突。歷史上偶爾會因為剝奪的模式和爭奪自然資源，導致族群間的緊張，而爆發衝突，直至 1990 年代初還曾發生。例如，低地寮泰族移入河谷低地，迫使寮順族移到高地，在政治上取得優勢。寮順族常被稱為「卡」族（Kha），是「奴隸」的貶詞，反應他們居於社會的貶抑地位。此一稱呼的來源是因為在十八世紀和十九世紀，寮國南部有奴隸買賣，常涉及寮順族。

法國殖民統治時期，加強低地寮族的地位，給予他們教育以及任命他們出任地方和省級官員。在 1900 年代初，寮順族和寮松族進行數次反抗寮泰族和法國當局的活動，最後都被鎮壓。在 1950 年代，左派的「巴特寮」（Pathet Lao）甄選寮順族和寮松族加入，參加對抗法國的軍事活動。自1975 年起，寮順族和寮松族在中央和省級的官員人數皆有增加。[8]

寮國憲法規定人民有信教自由，幾乎大多數人都是信奉佛教，寮龍族

---

6. http://encyclopedia.lockergnome.com/s/b/Laos#Politics 2005 年 5 月 23 日瀏覽。
   http://www.photius.com/countries/laos/society/laos_society_ethnic_diversity.html 2005 年 5 月 23 日瀏覽。

7. Vatthana Pholsena, *op.cit.*, p.20.

8. http://www.photius.com/countries/laos/society/laos_society_ethnic_diversity.html 2005 年 5 月 23 日瀏覽。

信仰小乘佛教，部分寮順族信奉拜物教。佛教徒約占 60%，拜物教及其他宗教約 40%，後者包含 1.5% 的基督教徒。[9]

第二節　早期歷史

　　寮國族群從何處而來？並無確切的史料足資證明。寮國是內陸國，沒有濱海，因此其民族從海上遷移而入的可能性不大，最有可能是經由湄公河順流而下。湄公河的上游是中國的瀾滄江，發源自雲貴高原，約在西元前第二世紀末在中國雲南境內的瀾滄江段出現哀牢國，其族人可能順著湄公河下游遷移，在各個較平坦的河谷地定居。哀牢族跟印度支那半島上的泰族、撣族、占族應是血緣相近的族群，風俗習慣也接近。緬甸的撣族的「撣」（Shan）與泰國的暹族的「暹」（Siam）、南掌的「掌」（Xang）、古代越南的越裳的「裳」和中越占族的「占」（Cham）等字，應是相同的古音而不同的音譯，都是指古代的暹種族。

　　雲南通志一書對於南掌一名之起源有如下清楚的界定：「老撾係俗名，南掌係國號，方言以水為南，以象為裳（應為掌），因水土出象，故名南掌，即古之越裳氏，僻處雲南之極西，與交趾、緬甸交界，其人民繁盛，疆域遼闊亦與兩國相等。」[10]

　　清朝的**皇朝通典**一書的說法則有不同，該書記載：「南掌本老撾部屬，其俗佩雕刀為飾，故呼為撾家，古為越裳氏地，明嘉靖間始稱南掌。」[11]

　　普爾斯納（Vatthana Pholsena）舉述一位寮國作家郎帕西（Douangsai

9. http://www.StudentsoftheWorld.info　2005 年 5 月 23 日瀏覽。

10. [清] 岑毓英、陳燦纂修，(光緒) **雲南通志**，卷一九六。

11. [清] 李傳熊編修，**皇朝通典**，收錄在**欽定四庫全書**，史部，卷九十八，景印文淵閣四庫全書，第 643 冊，臺灣商務印書館，台北市，1986 年，頁 13。

Luangpasi）在 1996 年出版了**昆滄王國**（*Anajak Khunchiang, Kingdom of Khunchiang*）一書，郎帕西認為 Lao 字是指 Dao，意指天上的星星，該一民族原先住在北方高海拔的地區或來自上天，哀牢一詞就是源自該 Dao 字。中國人在黃河上游遇見哀牢人，彼此來往相互協助，中國人對於 Ai Dao 之發音不正確，轉音變成 Ai Lao。[12] 普爾斯納認為郎帕西該一說法沒有引用資料來源，很不正確。普爾斯納說實際上在寮國小學教科書卻教導寮國人是源自數千年前中國的哀牢國的後代遷移到今天寮國境內。他批評該一說法忽略了澳亞（Austroasiatic）語族的起源，1995 年寮國的人口普查，屬於澳亞語族占總人口的 23%，他們包括孟高棉族 22.7% 和越蒙族（Viet-Muong）0.3%。[13] 普爾斯納的說法受到若干語言學家的影響，特別是澳洲學者貝爾烏德（Peter Bellwood），貝爾烏德將東南亞語系分為四個，包括澳亞語系（Austroasiatic，分布在越南和柬埔寨、印度東北的 Munda）、南太平洋島嶼語系（Austronesian，分布在臺灣、越南南部占族 Cham 活動區、馬來西亞、菲島和除了說巴布亞語的 Irian Jaya、Timor、Alor、Pantar、Halmahera 等地之外的印尼群島）、藏緬語系（Tibeto-Burman，分布在緬甸）、和泰—卡代語系（Tai-Kadai，分布在泰國）。[14]

此外，德威（Barend J. Ter-wiel）亦認為源自中國漢朝的哀牢族與今天寮國的寮族並無直接關係，在第八世紀在雲南建立的南詔國也不是哀牢的後代，說藏緬語的儸儸族（Lolo）才是。[15]

前述普爾斯納的說法過於受到語言族群之假設性理論之影響，其實以語族之角度來排除哀牢族，並不妥當，因為寮國南部屬於孟高棉族，是貝

---

12. Vatthana Pholsena, *op.cit.*, p.82.

13. Vatthana Pholsena, *op.cit.*, p.82.

14. Peter Bellwood, "Southeast Asia before History, " in Nicholas Tarling(ed.), *The Cambridge History of Southeast Asia, Vol. One, From Early Times to C.1500*, Cambridge University Press, United Kingdom, 1999, pp.114-115.

15. Vatthana Pholsena, *op.cit.*, p.82.

圖 1-1：大石罐
資料來源：http://archive.archaeology.org
/0507/abstracts/laos.html　2015 年 8
月 20 日瀏覽。

爾烏德所定義的澳亞語系，而位居寮國最大族群哀牢族，不屬此一分類。儘管一些學者質疑哀牢和今天寮族的關係，但中國古書的記載應是一個很具參考價值的著作，它說明了哀牢族分布在今天泰北、寮國北部、越南西北部、中國雲南到四川一帶的山區。泰族人自稱哀牢。[16] 至於哀牢族是否為一個單一族群，中國古籍並未如此說，當時應該還有其他少數民族存在，而哀牢族應是較大的族群。因此，哀牢族與其他少數民族通婚混血是可能的，他們的後代分別定居在不同地區後，逐漸演化成各具特性的族群。

考古學家於 1994–1996 年在川壙省的首府豐沙灣（Phonsavan）的一處山區的九十處遺址挖掘到許多大型石罐，高 9 尺，重 14 噸，有些是沙岩、有些是花崗岩雕成，形狀有圓形，也有方形，其功能可能是裝器具，也可能是裝屍體，時間約在西元前 500 年到西元後 800 年的鐵器時代。[17]

2006 年，寮國和澳洲考古學家在素旺那曲（Savannakhet）的西朋（Sepon）進行挖掘，該地是古代銅礦場，約在二千五百年前即有冶煉銅礦，附近一處墳墓發現有銅錠和銅礦石、玉石珠和瓦罐的陪葬品。該遺址和越

16. Rong Syamananda, *A History of Thailand*, Thai Watana Panich Co., Ltd., Bangkok, Thailand, 1973, p.7.

17. Karen J. Coates, "Plain of Jars," *Archaeology*, Vol.58, No.4, July/August 2005.（http://archive.archaeology.org/0507/abstracts/laos.html　2015 年 8 月 20 日瀏覽。）

南的銅鼓文化有關連嗎？考古學家正在研究中。[18] 越南東山遺址發現的銅鼓，時間約在西元前 800–200 年之間。[19]

　　2007 年在康盆地（Khan Basin）、2008 年在帕盆地（Pa Basin）的考古遺址發現西元前 350–130 年人類牙齒和火燒的遺跡。[20] 2012 年，由美國、法國和寮國組成的考古隊在靠近寮北和越南邊境的安南山脈的洞穴，發現約四萬六千年前到六萬三千年前之間的人類頭蓋骨化石，他們推論此可能是東南亞最早的現代人。[21]

　　法國考古學者迪米特（Fabrice Demeter）等人在寮北華潘省安南山脈的唐亨（Tam Hang）發現穴居的人類，有 217 塊石製工具，其中有石製薄片，可能用於切割，還有圓形的紡錘石塊、動物骨骸，以及火燒的痕跡，人體骨骸之年代約距今一萬五千七百年。另外還發現 389 塊陶器破片，可能是瓦罐的破片，上有不規則的線形圖案。[22]

　　普遜申（Souneth Photisane）認為在寮國和泰國東北部發現距離現在三千年前的佛廟石頭界碑，碑上還雕刻有蓮花、矛、佛陀、**本生經**等，這些石碑未見於印度和斯里蘭卡，而僅見於寮國和泰國東北部，可見該一地區的人種是有關連的。[23] 但該一說法在時間上有疑問，因為佛陀圓寂的時

---

18. "Archaeology and culture,"（http://www.mmg.com/en/Our-Operations/Mining-operations/Sepon/Living-in-the-community/Archaeology-and-culture.aspx 2015 年 8 月 20 日瀏覽。）

19. http://www.hawaii.edu/cseas/pubs/vietnam/vietnam.html 2006 年 6 月 9 日瀏覽。

20. Joyce C. White, Helen Lewis, Bounheuang Bouasisengpaseuth, Ben Marwick & Katherine Arrell, "Archaeological investigations in northern Laos: new contributions to Southeast Asian prehistory," *Antiquity*,（http://antiquity.ac.uk/projgall/white/ 2015 年 8 月 20 日瀏覽。）

21. "Fossil Finds in Laos May Represent Earliest Modern Humans in Southeast Asia," *Popular Archaeology*, August 20, 2012.（http://popular-archaeology.com/issue/june-2012/article/fossil-finds-in-laos-may-represent-earliest-modern-humans-in-southeast-asia 2015 年 8 月 20 日瀏覽。）

22. Fabrice Demeter, Thongsa Sayavongkhamdy, Elise Patole-Edoumba, Anne-Marie Bacon, John De Vos, Christelle Tougard, Bounheuang Bouasisengpaseuth, Phonephanh Sichanthongtip and Phlippe Duringer, "Tam Hang Rockshelter: Preliminary Study of a Prehistoric Site in Northern Laos" *Asian Perspectives*, Vol. 48, No. 2, Fall 2009, pp. 291-308.

23. 參考自 Vatthana Pholsena, *op.cit.*, p.101.

間按照泰國的說法是在西元前 543 年，因此該石頭界碑不可能距離現在三千年。在泰國和寮國的習慣，這類石碑是立在寺廟的四個角落，表示該寺廟的範圍所在。其他東亞國家則無此習慣。

　　普逖申又說在琅勃拉邦省的普山宋（Phu Sam Sum）和普高雷（Phu Khao Lêp）發現比銅鼓更早的石椅，上面繪有青蛙、蟾蜍和鳥。在銅鼓上也有這些圖形，可見銅鼓是從石椅逐漸演化而成。寮國的歷史學者遂認為寮國的銅鼓遠早於越南的銅鼓，是越南銅鼓的發源地。[24]

　　除了考古發現外，有關於寮國早期王朝的情況，中國文獻的記載有限。這些中國文獻紀錄並不完全，僅略微提及這些國家何時到中國朝貢，對於其國情之介紹大都很簡略。茲依其在中國載籍中出現的前後順序，列述如下。

（一）文單國

　　在中文文獻中，第一次提到文單國的時間約在 625 年，**唐書**曾記載：

　　「唐高祖武德八年（625），文單西北屬國曰參半，使者來。道明者亦屬國，無衣服，見衣服者，共笑之，無鹽鐵，以竹弩射鳥獸自給。」[25]

　　關於文單之地點所在有不同說法，有謂之在寮國南部的萬象（永珍）。[26] 王頲認為是位在泰國東部穆達漢（Mukdahan）府南面附近。[27]

　　宋朝王溥認為文單即陸真臘。[28] 辛姆斯（Peter and Sanda Simms）認為陸真臘的首都在寮國南部占巴寨的瓦普（Wat Phu 或 Wat Phou）。[29] 瓦普約在西元第五世紀建立許多印度教寺廟，供奉濕婆神。當高棉帝國在第十三世紀

---

24. 參考自 Vatthana Pholsena, *op.cit*., pp.101-102.

25. [宋] 歐陽修、宋祁撰，**新唐書**，卷二百二十二下，列傳第一百四十七下，南蠻條，頁 5。

26. 參見景振國主編，**中國古籍中有關老撾資料匯編**，河南人民出版社，中國，1985 年，頁 32，註 67。

27. 王頲，「徑行半月：文單國新探及真臘疆域問題」，載於王頲著，**西域南海史地研究**，上海古籍出版社，上海，2005 年，頁 129-146。

28. [宋] 王溥撰，**唐會要**，卷九十八，真臘國條。

29. Peter and Sanda Simms, *op.cit*., p.10.

接受小乘佛教後，該地的宗教信仰亦變成小乘佛教。該地至今尚存的印度教寺廟和佛教寺廟之遺址在 2001 年被聯合國列為世界文化遺產。[30]

（二）道明國

元朝周致中所撰的**異域志**卷上道明國條記載：「與野人同，國人不著衣服，見著衣者即共笑之。俗無鹽鐵，以竹弩射蟲魚，俗稱脫個桂板者此也。」

有認為道明，約在寮國北部。有認為是堂明的另一種稱呼。有認為位在寮國東南部或緬甸沿岸。[31] 景振國認為堂明位在寮國北部一帶。[32]

惟根據**唐書**之記載：「真臘，一日吉蔑，本扶南屬國。去京師二萬七百里。東距車渠，西屬驃，南瀕海，

圖 1-2：瓦普寺廟的石雕
資 料 來 源：Mark Wiens, "Visiting Wat Phou (Ancient Temple Complex) in Champasak, Laos," Migrationology, June 22, 2011, http://migrationology. com/2011/06/visiting-wat-phou- ancient-temple-complex-in-cham- pasak-laos/ 2016 年 2 月 24 日瀏覽。

北與道明接，東北抵驩州。」[33]真臘，即今之柬埔寨。驩州，位在越南中部。柬埔寨之北部與道明相接，因此道明應位在寮國中部或南部地帶。

---

30. "Wat Phu," *Wikipedia.*（https://en.wikipedia.org/wiki/Vat_Phou 2016 年 2 月 24 日瀏覽。）
31. 陳佳榮、謝方、陸峻嶺編，**古代南海地名匯釋**，中華書局，北京，1986 年，頁 791-792。
32. 參見景振國主編，前引書，頁 30，註 45。
33. [宋] 宋祁撰，**唐書**，卷二百二十二下，列傳第一百四十七下，南蠻條，收錄在**欽定四庫全書**，頁 4。

（三）陸真臘

「唐太宗貞觀二年（628）十一月，真臘國又與林邑國俱來朝貢。太宗嘉之，賜賚甚厚。今南方人謂真臘國為吉蔑國，自神龍以後，真臘分為二半，以南近海多陂澤處，今謂之水真臘半。以北多山阜處，今謂之陸真臘，亦謂之文單國。貞觀中，累遣使朝貢。」[34] 新唐書亦記載說：「神龍後分為二半：北多山阜，號陸真臘半；南際海，饒陂澤，號水真臘半。水真臘，地八百里，王居婆羅提拔城。陸真臘或曰文單，曰婆鏤，地七百里，王號『覘屈』。」[35]

泰國學者隆恩（Rong Syamananda）認為真臘在 706 年分裂為水真臘和陸真臘兩國。水真臘位在湄公河下游河谷和交趾支那（位在越南南部），其首都在山布普拉（Sambhupura）或山勃（Sambor）。陸真臘位在湄公河上游河谷，首都可能在今天寮國的他曲（Thakhek）。[36] 他曲為甘蒙省首府，位在湄公河畔，其對岸是泰國城市那空拍儂（Nahkon Phanom）。至 857 年，水真臘和陸真臘透過通婚而合併，開啟了高棉帝國。[37]

布里格斯（Lawrence Palmer Briggs）認為真臘早期的主要活動地區在蒙河（Mun）流入湄公河河口以下，寮國東南部湄公河沿岸的巴寨（Basak, Bassac, Passac）。[38] 巴寨，應是現在所稱的占巴寨（Cham Passac）。

另有一說認為陸真臘的首都在斯里司塔普拉（Shrestapura），它位在占巴寨的附近。

---

34. [宋] 王溥撰，**唐會要**，卷九十八，真臘國條。
35. [宋] 歐陽修、宋祁撰，**新唐書**，卷二百二十二下，列傳第一百四十七下，南蠻下，真臘條。
36. Rong Syamananda, *A History of Thailand*, Thai Watana Panich Co., Ltd., Bangkok, Thailand, 1973, p.16.
37. Rong Syamananda, *A History of Thailand*, p.16
38. Lawrence Palmer Briggs, *The Ancient Khmer Empire*, The American Philosophical Society, Philadelphia, 1951, p.37.

　　真臘在 1197 年兼併占城（Champa）後，[39] 其領土疆域包括東到占城海岸，西到緬甸蒲甘王朝以東，北到寮國永珍，南到泰南半島，國勢達到頂峰。換言之，在西元第十二世紀，寮國南半部是屬於柬埔寨的領土。

　　上述諸古國之所以在中國文獻中有記載，乃因為海道通行的關係，來自扶南（第三－五世紀柬埔寨古名）和真臘（第五－十七世紀柬埔寨古名）的消息，所以才被記載在中國史書中。這些古國距離中國遙遠，且關係不密切，少有人知悉其國情，故中國文獻對之記載有限。

　　至於寮國北部，因為山高險阻，交通不便，與中國沒有交流，在第十四世紀以前中國文獻對之鮮少記錄。不過，寮北地區若有族群居住，應也是屬於部落山寨（或村鎮，muang），有酋長統治。其情況跟泰北的蘭那（Lan Na）、孟萊（Muang Lai）、清康（Chiang Kham）、清彰（Chiang Chang）、清萊（Chiang Rai）等部落山寨一樣。

　　在第八到十二世紀寮北地區有兩個山寨國，一個是斯里葛塔普拉（Sri Gotapura），靠近他曲（Thakhek），另一個是蒙沙瓦（Muang Sawa），即今之琅勃拉邦。這兩個王朝可能受到孟族建立的墮羅鉢底（Dvaravadi）的文化之影響，墮羅鉢底興起於第六世紀，到第十一世紀時勢力達到泰國中部的羅斛（Lopburi）一帶，它信奉小乘佛教。高棉在第十一世紀勢力達到頂峰，其勢力控制泰國中部到素可泰（Sukhothai）一帶和寮國南部，惟其信奉大乘佛教，而從各種文物和雕刻可知，寮國在第十一世紀和第十二世紀盛行佛教，受到墮羅鉢底和高棉兩種文化的影響，因為宗教因素，使得各地的泰族村寨團結成更大的村鎮，甚至出現王朝。[40]

39.「宋淳熙中，占城以舟師襲真臘，入其國都。慶元五年（1197），真臘大舉復仇，俘其主以歸，國遂亡，其地悉歸真臘，因名占臘。其後國王或曰真臘人，或又謂占城恢復云。」（[明] 柯劭忞撰，**新元史**，卷之二百五十三，列傳第一百五十，占城條。）

40. Arne Kislenko, *Culture and Customs of Laos*, Greenwood Press, London, 2009, pp.19-20.

（四）盆蠻

盆蠻在 1448 年請求內附越南，改為歸合州，其地東南界義安省、廣平省，西北與興化省、清化省相連。[41] 其族群分布地位在今奠邊府以西至金三角湄公河止，南到琅勃拉邦，北到中、寮邊界，應該位在今天寮國的川壙，以及包括今天越南西北部的萊州、山羅和奠邊府的泰族自治區和西雙版納之間的地區。

---

41. [越] 陳重金，**越南通史**，商務印書館，北京市，1992 年，頁 172。

第二章

南掌王朝、永珍王朝與
琅勃拉邦王朝

第一節　南掌王朝

　　中國雲南地區的泰族約在第九世紀沿著湄公河進入琅勃拉邦，在該地建立部落山寨。雲茂倫（Likhit Hoontrakui）認為西元 225 年緬甸孟族（Man）國王攻打雲南大理，導致住在四川、雲南和貴州的山地民族泰族從雲南沿著瀾滄江南下進入景洪（Keng-Hung, Xieng-Hong，或寫為 Chiang Hung, Ch'e-li，或稱車里），建立「西雙版納」（Sip-Song-Pan-Na）[1] 國家，它的疆域包括雲南南部、撣邦東部、寮國西部。中國稱該一地區為車里，其西部為大車里，東部為小車里。[2] 從而可知，寮國西北部應屬於小車里的範圍。約在 881–1094 年間，西雙版納的昆・波隆國王（King Khun Borom，或寫為 Khun Boulom）繼續沿著湄公河南下，建立蘭那（Lan Na）國，首都在琅勃拉邦。就此而言，琅勃拉邦是泰族人建立的部落城寨國家。

　　司雅曼南達（Rong Syamananda）的書說，泰北的清線（Chiang Saen）王國創立於 568 年，其北為南詔國，南邊為哈里奔加耶（Haripuñjaya）。該國後來被高棉統治。直至第四十三任國王旁卡拉惹（Puncaraja）統治時，於 1098 年生普隆王子（Prince P'rohm），普隆王子長大後非常英勇，停付高棉貢物，並驅逐高棉勢力，建立一個獨立的國家。其領地直到蘭那泰（Lanna Thai, Lān Nā Thai，Lān 是指百萬稻田）[3]、琅勃拉邦、永珍（Wiengchen, Vientiane）、南昌（Lanchang）。[4] 在第十一世紀時，寮國全境皆為清線王國所統治。寮國開始流行佛教，逐漸取代原先的拜物教。

---

1. 版納在泰語為「千田」之意，指古代泰族統治者擁有上千的田地的統治地區。參見翁永德，「否定泰人遷移的證據」，星暹日報（泰國），1985 年 2 月 11 日，版 9。

2. Likhit Hoontrakui, *The Historical Records of the Siamese-Chinese Relations*, Debsriharis, Bangkok, 1967, pp.99-100.

3. Hans Penth, *A Brief History of Lan Na, Civilizations of North Thailand*, Silkworm Books, Bangkok, 2000, p.5.

4. Rong Syamananda, *op.cit.*, p.18.

　　在第十二世紀中葉，清邁地區是由潘恩國王（King Phang）的兒子坤忠（Khun Chüang）統治，他曾遭到來自西雙版納的卡伊歐（Kaeo）的攻擊，他召集泰北和撣邦的軍隊擊退入侵者，但為了維持兩國之間的關係，他免除卡伊歐的進貢，並任命卡伊歐為蒙旺（Müang Wong）的統治者，他在1140 年在雲南刻寫碑文記載此事。坤忠逝於 1172 年，在這之前他將王國分由他五個兒子統治，大兒子統治清線，次子統治卡伊歐的本部，三子控制琅勃拉邦，四子控制猜納萊（Chainarai, Siang Khwang），五子控制西雙版納的景洪。[5]

　　在 1180 年，南詔默許在其南部邊緣位在西雙版納內成立景洪或車里侯國，景洪的王子帕真（Pa Chên,or Chao Phaya Choeng）有四個兒子，分別收取蘭那（Lan Na, Yonok）、門昭（Meng Chiao, Chiao-chih，靠近北越）、永珍、景洪的歲入。[6]

　　1275 年，藍甘亨（Ramkhamhaeng）繼承素可泰（Sukhothai）王國王位。藍甘亨在未登基前，曾到過羅斛學習佛法。當時孟萊（Mangrai，後來成為清邁統治者）和帕堯王子（後來成為帕堯統治者）都在羅斛一起學習佛法。[7]藍甘亨文治武功彪炳，在他統治的四十年間，素可泰的統治地區包括下述城市和地區，波勒（Phre）、南城（Nan）、琅勃拉邦、彭世洛（P'itsanulok）、龍沙克（Lomsak）、永珍、那空沙萬、蘇萬普米（Suwanp'umi）、拉特武里（Ratburi）、碧武里（或佛丕）（P'etchaburi）、單馬令、拉亨（Raheng）、美梭特（Mesot）、廷那沙林、土瓦、馬塔班、東吁（Taungu）、勃固到孟加拉灣（Bay of Bengal）一帶。[8]琅勃拉邦、永珍是素可泰王國之藩屬國，他們有其自己的統治者，但須定期向素可泰國

5. David K. Wyatt, *Thailand: A Short History*, Yale University Press, Thai Watana Panich Co., Ltd., 1984, p.45.

6. David K. Wyatt, *Thailand: A Short History*, p.35.

7. Charnvit Kasetsiri, *op.cit.*, p.18.

8. W.A.R. Wood, *op.cit.*, p.53.

王進貢貢品和「金銀花（Bunga Mas）」（泰語為 Dokmai Thong），在戰時還需派兵助戰。[9]

　　永珍跟琅勃拉邦一樣是個古老城寨國，最早住民可能是孟族，原稱為昌達武里（Chandapuri），巴利語意指「月亮之城市」。Vieng 一詞指城牆，因此有些寮國學者不喜歡用 Vieng Chan，而使用 Vieng Chanh。今天都使用 Vientiane 一詞來指永珍。[10]

　　泰國的素可泰王國是個信奉佛教的國家，其統治的各屬國也都信奉佛教。1317 年，藍甘亨去世後，素可泰王國的屬國紛紛脫離，琅勃拉邦、永珍等都宣告脫離素可泰。琅勃拉邦的國王坎朋（King Phaya Souvanna Khampong）在 1316 年登基為王，其長子法·恩基歐（Chao Fa Ngiao）有壞名聲，被稱為惡靈王子（Chao Phi Fa, *Prince Evil Spirit*），在同一年生下法昂（Fagnum，或寫為 Fa Ngum），據稱他在出生時牙床已有 33 顆牙，大臣向國王說此子將來會有害於國家。法·恩基歐與父親的妾通姦，其家人包括法昂等被放逐搭乘竹筏順著湄公河而下至柬埔寨的吾哥（Angkor）。[11]

　　法昂是吳哥王朝的藩臣，可能具有高棉族血統。法昂娶了吾哥國王的公主喬庚雅（Keo Keng Nya）。[12] 1351 年底，暹羅大城王朝軍隊進攻高棉，

---

9. Prachoom Chomchai, *op.cit.*, pp.24-25.

10. Peter and Sanda Simms, *op.cit.*, p.31.

11. Peter and Sanda Simms, *op.cit.*, pp.26-27. Martin Stuart-Fox 認為法昂被放逐不是因為他的父親的不倫行為，而是因為他出生時有 33 顆牙齒，是個怪物，對國家將帶來災難，所以命 33 個人帶著他搭乘竹筏沿湄公河而下，他父親沒有同行。他漂流至高棉，由高棉國王扶養長大。參見 Martin Stuart-Fox, *The Lao Kingdom of Lan Xang Rise and Decline*, White Lotus Press, Bangkok, 1998, pp.37-38.

12. Grant Evans, *A Short History of Laos, The Land in Between*, Allen & Unwin, Australia, 2002, p.9. 但柯迪斯（G. Coedès）的說法不同，他說法昂的父親是泰族酋長，被素可泰王朝放逐，避難到吾哥，法昂在吾哥由和尚扶養長大，十六歲時，吾哥國王將女兒嫁給他。1340–1350 年間，他奉吾哥國王之命率軍前往湄公河上游，在香東香通（今之琅勃拉邦）建都，隨占領永珍。1353 年，他在香東香通建立南掌國，自立為王。（參見 G. Coedès, *The Making of Southeast Asia*, University of California Press, Berkeley and Los Angeles, 1969, pp.172-173.）

法昂奉命率領高棉軍隊前往柯叻高原（Korat Plateau）抗敵，進而北上占領蘇雅公國（Muang Sua），即琅勃拉邦，但未能控制永珍。法昂的叔叔出任琅勃拉邦的國王不久自殺，1353 年法昂繼任成為琅勃拉邦的國王。他征服周邊的各個部落，在香東香通（Xiang Dong Xiang Thong）建都，宣布成立南掌王國（Kingdom of Lan Xang Hom Khao），意即「白傘下的百萬隻象」（a million elephants under a white parasol），象徵軍力強盛的王國。[13] 1356 年，南掌出兵攻占永珍。

元朝周致中所撰的**異域志**卷下潦查條記載：「俗呼老抓，其地產犀、象、金、銀，人性至狠，下窩弓毒藥殺人。其可笑者，凡水漿之物不從口入，以管於鼻中吸之，大概與象類同。」同書紅夷條記載：「去交州不遠，在其境西北，與老抓、占城皆交州唇齒之國。其人不置衣，皆以布絹纏其身首，類回鶻，不產鹽。」[14] 此時的老抓國的疆域應該是位在今天寮國的北部和中部地帶。紅夷應位在今天川壙地帶。

明朝中國文獻稱琅勃拉邦國為老撾王國。[15] 老撾一名最早出現在中國文獻是在 1383 年，它與中國有來往，其國王被明太祖封為宣慰。[16] 1403 年

---

13. Grant Evans, *A Short History of Laos, The Land in Between*, p.10. 但 Peter and Sanda Simms 卻指是東河邊的火焰樹之城市（The City of the Flame Trees beside the River Dong），又稱為司瓦城寨（Muong Swa）。參見 Peter and Sanda Simms, *op.cit.*, p.25.

14. 〔元〕周致中撰，**異域志**，卷下，潦查條和紅夷條，收錄在諸子百家中國哲學書電子化計畫，頁 20。

15. 「雍正七年（1729），老撾南掌國蘇嗎喇薩提拉島孫差頭目奉銷金緬字蒲葉表文、馴象二頭謁臨元鎮，投請入貢。經督撫核明，老撾係俗名，南掌係國號，方言以水為南，以象為裳（應為掌），因水土出象，故名南掌，即古之越裳氏。」〔[清]岑毓英、陳燦纂修，**（光緒）雲南通志**，卷一九六，南蠻志二之四，邊裔四，南掌條，頁 3-4。）

「南掌，古為越裳氏地，本老撾部屬，其俗佩雕刀為飾，故呼為撾家。南掌之稱，則始於明嘉靖間。其地東南與安南接，西南與暹羅接，西北至雲南省。」〔[清]清高宗敕撰，**清朝文獻通考**，卷二百九十六，四裔考四，南掌條，新興書局，台北市，1963 年重印，頁考 7455。）

16. 「明太祖洪武十六年（1383），緬與八百媳婦皆內附。初定滇時，止車里、麓川二宣慰，於是又立緬甸、老撾、八百大甸、木邦、孟養，皆為宣慰。」〔清〕羅綸、李文淵纂修，**康熙永昌府志**，卷三，頁 9-10。該書載於**北京圖書館古籍珍本叢刊**，45 冊，書目文獻出版社，北京市，1988 年，頁 903。

10 月，在老撾設宣慰司。[17]「永樂二年（1404）四月丁酉（27 日），設老撾軍民宣慰使司，以土官刀線歹為宣慰使，命禮部鑄印給之。五月己巳（29 日），遣使賜老撾宣慰司。」[18] 至於老撾軍民宣慰使司之範圍：「東至水尾界，南至交阯界，西至寧遠界，北至車里宣慰使司界，自司治西北至布政司六十八程轉達於京師。」[19]

　　明朝在老撾設立宣慰使司，並非中國直接派官治理，而是由明朝給予當地的統治者一個「宣慰使司」的頭銜，象徵其與中國維持一定的友好關係，他並非中國的直屬官員，中國也不干涉其內政。以後老撾入貢中國之時間如下：1383、1401.8、1402.9、1405.7、1407.9、1408.10、1409.5、1410.9、1411.1、1412.10、1416.11、1418.12、1421.4、1428.4、1434.4、1451.2、1455.5、1461.6、1466.9、1480.7、1482.5、1487.8、1498、1499.8、1513.11、1561.1、1565.1、1598、1612、1613.9、1729、1730.2（令五年進貢一次）、1731、1736.1、1737.4、1741.3、1743.6（改南掌為十年一貢）、1749.1、1760、1761.3、1771.5、1781、1782、1790.3、1795、1807.9、1819.6、1823.10、1831.12、1832.1、1841.7、1842.1、1853。

　　法昂在 1356 年派兵進入今天泰國東北部的伊山（Isan），移民 1 萬名寮人住在該一地區。他繼續進兵伊山以南的柯叻（Korat）地區，暹羅國王拉瑪迪菩提（Rama Thibodi）遣使至南掌，表示雙方都是泰族，應友好相處，應允將其公主南基羅法（Nang Keo Lot Fa）嫁予他，送給法昂各 50 頭公、

---

17. 「永樂元年（1403）十月，緬甸宣慰那羅塔遣使來朝貢方物，詔定平緬、木邦、孟養、緬甸、八百、車里、老撾、大古喇、底馬撒、靖定十宣慰司。」（[清] 顧炎武撰，**天下郡國利病書**，原編第三十二冊，雲貴交阯，「緬甸始末」，四部叢刊，臺灣商務印書館印行，台北市，1980 年，頁 26。）在毛奇齡撰的**蠻司合誌**，卻記載為永樂三年，「永樂三年，緬酋那羅塔來朝。那羅塔者，卜剌浪長子也。詔使裔宣慰，而更定平緬、木邦、孟養、緬甸、八百、車里、老撾、大古剌、底馬撒、靖定為十宣慰司。」（[清] 毛奇齡撰，**蠻司合誌**，卷十，雲南三，頁 9。）

18. [明] 楊士奇等纂修，**太宗文皇帝實錄**，卷之三十，頁 11；卷之三十一，頁 5。

19. [明] 李賢撰，**大明一統志**，卷八七，老撾軍民宣慰使司條，頁 37。

母象以及許多金銀珠寶、1,000 支犀角。法昂退兵返回永珍。1357 年返回琅勃拉邦。[20]

法昂接受小乘佛教，使得該教成為日後寮國人的主要信仰。1368 年，他因王后基肯雅（Queen Keo Keng Ya）去世，過於悲傷而無法治國，大臣弄權，社會逐漸失序。1374 年，法昂因為濫權，主張對於貴族家庭之婦女擁有所有權，遭到貴族的反對，將他放逐到今天泰國東北部的南公國（Muang Nan），另推其長子安宏（Unhoen，或稱為 Chao Oun Hueun）為王。安宏成長於泰族生活的環境，他娶暹羅大城王朝的公主南基約特法（Nang Keo Yot Fa）、蘭那和泰北的景洪的女子為妻，也娶了地方貴族的女兒為妻，以鞏固其王國之勢力。他在 1376 年舉行了一次人口調查，南掌國泰族男性有三十萬人，他遂被稱為桑森泰王（P'raya Sam Sen T'ai），亦即「三十萬泰人的酋長」。

桑森泰王在 1404 年受中國冊封為宣慰使，其中文名字為刀線歹。「永樂二年（1404）四月丁酉（27 日），設老撾軍民宣慰司，以土官刀線歹為宣慰使，命禮部鑄印給之。五月己巳（29 日），遣使賜老撾宣慰司。」[21]

當時老撾的國界為：「老撾軍民宣慰使司：東至水尾界，南至交址界，西至寧遠界，北至車里宣慰使司界，自司治西北至布政司六十八程轉達於京師。」[22]

桑森泰王在 1416 年去世，傳位給其次子蘭坎登（Lan Kham Deng）。蘭坎登支持越南黎利對抗中國。但因為有南掌軍隊投靠中國，引發越南在此後五十年干涉南掌內部事務。[23] 蘭坎登在統治短暫時間後於 1428 年去世，

20. Peter and Sanda Simms, op.cit., pp.36-37.

21. ［明］楊士奇等纂修，太宗文皇帝實錄，卷之三十；卷之三十一。

22. ［明］李賢撰，大明一統志，卷八七，老撾軍民宣慰使司條，頁 37。

23. G. Coedès, The Making of Southeast Asia, op.cit., p.173. 但 Peter and Sanda Simms 的著作說安宏是在 1389 年進行人口調查，軍人有 70 萬人，其中寮順族、前高棉人和孟族人 4 萬人；30 萬人是寮龍族人，他們都是泰族人。參見 Peter and Sanda Simms, op.cit., p.43.

王朝即陷入王位繼承問題，競爭、暗殺和政變不斷。

安南陳㷆國王統治時，權臣黎季犛發動政變，殺害陳㷆及陳氏宗族，前安南國王陳日焜之孫陳天平逃至老撾，「永樂二年（1404）八月庚午（初一）朔，丁酉（28 日），老撾軍民宣慰使刀線歹，遣使護送前安南王孫陳天平來朝。」[24] 陳天平請求明朝出兵助他恢復王位。明成祖對於其朝貢國安南遭此橫禍，非常氣憤，乃決議出兵。他對於老撾和安南勾結更感到不滿，在 1407 年 10 月遣使警告老撾。

「永樂五年（1407）十月戊子（初八），遣使齎敕諭老撾宣慰使刀線歹曰：『朕自臨御以來，撫綏遠人，無問彼比，一以至誠，是以九夷八蠻，各供職貢，爾受朝廷命為守土之長，比年以來，不脩朝貢，何恃而然？安南黎賊父子逆天搆禍，神人共怒，朕命將出師，恭行天討，爾不能為朝廷敵愾，乃與季犛潛通，助之兵眾，奸詭如此，爾罪奚逃？即欲發兵問罪，恐傷及無辜，今特遣使諭爾，能追悔前過，庶圖保全矣，不然，天譴人罰，悔將無及。』」[25] 1407 年至 1427 年間，安南重歸中國統治，1414 年，反抗中國的安南賊首陳季擴逃至老撾，遭老撾逮捕解送中國。[26] 宣德三年（1428）閏 4 月乙酉，雲南總兵官太傅黔國公沐晟奏：「老撾宣慰刀線歹及寧遠州土官刀吉罕協助交阯，罪不可容。」明成祖說：「今已赦宥交阯，老撾、寧遠亦不必深究。」[27]

南掌約在 1422 年在寮國東北部的川壙出現**昆·波隆法典**（*Law of Khun Borom*），記錄了有關貴族政體、自由農民、平民（phai）、奴隸（kha）和其他寮族的事。[28]

---

24. [明]楊士奇等纂修，**太宗文皇帝實錄**，卷之三十三，頁 4、10。

25. [明]楊士奇等纂修，**太宗文皇帝實錄**，卷之七十二，頁 1。

26. [明]楊士奇等纂修，**太宗文皇帝實錄**，卷之一百四十九，頁 2。

27. [明]楊士奇等纂修，**宣宗章皇帝實錄**，卷之四十二，頁 2。

28. Vatthana Pholsena, *op.cit.*, p.23.

蘭坎登於 1428 年去世，由其子昭波馬塔（Thao Phommathad，中國文獻稱為刀線達）[29] 繼位，在位十個月即遭桑森泰王（P'raya Sam Sen T'ai）的王后或女兒或妹妹巧品帕擔任攝政暗殺，由其弟弟召渝空（Chao Yukorn, 1429–1430）繼位，在位八個月，因害怕被暗殺而逃跑，被抓到殺害。1431 年繼位的是桑森泰王和蘭那公主南諾翁梭（Nang Noy On So）生的兒子召空坎（Chao Kon Kham），在位十八個月亦遭暗殺。

明朝為了拉攏老撾，還在「宣德六年（1431）五月壬申（初九），遣使齎敕撫諭老撾軍民宣慰使司土官宣慰使刀線達曰：『昔我皇祖太宗文皇帝臨御之時，爾能敬順天道，恭事朝廷，恪修職貢，始終一誠，朝廷待爾久而益隆。朕恭膺天命，繼承大位，一切政務，悉遵皇祖之心。茲遣內官楊琳齎敕往諭，並賜爾彩幣、表裏，爾其益順天心，恪效勤誠，以副朕懷。』」[30]

1433 年，繼位的是桑森泰王和西雙版納公主南基西達（Nang Keo Sida）生的召坎天沙（Chao Kham Temsa）。1434 年，繼位的是召魯賽（Chao Lusai）。1435 年，繼位的是召開布班（Chao Khai Bua Ban），只統治三年。

1438 年，擔任永珍總督的桑森泰王的兒子萬布里（Vangburi）繼位為南掌國王，自號為聖雅卻克帕特（Sainyachakkaphat Phaen Phaeo）或稱卻克帕特（Chakkaphat），意指「世界佛教教王」（Universal Buddhist Monarch）。他建立王位繼承辦法及積極推行小乘佛教。

1451 年，暹羅削減素可泰的王族之權力，引起不滿，沙萬卡洛克（Sawankalok）的總督帝拉（Pya Yutit Tira）決定起來反抗暹羅，秘密尋求清邁國王帝洛克（Maharaja Tilok）的援助，允諾對他朝貢。帝洛克遂立即派遣香東香通的寮族軍隊攻打素可泰，但遭嚴重損失。香東香通因為不滿

---

29. 「宣德三年（1428）四月甲寅（初二），雲南老撾軍民宣慰司等衙門土官宣慰使刀線達遣頭目招掃等貢馬及金銀、器皿、方物。辛未（19 日），賜……雲南老撾軍民宣慰使刀線達所遣頭目招掃等鈔、彩幣、表裏有差。遣內官楊琳齎敕及文錦、紵絲、紗羅，往賜刀線達等。」（[明] 楊士奇等纂修，宣宗章皇帝實錄，卷之四十一，頁 2、10。）
30. [明] 楊士奇等纂修，宣宗章皇帝實錄，卷之七十九，頁 6-7。

清邁給予的條件不好，所以趁機入侵清邁的領地。寮族軍隊一聽到此一消息，立即從素可泰撤兵。

安南在 1479 年攻打占城，接著 1480 年進攻老撾，攻取老撾二十餘寨，殺二萬餘人，包括宣慰刀板雅蘭掌[31]父子三人，進兵八百媳婦國（即清邁），失敗後才退回安南。「憲宗成化十五年（1479）冬，……安南〔黎〕灝既破占城，志意益廣，親督兵九萬，開山為三道，攻破哀牢，侵老撾，復大破之，殺宣慰刀板雅蘭掌父子三人，其季子怕雅賽走八百以免。灝復積糧練兵，頒偽敕於車里，征其兵合攻八百。將士暴死者數千，咸言為雷霆所擊。八百乃遏其歸路，襲殺萬餘人，灝始引還。帝下廷議，請令廣西布政司檄灝斂兵，雲南、兩廣守臣戒邊備而已。既而灝言未侵老撾，且不知八百疆宇何在，語甚誕誕。」[32]

上一段話將哀牢和老撾並提，顯然是指兩個不同的國家，哀牢應是指較靠近越南的西雙朱泰，而老撾就是琅勃拉邦。

安南出兵南掌起因於南掌屬國康刀公國（Muang Kon Thao）捕獲一隻白象，獻給南掌國王卻克帕特，安南國王聽到此一消息，要求將該白象送給安南。卻克帕特無意將白象送給安南，而將象的指甲和毛髮裝在一個金盒內送給安南國王。他的兒子召康基歐（Chao Kon Keo）認為安南此舉猶如宗主國對屬國姿態，對南掌是一種侮辱。於是在金盒內裝了象的糞便，遣使送給安南國王。另有一說，「卻克帕特請普恩公國（Muang Phoueune）（即川壙）統治者將此金盒轉送給安南國王。而普恩公國統治者企圖挑撥南掌和安南的關係，把金盒內的象指甲和毛髮調換為象糞便。安南國王接到此一金盒，非常生氣，遂出兵普恩公國，占領琅勃拉邦，卻

---

31. 刀板雅，是昭披耶（Chao Phya）之音譯，指最高爵位。蘭掌，又譯為南掌或纜掌、攬章。因此刀板雅蘭掌一詞指南掌國王。
32. [清] 張廷玉等撰，**明史**，卷三二一，列傳第二百九，**外國二**，安南，中華書局，北京市，1974 年，頁 8329。

克帕特逃逸。安南軍隊進入丹賽公國（Muang Dan Sai）時，遭到卻克帕特的兒子召成坎（Chao Then Kham）率軍抵抗，獲得南（Nan）公國之支持，逐退安南軍隊，4,000 軍隊只有 600 人逃回安南。」[33]

召成坎率軍回到琅勃拉邦，請其父親卻克帕特重返執政，卻克帕特因逃跑心裡有愧，拒絕此一邀請。召成坎遂登基為王，王號為班蘭（Suvanna Banlang）。不久，卻克帕特在 1479 年去世。

1481 年 6 月，明朝命宣慰刀板雅蘭掌之幼子怕雅賽繼承王位，「敕安南國王黎灝曰：『老撾之子怕雅賽聽其越例襲職，以示撫恤，仍分敕車里、元江、木邦、廣南、孟艮等土官，俾互為保障。』奏至，詔集廷臣議，宜從所奏。刀攬那於雲南布政司給官銀百兩、彩幣四表裏，以酬獎之。怕雅賽亦馳敕賜之，就令襲父職，任免其貢物一年。且言沐琮等保障有方，亦宜賜敕慰勉。上從其議，乃賜怕雅賽冠帶、彩幣，以示優恤，並敕灝云。」[34]

明朝對於安南和老撾、八百媳婦等國互相攻殺，甚不以為然，要求他們各守疆界，和睦相處。「憲宗成化十八年（1482）秋八月，上曰：『前代視蠻夷仇殺，以為其黨破壞，為中國利，朕甚不然。交阯、老撾諸夷，服屬中國有年，朕視之皆如赤子，救急解仇，此中國體也。其令琮等遣人諭之，俾各守境地，睦鄰保民為是，而所遣者，尤宜慎擇其人，如兵部議。』」[35]

1486 年，班蘭去世，無子，由其弟弟拉森泰（La Saen Thai）繼位。拉森泰於 1496 年去世，由其兒子松普（Somphu）繼位，中國文獻稱為招攬章。[36] 松普在 1501 年去世，由其弟弟韋頌（Vixun 或寫為 Chao Visoun）繼

---

33. 刀板雅，是昭披耶（Chao Phya）之音譯，指最高爵位。蘭掌，又譯為南掌或纜掌、攬章。因此刀板雅蘭掌一詞指南掌國王。

34. [明] 劉吉等纂修，**憲宗純皇帝實錄**，卷之二百十六，頁 2-4。

35. [明] 劉吉等纂修，**憲宗純皇帝實錄**，卷之二百三十，頁 3-4。

36. 「孝宗弘治十一年（1498），老撾宣慰舍人招攬章應襲職，遣人來貢，因請賜冠帶及金牌、信符。費賞如制，其金牌、信符，俟鎮巡官勘奏至日給之。十一月，招攬章遣使入貢。

位，他興建頗具特色的方形的韋頌大偉漢寺（Wat Visoun Maha Viharn）。該寺毀於 1887 年戰火，1898 年重建。1520 年由韋頌的兒子波西沙拉（Phothisarar，或寫為 Phothisarath）出任國王，在永珍營建宮殿，發展該城市的貿易。他搬到永珍居住，琅勃拉邦仍是官方首都。1540 年，暹羅出兵進攻永珍，遭到敗績。波西沙拉之母親為蘭那的公主，1538 年清邁的貴族和將軍迫使國王戚塔拉特（Ket Chettharat）流亡他國，另推舉其兒子刀采（Thao Chai）為王。「1543 年，刀采被暗殺，重迎回戚塔拉特為王，1545 年被暗殺。北方新威（Hsenwi）撣族領袖興師問罪為何殺害國王戚塔拉特，戰敗退回新威，另遣使到暹羅，要求暹羅出兵占領清邁。戚塔拉特的女兒奇拉怕拉帕（Chiraprapha）公主出任攝政。奇拉怕拉帕邀請暹羅國王參加其父親的喪禮，暹羅國王贈送 5,000 片銀片裝飾國王的墳墓。」[37] 清邁出現王位空懸，波西沙拉安排其兒子西塔西拉特（Sethathirat）為南掌國王，而他本人則於 1548 年前往清邁登基為王。不幸他於同年因為意外去世。[38]

表 2-1：南掌王朝國王世系（1353–1707）表

姓　　　　名	在位期間	備註
Fa Ngum	1353–72	
Sam Sen Thai	1372–1417	Fa Ngum 之子
Lan Kham Deng	1417–28	Sam Sen Thai 之子
Maha Devi	1428–40	可能為 Sam Sen Thai 之王后，因為攝政而取得政權

吏部言：『招攬章系舍人，未授職，僭稱宣慰使，雲南三司官冒奏違錯，宜治罪。』有之。」（[清]張廷玉等撰，明史，卷三一五，列傳第二百三，雲南土司三，老撾傳，頁 8159。）

37. Peter and Sanda Simms, *op.cit.*, pp.62-63.

38. G. Coedès, *The Making of Southeast Asia*, *op.cit.*, p.174. 但 Peter and Sanda Simms 的書說是西塔西拉特出任清邁的國王。參見 Peter and Sanda Simms, *op.cit.*, p.63. Martin Stuart-Fox 的書說波西沙拉在 1547 年從象背上摔下死亡。參見 Martin Stuart-Fox, *The Lao Kingdom of Lan Xang Rise and Decline*, p.78.

Phommathat	1428–29	Lan Kham Deng 之子，僅在位十個月
Kham Teun	1429	Sam Sen Thai 之子
Yukorn（Meun Sai）	1429–30	Lan Kham Deng 之子，僅在位八個月
Khon Kham	1431–32	Sam Sen Thai 之子，僅在位十八個月
Kham Tem Sa	1433	Sam Sen Thai 之子，僅在位五個月
Lu Sai	1434	Sam Sen Thai 之子，僅在位六個月
Khai Bua Ban	1435–38	Sam Sen Thai 之孫子
Khong Keut	1436–38	Sam Sen Thai 之庶子
空位	1438–41	由 Sena 與和尚執政
Chakkaphat	1438–79	Sam Sen Thai 之子
Suvanna Banlang（Theng Kham）	1479–85	Chakkaphat 之子
La Sen Thai	1485–95	Chakkaphat 之子
Som Phou (Samphou)	1496–1501	La Sen Thai 之子
Vixun（Visoun, Visunarat）	1500–20	Chakkaphat 之子，為南掌王朝第一個黃金時期
Photisarath	1520–48	Vixun 之子
Setthathirath	1550–1571	Photisarath 之子，為南掌之王儲
Sen Soulintha（Saen Surin）	1571–72	為 Setthathirath 部長和將軍、攝政，沒有王室血統
Sen Soulintha	1572–75	為王儲
Tha Heua	1575–79	Photisarath 之子，緬甸之屬國
Sen Soulintha	1579–82	恢復王位
Nakhon Noi	1582–83	Sen Soulintha 之子
空位	1583–91	
Nokeo Koumane	1591–1598	Setthathirath 之子

Voravongsa（Thammikarath）	1598–1622	Setthathirath 之侄子
Oupagnouvarath	1622–23	Voravongsa 之子
Photisarath II	1623–27	Sen Soulintha 之孫子
Mon Keo（Mongkeo）	1627	Voravongsa 之子
Tone Kham	1627–33	Voravongsa 之子
Vichai	1633–1637	Voravongsa 之子
Souligna Vongsa（Sourinyavongsa）	1637–94	Tone Kham 之子，為南掌第二個黃金時期
Tian Thala	1694 or 1695	為資深部長，篡奪王位，僅統治六個月
Ong Lo	1694–98	Souligna Vongsa 之孫子
Nan Tharat	1699	Vichai 之孫子
Setthathirath II（Sai Ong Hue）	1700–07	Souligna Vongsa 之侄子，其父流亡到越南

資料來源：https://en.wikipedia.org/wiki/List_of_monarchs_of_Laos

說明：該表中記載的 1699 年的國王是南塔拉（Chau Nantharat），但 Martin Stuart-Fox 的書說他是在 1695-1698 年出任國王。賽翁惠（Sai Ong Hue）是在 1698 年登基。[39]

表 2-2：中文文獻內寮國統治者姓名

老撾土官刀線歹（1402 年）[40]
老撾軍民宣慰使刀線達（1428 年 4 月）
雲南老撾宣慰使刀纜掌（1434 年 4 月）
老撾軍民宣慰使司宣慰使刀板養（1447 年 8 月）
雲南老撾宣慰司故宣慰使刀線歹子板雅者襲職（1450 年 3 月）
老撾軍民宣慰使司土官宣慰使招板雅蘭掌（1461 年 8 月）
黔國公沐琮命怕雅賽襲父職（1480 年）
雲南老撾宣慰使司土官舍人招賽（1482 年 5 月）

---

39. Martin Stuart-Fox, *The Lao Kingdom of Lan Xang Rise and Decline*, p.101.

40. 刀線歹為桑森泰王（Samsenthai, 1373-1417），法昂之子，名披耶溫蒙，王號「桑森泰」，意即「三十萬泰人之王」。參見景振國主編，**前引書**，頁 106，註 13。

老撾宣慰舍人招攬章 [41]（1498 年）
雲南老撾軍民宣慰使司應襲舍人招攬章（1499 年 8 月）
老撾軍民宣慰使司宣慰舍人招怕雅攬章（1513 年 11 月）
老撾招攬章
老撾宣慰司土舍怕雅 (1537 年 10 月)
雲南老撾宣慰司土舍帕兵招（1561 年 1 月）
老撾宣慰使司土舍怕雅蘭章（1565 年 1 月）
老撾南掌國蘇嗎喇薩提拉島孫（1729 年）
南掌國王蘇嗎喇薩提拉准第駕公滿（1761 年 3 月）
南掌國王之弟召翁遣使請兵復仇（1769 年春正月）
南掌國王召溫猛（1790 年 3 月）
召蛇榮（1809 年 6 月）
召蟒塔度臘，即曼塔圖臘（Mantaturat, 或 Mantha Tourath）（1819 年 6 月）
南掌國長召喇嘛呢呀宮滿，亦寫為召喇嘛呢呀公滿，琅勃拉邦國王蘇卡森（Sukaseum），1836-1850 年在位。（1841 年 7 月）
南掌國王召整塔提臘宮滿（1853 年 7 月）

資料來源：筆者自製表。
說明：表中年代是該名字在中文文獻上出現的時間。

「波西沙拉的王后是蘭那國王的女兒，當蘭那陷入王位繼承爭端時，大城王朝於 1532 年趁機出兵清邁，南掌出兵相救，逐退暹羅軍隊。此使得波西沙拉的兒子西塔西拉特〔或稱為賈吉塔（Jai Jetta）〕於 1546 年成為蘭那的國王，蘭那成為南掌的附庸國。十三個月後，波西沙拉去世，西塔西拉特趕回香東香通，與其弟弟爭奪王位。他獲得貴族之支持，登基為王。留在清邁的他的妻子，因地方貴族的叛變而被殺害，所以西塔西拉特無法再返回清邁。但與西塔西拉特有親戚關係的清邁人逃難到香東香通和永珍，

---

41. 參見註 36。

帶進了清邁的文化。」[42]

　　緬甸軍隊在 1556 年 4 月滅了清邁王朝，對南掌形成威脅，西塔西拉特基於政治、經濟和戰略的考慮在 1560 年將首都從香東香通搬遷到永珍，前後花了四年時間營建新都。香東香通則交由和尚領袖管理。1563 年將香東香通改名為琅勃拉邦。他在永珍蓋了一間玉佛寺（Vat Phra Keo），玉佛（Emerald Buddha）是他從清邁取得的，全身鍍金，金碧輝煌。他在琅勃拉邦也興建了香通寺（Vat Xieng Thong），作為王權的象徵。「他在永珍蓋的最具王朝象徵的佛寺是塔鑾（Th'at Luang）或大佛塔（Grand Stupa），供奉偉大的印度阿育國王（Aśoka）。」[43] 該佛塔蓋於 1566 年，代表世界中心的須彌山，類似高棉吾哥寺的廟宇。大佛塔的中心矗立著一座扁圓的佛塔，四周圍以尖塔。[44]（見圖 2-1）

　　賈吉塔（西塔西拉特）無法應付緬軍的進攻，謀求與暹羅結盟，1560 年他與暹羅國王卻克拉帕（Chakrapat）在泰國羅艾（Loei）省的丹賽共同興建一座佛塔，作為結盟之象徵。他也要求與卻克拉帕的女兒克拉紗翠（Tep Krasatri）公主結婚，雖然卻克拉帕在之前已將另一個女兒許配給賈吉塔，卻克拉帕同意該項新的要求。但當克拉紗翠公主出發前往永珍時，

圖 2-1：永珍的大佛塔
資料來源：https://en.wikipedia.org/wiki/Pha_That_Luang　2015 年 8 月 19 日瀏覽。

---

42. Grant Evans, *A Short History of Laos, The Land in Between*, pp.16-18.

43. Martin Stuart-Fox, *A History of Laos*, Cambridge University Press, Cambridge, 1997, p.12.

44. G. Coedès, *The Making of Southeast Asia*, pp.174-175.

突然身體不適，所以卻克拉帕以其妾所生的公主替代出嫁，結果該頂替公主被退婚，賈吉塔執意要娶克拉紗翠公主，其目的在與暹羅結盟。1564年4月，克拉紗翠公主終於出發嫁去永珍。彭世洛的瑪哈・坦瑪拉惹（Maha Tammaraja）無法阻擋此事，遂請求緬甸協助，緬甸國王莽應龍下令緬甸軍隊在皮查汶截留克拉紗翠公主，並將她送至緬甸漢沙瓦底（勃固）。

同一年，莽應龍發覺清邁的統治者美庫惕（Maharaja Mekuti）想尋求獨立，於是重新占領清邁，將美庫惕送至緬甸看管，另派蒂薇（Maha Tewi）公主為清邁攝政。暹羅國王普拉傑（Prajai）於1546–7年入侵清邁時，蒂薇也曾擔任攝政。莽應龍出兵清邁時，暹羅的拉梅軒（Ramesuen）王子隨行，卻不幸死於途中。清邁的若干大臣逃至永珍，緬軍追蹤到永珍，賈吉塔逃入森林躲藏，緬軍擄走賈吉塔的弟弟督撫大臣（或大將軍，Ouparat）塔修雅（Chao Tha Heua，或 Voravangso）、眾妻妾，包括卻克拉帕的女兒至勃固。[45] 當賈吉塔準備對緬軍進行游擊戰時，緬軍撤退了。1567年，賈吉塔聯合暹羅軍隊進攻緬甸屬國彭世洛。

緬軍在1568年12月出兵經由美拉毛隘道（Melamao Pass）進攻暹羅，直抵被暹羅軍隊包圍的彭世洛，解除其危機。據緬甸史書之記載，此次緬甸軍隊有546,000人，而第一次攻擊暹羅的軍隊只有54,000人。而據暹羅史書之記載，緬甸第一次用兵之兵力有500,000人，而第二次攻擊暹羅的軍隊包括從清邁和南掌徵召來的軍隊有900,000人。[46] 緬軍包括葡萄牙雇傭兵和印度火槍手。隔年8月31日緬軍占領大城。1570年，出兵占領永珍，寮族人撤出永珍，成為空城，緬軍無法取得糧食，寮軍進行游擊戰，緬軍在疾病和糧食不足之情況下最後只好在同年4月退兵。1571年，賈吉塔在南掌南部對柬埔寨之戰爭中去世，也可能被其將軍暗殺。[47] 年幼的庫曼王

---

45. W.A.R. Wood, *op.cit.*, pp.120-121.; Peter and Sanda Simms, *op.cit.*, p.86.

46. Maung Htin Aung, *op.cit.*, p.121.

子（Prince No Keo Kuman，或寫為 No Meuang）繼任為王，蘇林特將軍（General Sen Surint，或寫為 Saen Surin）自任為攝政，庫曼的母親為蘇林特的女兒。隨後蘇林特自任為王。由於蘇林特不具王族血統，有不少貴族和地方總督反對，有些則移民到占巴塞。[48] 緬甸軍隊趁永珍王位繼承衝突之機會在 1575 年第三度進占永珍，蘇林特及庫曼王子被俘虜至緬甸。緬甸以十年前在緬甸當人質的南掌王子塔修雅為琅勃拉邦國王，並派駐軍隊在永珍維持秩序，規定南掌每年向緬甸進貢 10 隻象和 1 萬單位的黃金。[49]「由於緬甸控制南掌，開展了兩地的交通和貿易，英國商人費契（Ralph Fitch）在 1587 年即從該道路前往清邁，為該地的火葬儀式以及緬甸、撣族和暹羅男性將鐵珠植入生殖器（入珠）以增加女性性快樂的風俗所吸引。他也對該地女性美麗、地區富裕和與中國貿易之機會等印象深刻。」[50]

1579 年，南掌南部一位和尚，自稱長相像西塔西拉特，號召反緬甸統治的地方民眾，向永珍進攻，塔修雅及其眷屬逃出永珍，因其船隻在湄公河翻覆而被淹死。緬軍鎮壓叛亂後，另立蘇林特為國王。兩年後，蘇林特去世，由其兒子諾伊（Nakhon Noy）繼位，因其出身平民，很快就被貴族廢黜。以後八年，南掌沒有國王。

1586 年 4 月，暹羅國王納里軒（Naresuen）攻擊清邁王子塔拉瓦迪民（Tharawadi Min）（為緬甸國王莽應龍之子），導致後者損失 1 萬人、120 頭象、400 艘船。塔拉瓦迪民脫逃，數千名支援清邁作戰的寮族軍人被俘，暹羅利用他們耕種稻田，以增加農業產出。

納里軒待與緬甸的戰爭告一段落，在 1593 年 5 月派遣 10 萬軍隊進攻柬埔寨（柬國文獻說暹羅軍隊有 5 萬人）。戰事持續到 1594 年 7 月占領祿

47. Peter and Sanda Simms, *op.cit.*, p.81.
48. Martin Stuart-Fox, *The Lao Kingdom of Lan Xang Rise and Decline*, pp.83-84.
49. Martin Stuart-Fox, *The Lao Kingdom of Lan Xang Rise and Decline*, p.84.
50. Martin Stuart-Fox, *The Lao Kingdom of Lan Xang Rise and Decline*, p.84.

兀（Lovek），雙方損失慘重。柬埔寨沙塔（Satta，或寫為 Satha）國王致函西班牙駐菲律賓總督，請求援助，且表示一旦獲得援助，他將改信天主教。[51] 在西班牙援軍未到之前，柬埔寨沙塔國王與其兩個兒子和女眷逃到柬國北方和南掌南部，隔年，又退入琅勃拉邦的領土，1596 年，沙塔在琅勃拉邦去世。[52]

琅勃拉邦前任國王賈吉塔的兒子庫曼王子（Prince Noh Keo Koumane 或稱為 Prince Nô Meuang）於 1574 年被俘至緬甸，經過十七年，經寮國請求於 1591 年被釋放回永珍，出任國王。他重新控制琅勃拉邦和川壙，並宣布脫離緬甸的統治。[53] 1595 年，他與清邁王子塔拉瓦迪民發生齟齬，煽動南城酋長叛變。清邁遭到南掌入侵，請求暹羅支援，暹羅擊退南掌軍隊後，清邁成為暹羅的屬地。

庫曼死於 1596 年，無子，由其侄子普拉旺沙〔P'ra Wongsa，或寫為 Voravongsa，或寫為丹米卡拉苤（Dhammikaraja，或寫為 Thammikarath）〕繼任。

1598 年，琅勃拉邦向清邁宣戰，占領清邁。塔拉瓦迪民是緬甸人，未能獲得清邁人民的支持，而此時緬甸亦無力援助他，面對此一情況，他只有請求暹羅的援助，願意做暹羅的藩屬國。納里軒國王接受此議，派遣軍隊到清線，驅逐南掌軍隊，另派一名寮族貴族迪卓（Pya Ram Dejo）駐守清線，充當暹羅的專員。

「明神宗萬曆二十六年（1598），緬敗，老撾來歸，奉職貢，請頒印。命復鑄老撾軍民宣慰使司印給之。」[54]

51. David P. Chandler, *A History of Cambodia*, O. S. Printing House, Bangkok, Thailand, 1993, p.84.
52. Lawrence Palmer Briggs, "The Treaty Of March 23, 1907 Between France and Siam and the Return of Battambang and Angkor to Cambodia," *The Far Eastern Quarterly*, Vol. 5, No. 4 (Aug., 1946), pp. 439-454, at p.441.
53. Martin Stuart-Fox, *The Lao Kingdom of Lan Xang Rise and Decline*, p.85. 但 G. Coedès 的書說緬甸在 1594 年將庫曼放回永珍。參見 G. Coedès, *The Making of Southeast Asia*, p.175.

　　1610 年，暹羅英塔拉惹王子（Prince Int'araja）繼位，王號為帕威蒙檀（P'ra Wimon T'am, Vimaladhamma），他上台後第一件工作就是將應為蘇塔特王子之死負責的普拉奈偉（P'ra Nai Wai）處死。當時有 280 名日本人支持普拉奈偉，他們發動叛亂，進入國王寢宮，迫使國王用他的血簽署屈辱的條約，接受他們所提出的條件，包括討厭日本人的 4 名有名的官員投降、給予日本人各種居住和商業特權、釋放被關押的主要人犯。當這些暹羅高官投降後，立即被日本人處死。日本人掠奪了阿瑜陀耶之後，前往碧武里，其領袖儼然成為該地的國王。琅勃拉邦的國王普拉旺沙（即丹米卡拉惹）聲稱要鎮壓該日本人亂軍，而進兵到華富里。暹羅國王帕威蒙檀重整軍隊，首先鎮壓在碧武里（佛丕）的日本人的暴亂，接著在 1612 年 4 月 5 日擊敗入侵的琅勃拉邦軍隊。[55]

　　普拉旺沙在 1622 年為其子歐帕諾瓦拉特（Chao Oupagnouvarath）謀殺，不及一年，歐帕諾瓦拉特被暗殺。以後十五年南掌陷於王位繼承危機，暗殺政變頻繁，直至 1637 年蘇林耶萬沙（Suriyavamsa，或寫為 Surinyavongsa）出任國王，到他 1694 年去世為止，王權之爭才稍告緩和。在他任內，與越南達成劃界協議。他娶了越南的公主。蘇林耶萬沙去世後，再度爆發王位繼承衝突，導致南掌分裂為永珍和琅勃拉邦兩個國家。

　　蘇林耶萬沙統治時期之所以能保持穩定，最重要的原因是將北方貴族帕耶申蒙（Phaya Saen Muang）和南方的帕耶昌（Phaya Chan）兩股勢力維持平衡。「當他在 1695 年去世後，再度引發王位爭奪，王位為謬恩昌（Phraya Meuang Chan）所篡奪，半年後，為蘇林耶萬沙的侄子南塔拉（Chau Nantharat）所推翻。南塔拉是西可塔崩（Sikhottabong）的總督。」[56]

---

54. [清] 張廷玉等撰，**明史**，卷三一五，老撾傳，頁 8160。

55. W.A.R. Wood, *op.cit.*, pp.161-162.

56. Martin Stuart-Fox, *The Lao Kingdom of Lan Xang Rise and Decline*, pp.100-101.

　　蘇林耶萬沙的侄子賽翁惠（Sai Ong Hue）出生於越南，他獲得越南軍隊支持，於 1696 年 9 月回到永珍登基為王，王號為西塔西拉特二世（Xēt-thāthirāt II）。此為越南干涉永珍王位繼承問題之開始。

　　「清康熙三十五年（1696）九月，立朝福為哀牢國王。朝福哀牢國王之後，其父遭難，奔山渭峒居數年，牢王死，國人訪知朝福所在，與土酋琴當等請迎回，立之，義安鎮守鄧進署以事聞，遂令進署以兵護送朝福歸芒禛城，立為王，令世奉職貢。」[57] 越南史書所說的朝福，應就是賽翁惠。至於芒禛城為何地？該書註說：「芒禛城即鎮寧地，若萬象國圓禛城，乃萬象國都也。此言朝福歸芒禛後，又言鎮寧久為臣屬，與芒禛城兵皆指鎮寧，而非萬象之圓禛也。是則鎮寧又有別名芒禛，記載失詳，俟考。」[58] 上段話指出越南史書記載有錯誤，越南支持朝福為王，他進占萬象，即圓禛，而非芒禛，因為圓禛就是永珍之別譯。

　　賽翁惠的父親召松普（Chao Som Phu）為蘇林耶萬沙的弟弟，被流放至越南順化。1700 年，賽翁惠派軍占領琅勃拉邦，當時琅勃拉邦是由蘇林耶萬沙的兩個孫子金吉查拉特（Kingkitsarat）和英塔松（Int'asom）控制。1706 年，賽翁惠遣使進貢安南，安南將公主嫁給他。金吉查拉特和英塔松逃至他們的母親的故鄉西雙版納，獲得西雙版納傣仍（Tai Lü）王朝軍隊之協助，1707 年重新奪回琅勃拉邦，賽翁惠請求暹羅出兵協助，暹羅則促成雙方和解，各占領其目前的領土。金吉查拉特在琅勃拉邦登基為王，宣布領有南掌北部領土，放棄南方領土，永珍則由賽翁惠控制。南掌王朝正式分裂為琅勃拉邦、永珍和占巴塞三個王朝，各有外來勢力之支持，彼此爭戰。1720 年代，暹羅勢力擴張，寮國三個小王國成為暹羅的藩屬國。

---

57. [越] 陳文為纂修，**欽定越史通鑑綱目**，正編卷之三十四，黎熙宗正和十七年，中越文化經濟協會，台北市，1969 年重印，頁 37。
58. 同上註，頁 37-38。

第二節　永珍王朝

當金吉查拉特占領琅勃拉邦時，控制永珍的賽翁惠請求暹羅救援，暹羅派出大軍迫使南掌分裂為永珍和琅勃拉邦兩個國家。另有一說是金吉查拉特致函賽翁惠，表示分為兩個國家才能維持和平。[59]

當暹羅軍隊撤出後，永珍王朝的國力減弱，其藩屬國紛紛停止進貢，例如川壙、西可塔崩，永珍只好出兵鎮壓。1713 年，占巴塞又叛，脫離永珍而獨立。西班香河（Xe Bang Hiang）以南至司敦特巒（Stung Treng）、及柯叨高地的木恩（Mun）河和西河河谷地都變成獨立地帶，最後為暹羅所入侵。

賽翁惠於 1715 年占領湄公河左岸的那空拍儂。賽翁惠逝於 1735 年，傳位給同父異母弟翁龍（Ong Long），川壙利用此一機會脫離對永珍的朝貢關係。[60]

當暹羅從占巴塞退兵後，永珍出兵侵略占巴塞。1760 年，翁龍去世，由其子翁寶恩（Chao Ong Boun）繼位，王號為斯里汶耶善（Chao Siribun-yasarn）。

1767 年緬甸滅暹羅大城王朝，鄭信在吞武里重建新王朝，永珍國王斯里汶耶善為了與緬甸維持和平，於 1769 年 7 月將其女兒嫁給孟駁，並贈送豐厚的嫁妝。斯里汶耶善見到鄭信的勢力逐漸鞏固，乃於 1770 年致函鄭信，[61] 欲建立聯盟關係。鄭信立即邀他一起對抗緬甸，但斯里汶耶善仍與緬甸維持關係，此引起鄭信不滿。因為當蘇里亞旺（Suriyawong，或寫為 Tiao-Vong，中國文獻稱為召翁[62]）在登基為琅勃拉邦國王後，為了報復

---

59. Peter and Sanda Simms, *op.cit.*, pp.109-111.

60. Martin Stuart-Fox, *The Lao Kingdom of Lan Xang Rise and Decline*, p.105.

61. Martin Stuart-Fox 的書說是在 1771 年，參見 Martin Stuart-Fox, *The Lao Kingdom of Lan Xang Rise and Decline*, p.109.

62. 「乾隆三十四年（1769）春正月癸丑，以南掌國王之弟召翁遣使請兵復仇，諭阿桂等預備由南掌分路進兵。」（[民國] 趙爾巽等撰，**清史稿**，卷十三，本紀十三，高宗本紀四，頁 5。）

永珍，即出兵包圍永珍，永珍尋求在清邁的緬軍協助。「緬軍出兵攻擊琅勃拉邦，迫使琅勃拉邦從永珍撤兵，經過十五天的戰鬥，琅勃拉邦接受緬甸為宗主國。」[63] 蘇里亞旺為了破壞永珍和暹羅的關係，向暹羅國王鄭信密告說斯里汶耶善與緬甸有聯合進攻暹羅之密約。1774 年底，暹羅聯合永珍一起出兵進攻北方清邁的緬軍，但永珍軍隊拖延不願攻擊緬軍主力，一支永珍軍隊在清邁附近還投降緬軍，此一事件使鄭信相信永珍背信棄義。鄭信要求永珍派軍及提供補給以聯合對抗緬甸，但斯里汶耶善說其子女仍在緬甸當人質，不能公開反對緬甸。斯里汶耶善另提議將給予暹羅 500 輛牛車的米和車輛，當暹羅軍隊到達永珍時，他請暹羅提供 2,000 枝步槍，用來護送永珍公主出嫁給暹羅國王鄭信。

　　1776 年 9 月，當暹羅驅逐蘭那的緬軍時，鄭信致函斯里汶耶善，表示他已準備給予武器，但除非永珍和暹羅聯合對抗緬甸；他目前無需米糧；此時也非護送公主到吞武里的時機。1777 年一位叛離永珍的官員瓦拉拉特（Phra Vorarat）投效占巴寨，隨後又與占巴寨國王庫曼（Xainyakuman）不和，而改投效暹羅。永珍國王知悉瓦拉拉特離開占巴寨，加以逮捕處死。此事惱怒鄭信，遂於 1778 年派遣大將軍昭披耶卻克里（Chao Phraya Chakri）出兵 2 萬經由柯叻高地攻打占巴寨，另一支軍隊由昭披耶卻克里的弟弟蘇拉西（Chao Phraya Surasi）經由柬埔寨到占巴寨，國王庫曼逃逸，1779 年被逮捕後送至吞武里。一年後被釋放回占巴寨，重新擔任國王，此後占巴寨成為暹羅的藩屬國。「暹羅軍隊繼續北上，占領那空拍儂、廊開，包圍永珍四個月才攻下，國王斯里汶耶善逃逸，王室人員和將軍等人、玉佛寺的玉佛和琅勃拉邦佛陀雕像（Phra Bang Buddha，鍍金的站立佛陀）被俘虜至吞武里。暹羅同時將數千名寮族人遷移至曼谷東北方 120 公里的沙拉武里（Saraburi）和靠近暹羅灣的尖竹汶（Chanthaburi）。」[64] 以後四年

---

63. Martin Stuart-Fox, *The Lao Kingdom of Lan Xang Rise and Decline*, p.109.

64. Martin Stuart-Fox, *The Lao Kingdom of Lan Xang Rise and Decline*, p.112.

永珍在暹羅的控制之下。

　　暹羅於 1780 年同意斯里汶耶善返回永珍，隔年去世。昭披耶卻克里在 1782 年建立曼谷王朝後，號拉瑪一世（Rama I），他將永珍交還給斯里汶耶善的長子南塔申（Nanthasen），允許南塔申返回永珍出任國王，定期向暹羅朝貢。數年後，被強迫遷移到暹羅的寮族人亦允許他們返回永珍。

　　南塔申之弟弟王子安努馮（Chao Annouvong，或寫為 Chao Anou）被擄至暹羅王宮，服務十六年後，在 1782 年隨著南塔申被任命為萬象王國（即永珍）國王而返回永珍，安努馮將琅勃拉邦佛陀像帶回永珍，因為拉瑪一世認為該佛像給暹羅帶來厄運。當南塔申返回永珍後，第一件事是強化對川壙的控制。「當他聽說川壙的召松普有意投向越南時，南塔申出兵突擊普安（即川壙公國），將普安王子軟禁在永珍。在越南干預下，南塔申才加以釋放，但條件是普安必須支付如同向越南進貢等額的貢品。」[65]「1792年，因為琅勃拉邦陰謀聯合緬甸，故南塔申出兵占領琅勃拉邦及其屬邦普安和華潘（Huaphan）。琅勃拉邦國王阿奴魯塔（Anuruttha）及其眷屬被擄往曼谷，當了四年的人質。此後琅勃拉邦需向永珍進貢，華潘和西雙朱泰（Sipsong Chau Tai，它位在包括今天越南西北部的萊州、山羅和奠邊府一帶的泰族自治區到西雙版納之間的地區）部分土地被併入永珍。」[66]

　　「乾隆六十年（1795），南掌國王奉表祝釐，進**長生經**一卷、阿魏二十斤、象牙四十、夷錦四十。時召溫猛已播遷越南昭晉州地，既受敕印，仍未能返國。」[67]

---

65. Martin Stuart-Fox, *The Lao Kingdom of Lan Xang Rise and Decline*, p.115.

66. Martin Stuart-Fox, *The Lao Kingdom of Lan Xang Rise and Decline*, p.116. 但景振國的書的說法不同，他說：「召溫猛，即阿奴魯（Anourouth），1792 年萬象攻打琅勃拉邦時，召溫猛亦被俘往萬象，後乘機逃出。1793 年，流亡到曼谷的召溫猛返回琅勃拉邦，登基為國王。1794 年曾遣使至中國請封，清廷頒給王印。1795 年夏天，召溫猛在芒弭與其伯父召蛇榮一戰，召溫猛敗走，召蛇榮占領琅勃拉邦，召溫猛流寓於越南北部興化省昭晉州十多年。1813 年，召溫猛死於越南南雅。」（參見景振國主編，**中國古籍中有關老撾資料匯編**，河南人民出版社，中國，1985 年，頁 264，註 14。）

67. 清史稿校註編纂小組編纂，**清史稿校註**，卷五百三十五，屬國三，南掌，國史館印行，

　　但暹羅懷疑南塔申和那空拍儂統治者陰謀聯合起來反抗暹羅，而免除其國王職位。1795 年，南塔申在被調查前即死亡，暹羅任命南塔申之弟弟英塔馮（Inthavong，或寫為 Inthasom）為國王，安努馮為督撫大臣（或大將軍）（ouparat, viceroy）。他們的左右手由暹羅高官擔任，俾便就近監視。

　　1797 年和 1802 年，緬甸分別出兵攻打暹羅，暹羅獲得永珍及北方公國之援助，擊退緬軍。永珍也協助暹羅控制西雙朱泰，特別是奠邊府地區。在這些戰役中，安努馮出力甚多，贏得將軍名號。為加強永珍和暹羅之關係，英塔馮將其女兒嫁給拉瑪一世。[68] 在安南阮福映和西山軍的戰爭中，暹羅還命令安努馮協助阮福映。此乃由於阮福映在 1782 年曾派遣朱文接前往暹羅求援。1784 年夏天，阮福映前往暹羅曼谷，獲拉瑪一世（Rama I）允諾援助，派兵 2 萬，戰船 300 艘。10 月，暹羅兵分水陸兩路進攻柴棍（西貢），水路沿著越南南部的迪石前進到嘉定登陸。另外派遣 2 萬軍隊從柬埔寨陸路進入越南，結果被阮文惠擊敗，只餘 2,000 人從陸路繞經柬埔寨逃回暹羅。阮福映也隨暹羅敗軍逃往暹羅。[69] 因為有這層歷史關係，故暹羅才會要求永珍協助阮福映。阮福映得以在 1802 年在順化建立新王朝。1804 年，英塔馮去世，安努馮繼任為王。在安努馮執政期間，永珍從 1806 年到 1821 年向越南順化王朝朝貢，「貢品包括 2 頭象、2 支犀角、364 公斤肉桂，其和順化的密切關係如同跟暹羅的關係一樣。」[70]

　　上述伊瓦昇（Søren Ivarsson）所寫的萬象國向越南朝貢的貢物，與越南史書的記載有差異，列舉如下：

　　台北市，1986 年，頁 12145-12146。

68. Arne Kislenko, *op.cit.*, p.25.

69. 越南社會科學委員會編著，**越南歷史**，人民出版社，北京市，1977 年，頁 400-403。但明崢的書說，暹羅派遣的軍隊人數為 2 萬名海軍。參見 [越] 明崢著，范宏科、呂谷譯，**越南史略**，生活、讀書、新知三聯書店出版，北京市，1960 年，頁 238。

70. Søren Ivarsson, *Creating Laos, The Making of a Law Space between Indochina and Siam, 1860-1945*, Nordic Institute of Asian Studies, Copenhagen, Denmark, 2008, p.27.; Martin Stuart-Fox, *The Lao Kingdom of Lan Xang Rise and Decline*, p.118.

根據越南之文獻**欽定大南會典事例**之記載：

「嘉隆元年（1802），萬象國使部道由義安，詣京奉貢方物黃蠟二百四十片。」[71]

「嘉隆三年（1804），萬象國前侶圓禛卒，其弟侶阿弩權管國事，遣使上表告哀，奉賜諭寄白金一百兩、白布一百疋、黃蠟二百斤、五色紙百斤、金版一千張，遣上道欽差該奇一員、翰林院一員齎往致祭。」[72]

「嘉隆四年（1805），萬象國使部路由哀牢營甘露道至廣治，詣京奉貢方物雄象三匹、犀角四座、桂皮八謝（百斤為一謝）。又議定該國歲貢雄象三匹、犀角二座、桂皮五金、象牙一對，永為例。」[73]

「嘉隆四年（1805），萬象國遣使來貢，議準設朝儀于太和殿，朝拜禮成。」[74]

「嘉隆十四年（1815），萬象國遣使來貢。」

安努馮在 1818 年平定占巴寨的叛亂，請求暹羅立其兒子召諾（Chao Nho）為占巴寨國王、其侄子召坎朋（Chao Khampom）為督撫大臣，雖遭到暹羅王宮大臣的反對，拉瑪二世還是同意。1820 年，安努馮在永珍興建沙格寺（Vat Si Saket），其聖殿是模仿曼谷的佛寺，周圍有 120 座佛陀雕像。

暹羅拉瑪二世在 1825 年去世，安努馮率領數百名官員和隨從前往曼谷參加葬禮。但拉瑪三世卻要求安努馮的隨從修建曼谷城市以及在湄南河口的百欖（Paknam）修建砲台，此一工程是由安努馮的兒子恩高王子（Prince Ngau）負責監督，因工程進度落後，暹羅官員批評恩高王子，引起安努馮和恩高王子之憤怒。[75]「安努馮覺得這是不光榮之行為，於是假借雨季即

71. [越] 柔遠，**欽定大南會典事例**，第二冊，禮部柔遠，屬國貢物，卷一百三十四，Bo Van-Hoa Giao-Duc, Saigon, 1965，頁 86。

72. [越] 柔遠，**欽定大南會典事例**，第一冊，禮部柔遠，恤典，卷二百三十二，Bo Van-Hoa Giao-Duc, Saigon, 1965, 頁 86。

73. [越] 柔遠，**欽定大南會典事例**，第一冊，禮部柔遠，恤典，卷二百三十二，頁 86。

74. [越] 柔遠，**欽定大南會典事例**，第一冊，禮部柔遠，卷一百三十二，朝觀，頁 18。

75. Martin Stuart-Fox, *The Lao Kingdom of Lan Xang Rise and Decline*, pp.119-120.

將來臨，請求返回永珍，同時請求三件事，第一，請求暹羅允許他帶回舞孃和藝術家以供其王宮所需；第二，讓嫁至暹羅的寮國公主敦坎（Duang Kham）返回永珍；第三，較早前被強迫遷移到沙拉武里的寮國人允許與他一起返回寮國。但這三個要求都沒有獲得拉瑪三世的同意，只允許他返回永珍。」[76]

1826 年底，永珍國王安努馮召開大臣及其所屬的七十九個公國的領袖會議，決議聯合琅勃拉邦、清邁和越南叛離暹羅，宣布獨立，但琅勃拉邦不想與暹羅為敵，國王召蟒塔度臘（Chao Mantaturat，或寫為 Mantha Tourath）暗中派遣其兒子梭卡軒（Chao Soukhaseum）到曼谷通風報信，拉瑪三世忽略此一訊息，沒有採取應變措施。1827 年 2 月，安努馮率軍 8,000 人進入暹羅境內，藉口協助暹羅對抗入侵緬甸的英國，入侵柯叻高原，5 月 13 日，暹羅軍隊擊退永珍軍隊，安努馮逃至越南順化，請求援兵意圖恢復永珍，結果安努馮再度戰敗逃至越南的順化，其兒子則被暹羅逮捕。永珍人民四散逃逸，當暹羅控制該城市時，市內人口僅兩萬人。「1828 年 2 月，暹羅在永珍留下少數寮國官員，另外在永珍對岸的廊開駐紮部分軍隊，以為監視，大軍則返回曼谷。」[77] 5 月底，暹羅軍隊再控制占巴塞。

然而，拉瑪三世對於永珍仍不放心，害怕其在越南人或川壙之支持下死灰復燃，故再度派遣軍隊燒毀永珍城市，將其人民擄往暹羅東北部的伊山，王室成員則被分散遷移至羅斛、沙拉武里、素攀武里和那空猜西（Nakhon Chaisi），那空拍儂的人民則被送至帕那特尼空（Phanat Nikhom）。[78] 屬於永珍的小邦巴色、那空拍儂、廊開等成為暹羅的畿外省。

8 月 1 日，安努馮在 1,000 名越南軍隊護衛下返抵永珍，暹羅再度出兵永珍，雙方戰鬥僵持不下。越南國王明命在 9 月代表安努馮向暹羅拉瑪三

76. Peter and Sanda Simms, *op.cit.*, pp.130-131.
77. Peter and Sanda Simms, *op.cit.*, p.139.
78. Peter and Sanda Simms, *op.cit.*, p.139.

世道歉，請拉瑪三世允許安努馮親自到曼谷道歉，但不為拉瑪三世接受。[79]

10 月中旬，安努馮逃離永珍。12 月 21 日，川壙公國國王召諾伊（Chao Noi）逮捕安努馮，送至永珍，交給暹羅軍隊。他被送至曼谷，關在囚籠遊街，[80] 關在監獄一段時間後被赦免，不久即去世。[81] 普安（川壙）是越南的朝貢國，當普安統治者將安努馮交給暹羅兵，引起越南之不滿，於是逮捕普安統治者召諾伊，並予以處死。

> 「明命九年（1828），遣使如暹，報知送回萬象國王各緣由，贈好該國清肉桂三斤、琦瑚二斤、紗二百疋、紈布一百疋，賞賜二王各減半。明命十年（1829），暹國遣使來京謝好，具陳萬象國王背叛該國等情，恭進品儀蟒緞、剪絨、金板、冰片、白檀油、縐綾、洋布各項，登收該七品，餘交來使齎回。再奉敕部具修國書，並贈好品物琦瑚二斤、清肉桂三斤、桂紗羅、紗涼、紗凍、紗細布一百疋。再奉恩準，賜該國二王各品減半。是年遣使如暹，聲責該國違好等事。明命十一年（1830），暹國遣使恭齎品物進呈，並辨〔辯〕違好事，其該國品物奉準發還。明命十三年（1832），暹使來朝，奏稱該國二王逝沒，奉議準嗣。凡暹使進京，均給例賞。」[82]

從上述越南史書之記載可知，儘管越南和暹羅為了永珍的事務而發生衝突，然而雙方還是互派使節以維持友好關係。

---

79. Peter and Sanda Simms, *op.cit.*, p.140.

80. Arne Kislenko, *op.cit.*, p.26. Peter and Sanda Simms 的書說，安努馮在從永珍送至曼谷的沿途上，就被關在囚籠內，沿途讓暹羅人觀看。參見 Peter and Sanda Simms, *op.cit.*, p.141.

81. Grant Evans, *A Short History of Laos, The Land in Between*, pp.28-29. Peter and Sanda Simms 的書說，安努馮在囚禁酷刑第八天即去世，他的家人也是在被折磨後才獲釋放。參見 Peter and Sanda Simms, *op.cit.*, p.141.

82. [越] 柔遠，**欽定大南會典事例**，第二冊，禮部柔遠，暹羅，卷一百三十六，頁 270-274。

　　1832 年，越南占領普安，設立鎮寧府（Tran Ninh）。越南強迫當地人穿越南服裝、說越南語、接受越南習俗。1834 年，川壙人民起來反抗越南統治，遭越南嚴酷鎮壓，暹羅允許寮族人避難到湄公河右岸。暹羅為了不讓普安的人民受到越南的衣著文化影響，將他們遷徙到柯叻高原和附近地區，以後將近十年川壙城鎮周邊的平原地帶成為廢墟。越南順化政府在靠近川壙邊界派駐官員。[83]

　　越南則在 1834 年派遣官員從中越越過木甲（Mu Gia）和寮保（Lao Bao）隘道到寮國的卡丁（Kading）、班飛（Bang Fai）、班香（Bang Hiang）河谷，邀請當地村長到順化訪問，以對抗暹羅的拉攏，並在上班香駐軍，守衛隘道，將華潘以南到素旺那曲的土地納入越南領土。越南在華潘設立鎮蠻府和鎮邊府。[84] 占巴寨則為暹羅控制。[85]「明命十五年（1834），暹國以兵資匪之後，遂與暹國絕好。」[86] 該一段話中所講的「資匪」，就是指暹羅資助川壙，導致越南和暹羅斷絕關係。

表 2-3：永珍王朝國王世系（1707–1828）表

姓　　　名	在位期間	備　　　　　註
Sai Ong Hue（Setthathirath II, Trieu Phuc）	1707–35	Souligna Vongsa 之姪子
Ong Long	1735–60	Sai Ong Hue 之子
Ong Boun（Siribunyasarn）	1760–1778	Sai Ong Hue 之子

83. Grant Evans, *A Short History of Laos, The Land in Between*, p.33.; Peter and Sanda Simms, op.cit., p.146.

84. 古代越南稱川壙為「盆蠻」，參見「盆蠻」，維基百科，https://zh.wikipedia.org/wiki/%E7%9B%86%E8%A0%BB　2016 年 2 月 1 日瀏覽。

85. Martin Stuart-Fox, *The Lao Kingdom of Lan Xang Rise and Decline*, p.131.

86. [越] 柔遠，*欽定大南會典事例*，第二冊，禮部柔遠，暹羅，卷一百三十六，頁 278。

空位	1778–80	暹羅鄭信任命 Phraya Supho 為永珍總督
	1779	暹羅攻陷永珍
Ong Boun（Siribunyasarn）	1780–1781	Sai Ong Hue 之子，恢復為暹羅屬國
Nanthasen	1781–94	Siribunyasarn 之子，將琅勃拉邦寺佛像歸還永珍，為暹羅屬國，但陰謀反叛
Inthavong	1795–1804	Siribunyarsarn 之子，為暹羅屬國
Annouvong	1804–28	Inthavong 之子，領導反抗暹羅
	1828	暹羅再度攻陷永珍，永珍王朝結束，領土被併入暹羅。General Ratchasuphawadi 將永珍人民遷徙至伊山（Isaan），永珍成為空城。

資料來源：https://en.wikipedia.org/wiki/List_of_monarchs_of_Laos　2016 年 2 月 1 日瀏覽。

第三節　琅勃拉邦王朝

1560 年，西塔西拉特將首都遷移到永珍後，琅勃拉邦雖失去其政治重要性，仍為宗教和貿易中心。在第十八和十九世紀，琅勃拉邦王朝同時為中國、暹羅、緬甸和越南的朝貢國，享有自治地位。

1707 年，琅勃拉邦是由金吉查拉特統治，1713 年由其侄子召翁坎（Chao Ong Kham）繼位，召翁坎也是在西雙版納長大。但金吉查拉特的弟弟英塔松對於王位繼承感到不滿，要求其下台，召翁坎提議雙方共同執政。1723 年，英塔松趁召翁坎到城外打獵斑鳩時，關閉城門，自行宣布為國王。召翁坎則前往清邁，在 1727–1759 年出任清邁國王。召翁坎留在琅勃拉邦的三個兒子，因陰謀推翻英塔松政權失敗，而被處死。[87]

---

87. Peter and Sanda Simms, *op.cit.*, p.113.

　　在清朝的文獻裡，稱琅勃拉邦王朝為南掌國，第一次進貢時間是在雍正七年（1729）九月。[88] 當時的南掌國王蘇嗎喇薩提拉島孫，為琅勃拉邦國王英塔松，在位期間 1723–1749 年。[89] 英塔松在 1749 年去世，其第九子英塔馮（Chao Inthaphom）率軍逐退入侵的安南軍隊，凱旋回國後被推舉為國王。但在位僅 9 個月，可能因為家族之壓力而退位，由其長兄索提卡庫曼（Sotikakoumane）繼位，直至 1771 年。1756 年 1 月，琅勃拉邦向越南進貢。索提卡庫曼在 1761 年 3 月遣使入貢中國，「乾隆二十六年（1761）三月己巳，南掌國王蘇嗎喇薩提拉准第駕公滿遣使表賀皇太后聖壽、皇上萬壽，並貢方物。」[90] 蘇嗎喇薩提拉准第駕公滿應即是索提卡庫曼。

　　1759-60 年，緬甸攻擊暹羅，永珍尋求和緬軍合作，進攻琅勃拉邦。緬甸於 1763 年 7 月攻陷清邁，派遣坎迷尼（Ap'ai K'ammini）將軍為清邁總督。隨後緬軍控制琅勃拉邦。

　　緬甸大軍 5,000 人在 1765 年 6 月從清邁南下，緬軍由狄哈帕泰（Thihapatei）率領，在永珍之協助下入侵琅勃拉邦，俘虜國王索提卡庫曼之弟弟蘇里亞旺及 600 名人質，泰北至寮北琅勃拉邦一帶為緬軍控制，緬軍繼之南下進攻暹羅之大城（阿瑜陀耶）。[91] 狄哈帕泰動員清邁、永珍和其他寮族的增援軍隊，占領了披猜（Pijai）、拉亨（Raheng）、沙萬卡洛克（Sawankalok）和素可泰。緬軍繞過彭世洛，沒有加以騷擾。占領披契特（Phichit）、那空沙萬（Nakhon Sawan）、安東（Ang Thong）等地，進抵阿瑜陀耶。1767 年 4 月緬甸滅了大城王朝。具有華人血統的鄭信恢復暹羅，驅逐緬軍，在曼谷新建王朝。

---

88. [清] 鄂爾泰、福敏、張廷玉、徐本、三泰等撰，**大清世宗憲（雍正）皇帝實錄（二）**，卷八十六，頁 25-26。

89. 參見景振國主編，**前引書**，頁 264，註 2。

90. [民國] 趙爾巽等撰，**清史稿**，卷十二，本紀十二，高宗本紀三，頁 13。

91. 參見吳迪著，陳禮頌譯，**暹羅史**，臺灣商務印書館，台北市，1988 年修訂重排初版，頁 266-267。

琅勃拉邦國王索提卡庫曼為了抗衡緬甸，遣使中國請兵。[92]中國並未出兵，反而告訴他緬甸已向中國降服，無庸出兵攻擊。

> 「乾隆三十四年（1769）十二月，擬檄南掌國王文稿，經略副將軍總督銜，檄諭南掌國王知悉，前以緬酋不靖，肆毒鄰疆，並敢滋擾土司邊境，抗拒王師，是以本經略本副將軍，欽奉大皇帝恩命，於去秋統率滿族及各省勁兵，長驅進剿，並檄知國王，凡爾國與緬甸連界處所，務宜設法提防，如遇緬酋等竄入爾境，即為擒獻軍營，毋任他逸。昨接來文，知國王業已遵行。嗣本經略本副將軍統帥，深入經過猛拱、猛養地方，俱望風慴服，不敢抗我顏行。復於新街地方破寨奪舟，殺獲無算，緬眾喪魄奔逃，大兵遂進次老官屯，水陸密圍，絕其糧援。該頭目等窮蹙無歸，屢次遣人詣營，乞命懇請罷兵。本經略本副將軍因該國逆命有年，且伊等詭譎性成，不准所請。該國王復從阿瓦具文，專遣頭目，遠叩軍營，願照古禮納貢投誠，措辭極為恭順。復令大頭目十四人親到軍營，再四籲懇。本經略本副將軍諭約數條，該國一一遵辦，不敢稍有異同。本經略本副將軍鑒其忱悃，仰體大皇帝好生之德，據情恭摺奏聞，蒙恩允准，現已振旅入關，以昭綏緝。爾國王秉性純篤，當緬甸跳梁未靖，自當義切同仇。今該國既已納款輸誠，列在藩服，自應將受降情事，詳悉諭知，俾爾國王得曉然於藏事顛末，用愜蓋忱，此檄。」[93]

琅勃拉邦國王之弟召翁，即蘇里亞旺（Suriyawong，或寫為 Tiao-

---

92. 「乾隆三十四年（1769）春正月癸丑，以南掌國王之弟召翁遣使請兵復仇，諭阿桂等預備由南掌分路進兵。」（[民國]趙爾巽等撰，清史稿，卷十三，本紀十三，高宗本紀四，頁5。）

93. 國立故宮博物院藏，清代宮中檔奏摺及軍機處檔摺件，文獻類名：軍機處檔摺件，文獻編號：011572，事由：擬檄南掌國王文稿。乾隆三十四年十二月。

Vong），在 1767 年被緬軍擄去，1769 年緬甸派遣他及其隨從 600 人隨同緬軍前往西雙版納平定地方叛亂，他及其隨從逃離西雙版納，前往西雙朱泰的奠邊府建立據點，率軍攻占琅勃拉邦。國王索提卡庫曼逃離琅勃拉邦，搭船順湄公河而下到帕克雷（Pak Lay）。

蘇里亞旺在 1771 年奪取王位，一意要報復永珍勾結緬軍占領琅勃拉邦，害他被緬甸拘留數年。他於是出兵攻打永珍，永珍國王斯里汶耶善請求緬甸救援，緬甸派遣波蘇普勒（Bo Supla）將軍支援永珍，將蘇里亞旺軍隊驅回琅勃拉邦。蘇里亞旺在 1787 年退位，死於 1791 年。[94]

1777 年，柯叻省的南隆（Nangrong）總督叛變，與統治占巴寨國王沙耶考曼（Sayakoummane）通好，暹羅大將軍昭披耶卻克里很快就平定亂事，俘虜國王沙耶考曼。1778 年暹羅在與琅勃拉邦合作下，聯合攻擊永珍，以懲罰永珍和緬軍合作，將永珍王室人員全擄往曼谷，並將玉佛和青銅外鍍金箔的琅勃拉邦佛陀雕像擄回曼谷，數萬寮國人被遷移至泰國東北部的伊山地區。湄公河以西的土地，南到孔恩（K'ong），皆成為暹羅領土。琅勃拉邦亦不得不承認暹羅為宗主國。

至此時寮國三個王國皆臣屬於暹羅之下，成為暹羅之藩屬國，擁有自治權，惟在下述情況下需獲得暹羅之同意，即：(1) 王位繼承；(2) 招募軍隊對抗頑抗的附庸者；(3) 任命高級官員統治村寨；(4) 判處死刑。[95]此外，寮國三個自治國擁有徵稅權、自衛武力和有限的外交權。

1791 年，蘇里亞旺去世，暹羅拉瑪一世同意由英塔松的第二個兒子阿奴魯（Anourouth，中文文獻稱召溫猛）出任國王。1792 年，永珍國王南塔申向拉瑪一世密告召溫猛與緬甸有條約關係，獲得拉瑪一世的同意進攻琅勃拉邦。南塔申密函給蘇里亞旺的遺孀南天侃（Nang Taen Kham），請其開城門，將來事成將承認其為琅勃拉邦女王。她遂同意開南城門讓永珍軍

---

94. 參見景振國主編，**前引書**，頁 264，註 4。
95. Martin Stuart-Fox, *A History of Laos*, p.14.

隊入城。永珍軍隊得以順利攻占琅勃拉邦。召溫猛等皇族人員及數萬寮族人被俘虜至曼谷，從事運河開鑿，使曼谷有東方威尼斯之稱號。但因飢餓和疾病，有許多寮族工人死亡。

1793 年，流亡到曼谷的召溫猛返回琅勃拉邦，登基為國王。1794 年曾遣使至中國請封，「乾隆五十九年（1794），南掌國王召溫猛遣使請封，特頒誥敕，並駝紐鍍金銀印，交使臣齎回。」[96] 1795 年夏天，召溫猛在芒弭與其伯父召蛇榮一戰，召溫猛敗走，召蛇榮占領琅勃拉邦，召溫猛流寓于越南北部興化省昭晉州十多年。後來越南國王阮福映於 1809 年遣使恭繳南掌敕印給中國。清仁宗答覆稱：「南掌國王召溫猛懦懦不振，流徙越南，遺棄敕印，朕念其流離，不加聲責，豈能復掌國事？聽其在越南居住可也，其國事以其伯召蛇榮代辦。」[97] 1813 年，召溫猛死於越南南雅。[98]

召蛇榮於 1817 年將王位傳給其子召蟒塔度臘（Chao Mantaturat，或寫為 Mantha Tourath），1817–1836 年在位。[99]

從 1821 年起到 1833 年，琅勃拉邦同時要向越南和暹羅朝貢，據越南**欽定大南會典事例**之記載，琅勃拉邦向越南朝貢之年代如下：

「明命二年（1821），南掌國使部恭遞歲貢雄象二四（按：應為匹之誤），留義安牧養。」[100]

「明命四年（1823），南掌國遣使齎遞國書來貢。歲貢方物雄象二匹、

---

96. 清史稿校註編纂小組編纂，**清史稿校註**，卷五百三十五，屬國三，南掌，頁 12145。

97. 「清仁宗嘉慶十四年（1809），越南國王阮福映遣使恭繳南掌敕印。帝諭曰：『南掌國王召溫猛懦不振，流徙越南，遺棄敕印，朕念其流離，不加聲責，豈能復掌國事？聽其在越南居住可也，其國事以其伯召蛇榮代辦。』」（清史稿校註編纂小組編纂，**清史稿校註**，卷五百三十五，屬國三，南掌，頁 12146。）

98. 景振國主編，前引書，頁 264，註 14。[清] 戴均元等撰，**大清仁宗睿（嘉慶）皇帝實錄**（五），卷二百十四，頁 11-12。

99. 景振國主編，**前引書**，頁 264，註 15。

100. [越] 柔遠，**欽定大南會典事例**，第二冊，禮部柔遠，屬國貢物，卷一百三十四，頁 100。

犀角四座、象牙二枝。」[101]

　　此外，由於永珍反抗暹羅而被夷為平地，故召蟒塔度臘對於暹羅之威脅深感憂心，於是分別在 1828、1830 和 1833 年遣使越南進貢，以尋求越南的援助。例如在明命九年（1828）「進貢雄象二匹、象牙二枝、犀角四端。因念該國界在天邊，道里實屬修阻。兼之，帶進象匹其踐嵐歷險，更覺艱勞，著嗣今貢品準象牙八枝、犀角八端、銅鼓二面，以便輕齎而昭體悉。」[102] 明命十一年（1830）「南掌國恭進慶賀方物象牙二枝、犀角二座。」[103] 明命十四年（1833）「旨前經準定南掌國貢品象牙八枝、犀角八座、銅鼓二面，茲念銅鼓原非該國所產，必須徧行採買，未免艱勞。著嗣屆貢期或於象牙犀角數內，各量增若干，或該國內土產何物可當銅鼓者，亦準充貢，毋須概拘向例，用示體悉。」[104]

　　越南為了與暹羅維持友好關係，雙方經常遣使通報國情，例如暹羅在嘉隆十六年（1817）遣使越南通報暹羅二王（按：指副王）之喪，越南則遣使贈送「賻儀白布一百疋、沙糖二千斤、黃蠟、冰糖、肺糖各三百斤，又贈好該佛王（按：指國王）白色紈絹布各三百疋。」[105] 明命三年（1822），越南「遣使如暹修好，贈好〔予〕該國佛王肉桂三斤、紈紗、紬絹各一百疋。」[106]

　　1825 年，暹羅拉瑪二世去世，召蟒塔度臘在前往曼谷弔唁之前，將行

---

101. [越] 柔遠，**欽定大南會典事例**，第二冊，禮部柔遠，屬國貢物，卷一百三十四，頁 100。

102. [越] 柔遠，**欽定大南會典事例**，第二冊，禮部柔遠，屬國貢物，卷一百三十四，頁 104。

103. [越] 柔遠，**欽定大南會典事例**，第二冊，禮部柔遠，屬國貢物，卷一百三十四，頁 106。

104. [越] 柔遠，**欽定大南會典事例**，第二冊，禮部柔遠，屬國貢物，卷一百三十四，頁 106。

105. [越] 柔遠，**欽定大南會典事例**，第二冊，禮部柔遠，暹羅，卷一百二十六，頁 257-258。

106. [越] 柔遠，**欽定大南會典事例**，第二冊，禮部柔遠，暹羅，卷一百二十六，頁 260。

政權交給樞密大臣，抵達曼谷後，他入廟為僧一年，為去世的拉瑪二世增添功德。由於琅勃拉邦發生傳染病，他有藉口晚點回琅勃拉邦，至 1826 年底才返國。[107]

暹羅在 1829 年將寮國分為三個行政區，第一個是琅勃拉邦，暹羅僅派少數軍隊駐紮，該行政區包括琅勃拉邦、南塔（Namtha）、西雙版納、西雙朱泰、華潘（今天之桑怒）。第二個是以前的永珍王國，包括廊開、川壙、波里肯（Borikane）、那空拍儂，南邊到占巴塞北部。第三個是占巴塞，東邊到越南邊界、南邊到柬埔寨北部，西邊到柯叻高地。

1835 年，西雙朱泰和川壙不願向琅勃拉邦致送貢品，琅勃拉邦和暹羅軍隊聯合進兵鎮壓，並攻擊在川壙的越南軍隊，亂事平定後，暹羅軍隊撤回曼谷。召蟒塔度臘在 1836 年去世，暹羅派遣大臣出席他的葬禮，並宣布由暹羅決定誰出任國王。召蟒塔度臘之長子蘇卡森（Suk Som，或寫為 Soukhaseum，中文文獻稱為召喇嘛呢呀宮滿，亦寫為召喇嘛呢呀公滿）[108] 希望王室支持其出任國王，但大將軍召拉惹派（Chao Rajaphai）反對。召拉惹派的哥哥召翁基歐（Chao Oun Keo）前往曼谷，報告召蟒塔度臘之死訊。拉瑪三世提升他的職位為琅勃拉邦第三號人物的拉惹馮（Rajavong），地位在大將軍之上，由他負責琅勃拉邦全國事務。1836 年，蘇卡森和召拉惹派一起到曼谷，請拉瑪三世裁決。蘇卡森指控在川壙戰役時，召拉惹派曾致贈禮物給越南，犯了叛國罪。拉瑪三世相信蘇卡森的話，將召拉惹派留置曼谷，隔年他死在曼谷。1838 年，蘇卡森返回琅勃拉邦出任國王，統治至 1850 年。

在寮北華潘省，有數個小型的泰族部落形成西雙朱泰（Sibsong Chao Thai, Sip Song Chu Tai）的邦聯，他們信仰拜物教，向越南朝貢，越南給他們封號，形成一種間接統治的型態。不過他們也向琅勃拉邦朝貢，關係大於

---

107. Peter and Sanda Simms, *op.cit.*, p.131.

108. [清] 文慶等撰，**大清宣宗成（道光）皇帝實錄（十）**，卷三百五十四，頁 27。

跟越南的關係。在石罐平原的泰族泰普安（Tai Phuan）地區（即川壙）則是信奉佛教，形成一個小公國，向越南進貢。1833 年，越南在今天泰國境內的那空拍儂的對面建立軍事據點，特別是在班香、班飛和卡丁三個河谷地設立據點。暹羅對湄公河西岸採取燒毀城鎮及遷徙人口的策略，當越南軍隊進攻湄公西岸時，將無法獲得當地居民對越南軍隊的支持和補給，以迫使越南軍隊撤退。1836 年 8 月辛未，「雲貴總督伊里布奏：『暹羅與南掌爭訌，旋經議和息事，南掌逃入邊界難夷，現已遣回，邊地靜謐。』」[109]

1840–50 年代，暹羅放棄上述策略，在湄公河以東的城鎮實施行政控制、收稅及建立宗主權。[110] 1849 年，琅勃拉邦遣使至暹羅致送「金銀花」。同年，蘇卡森去世。在蘇卡森統治期間，政局相對穩定，因為暹羅和越南爭奪柬埔寨控制權，無暇顧及寮國。1851 年拉瑪三世去世，所以未能及時決定誰將繼承蘇卡森的王位。後由拉瑪三世兒子蒙固特（Mongkut）繼位，是為拉瑪四世。蒙固特王在 1852 年選擇蘇卡森的弟弟昌達庫馬拉（Chandakumara，或寫為 Chant'akuman，或 Chao Tiantharath）繼位。[111] 中文文獻稱他為召整塔提臘宮滿。[112] 1868 年，昌達庫馬拉的弟弟繼位為王，但至 1872 年才獲得暹羅的承認，暹羅從名義的宗主國變成為實際控制者。

南掌是中國的朝貢國，除了 1842 年是由清朝遣使冊封南掌國王外，「清宣宗道光二十二年（1842），遣使齎敕封召喇嘛呢呀宮滿為南掌國王。」[113] 其他時間的冊封則是由貢使帶回冊封文誥。

---

109. [清] 文慶等撰，**大清宣宗成（道光）皇帝實錄**（八），卷二百八十七，頁 19。

110. Søren Ivarsson, *Creating Laos, The Making of a Law Space between Indochina and Siam, 1860-1945*, p.29.

111. Peter and Sanda Simms, *op.cit.*, pp.147-148.

112.「清文宗咸豐三年（1853），南掌國長召整塔提臘宮滿繼兄承襲父職，遣使關裡乃、叭大先等齎捧蒲葉夷字表文一道，恭祝皇上登基。又齎捧例貢蒲葉夷字表文一道，貢象四隻、象牙五百斤，計三十四支：犀角五十斤，計七十支：土綢二百端，恭賚省省。」（[清] 岑毓英、陳燦纂修，（光緒）**雲南通志**，卷二百六，南蠻志四之二，貢獻下，頁 27。）

113. 清史稿校註編纂小組編纂，**清史稿校註**，卷五百三十五，屬國三，南掌，頁 12146。

　　南掌國貢使之貢道，是由貴州、湖南、湖北、河南各省取道進京。1851 年，中國廣西一帶發生洪秀全革命運動，江南地區兵燹日極，外國貢使無法川行到北京進貢，乃請求變更貢道，例如緬甸在 1852 年 11 月請求變更貢道。咸豐帝諭軍機大臣曰：「朕念緬甸國王久列藩封，貢使遠道輸誠，具徵忱悃。惟其國貢使向取道貴州、湖南、湖北進京。現在粵匪未平，若令繞道而行，殊非所以示體恤。即傳旨其使臣，此次無庸來京，仍優予犒賞，委員護送回國。」[114]

　　同樣地，亦免除南掌國使節在 1853 年進京入貢。[115]

　　「清文宗咸豐三年（1853），南掌國長召整塔提臘宮滿繼兄承襲父職，遣使關裡乃、叭大先等齎捧蒲葉夷字表文一道，恭祝皇上登基。又齎捧例貢蒲葉夷字表文一道，貢象四隻、象牙五百斤，計三十四隻；犀角五十斤，計七十隻；土綢二百端，恭齎到省。

　　又於八月初七奉上諭：『據總督吳文鎔等奏：免南掌國貢使入京一折，南掌國貢使向由貴州、湖南、湖北、河南各省取道進京，惟現在粵匪未盡殲除，楚、豫一帶尚有繞越行走之處，該貢使遠道輸誠，若仍令照例來京，轉非所以示體恤。著該督撫傳旨該國使臣等，此次毋庸來京，仍著優以犒賞，妥為護送，俾令先行回國，其貢物象隻即著賞收，由該督撫派員送京。其應行頒賞該國長及正副使臣等銀物，仍由該管衙門照辦齊全，發交雲南派員賫送出關，轉交祇領，既可遂其悃忱，並可免其跋涉，以示朕懷柔遠人，曲加體恤之至意。欽此。』

　　旋奉旨，將頒賞各物解滇。賜國王敕書一道、畫筒五個、錦八疋、蟒緞八疋、蟒紗八疋、閃緞八疋、紗十二疋、緞八疋、春綢十八疋；正副使二員閃緞各三疋，緞各八疋，春綢各五疋、綿綢各五疋、紡絲

---

114. 清史稿校註編纂小組編纂，**清史稿校註**，卷五百三十五，屬國三，緬甸，頁 12134。
115. [清] 文慶等撰，**大清文宗顯（咸豐）皇帝實錄（三）**，卷一百二，頁 24–25。

各二疋、布各一疋；先目兩名、通事二名緞各五疋、春綢各五疋、綿
綢各三疋；後生六名綿綢各三疋、布各八疋。加賞國王紫檀嵌玉如意
一柄、大卷八絲緞五疋、蟒緞六疋、妝緞六疋、線綢二疋、錦二疋、
大紡絲五疋、絹箋二卷、筆二匣、墨二匣、硯二方；正副使二員，每
員大卷八絲緞各一疋、彩緞各一疋、小卷八絲緞各二件、小卷五絲緞
各二件、箋紙各二卷、筆各一匣、墨各一匣、硯各一方。又加賞正使
一員洋花緞三匹、彩緞三匹、大卷八絲緞四匹、小卷五絲緞四件、香
色文帶花大荷包一對、小荷包四個；副使一員洋花緞二匹、彩緞二匹、
大卷八絲緞三匹、小卷五絲緞三件、香色文帶花大荷包一對、小荷包
四個；頭目一名、通事一名小卷八絲緞各一件，小卷五絲緞各二件、
彩緞各一匹、銀各二十兩；後生八名，每名小卷五絲緞各一件、銀各
十兩；跟役一名銀十兩。又賞正副使二員每員藍江綢羊皮襖各一件、
月綢綿襖各一件、皮領各一條、月綢綿褲各一條、絲線帶各一根、皮
帽各一頂、緞靴各一雙、緞襪各一雙；先目兩名、通事兩名，每名藍
江綢羊皮襖各一件、月綢綿襖各一件、月綢綿褲各一條、皮領各一條、
皮帽各一頂、絲帶各一根、緞襪各一雙、緞靴各一雙；後生六名、跟
役兩名，每名藍布洋皮襖各一件、布綿襖各一件、布綿褲各一條、皮
領各一條、皮帽各一頂、布帶各一根、布襪各一雙、布鞋各一雙。」[116]

1860–70 年代，中國太平天國殘餘軍隊退入寮國北部，甚至分布到永
珍，形成一股華人軍隊勢力，人數約有 7,000–8,000 人，主要是「黃旗軍」、
「紅旗軍」和「黑旗軍」。1872 年，華團（黃旗軍）進攻琅勃拉邦，暹羅
出兵鎮壓，駐兵在琅勃拉邦。1883 年，暹羅和琅勃拉邦出兵川壙的「黃旗

---

116. [清] 岑毓英、陳燦纂修，(光緒) 雲南通志，卷二百六，南蠻志四之二，貢獻下，頁
27-30。

軍」，但未獲成功。

1870 年代，暹羅採取傳統的方法對付周邊的不安分的朝貢國，就是派遣臨時組成的農民軍前往鎮壓，但效果不佳。對付普安地區的動亂，則採取遷徙人民的政策，以拔除傳統統治者的基礎。此一方法導致普安地區的領導人尋求越南的保護，因為越南不採取此一政策。暹羅為鎮壓普安地區的動亂，於 1882 年派遣軍隊駐守普安。

1883 年，法國和越南簽訂條約將東京地區變成法國的保護地，暹羅面對此一局勢，為加強其對寮國東部華潘各城鎮之控制，1885 年在琅勃拉邦封贈給華潘省各城鎮領袖王權標記。但各領袖仍保留有越南給的官職頭銜，以應付華人的「黃旗軍」和法國人。暹羅只好採用賄賂和強迫手段將他們納入控制。

法國在 1886 年 5 月 7 日在琅勃拉邦派駐副領事及進行通商，帕維（Auguste Pavie）為首任副領事。帕維是法國的郵政和電報官員，曾負責完成從金邊到曼谷的電報系統。

1887 年，暹羅出兵控制西雙朱泰，俘虜其領袖的兒子刁溫翠（Deo Van Tri）帶到曼谷。西雙朱泰領袖為了報復，夥同華團（黃旗軍）進攻琅勃拉邦，劫掠該城市。暹羅軍力不足抗衡，琅勃拉邦國王與法國副領事帕維一起逃亡。

帕維是一位非常積極主張法國殖民統治寮國的人，獲得法國殖民主張者（Parti Colonial）之支持，他們關切英國勢力從緬甸伸入暹羅，若要阻擋英國勢力東進，就必須兼併湄南河以東的暹羅土地。[117]

表 2-4：琅勃拉邦王朝國王世系（1707–1945）表

姓　　　名	在位期間	備　　　　　註
Kingkitsarat	1707–13	Souligna Vongsa 之孫子

---

117. Grant Evans, *A Short History of Laos, The Land in Between*, pp.44-45.

Ong Kham	1713–23	Kingkitsarat 之表兄，與 Inthasom 共治，Inthasom 在 1723 年廢黜 Ong Kham，Ong Kham 在 1727–59 年成為 Lan Na 國王。
Inthasom	1723–49	為 Kingkitsarat 之弟，Souligna Vongsa 之孫子
	1749	擊退越南入侵
Inthaphom	1749	Inthasom 之子，統治八個月，退位給其弟弟 Sotika Koumane
Sotika Koumane	1749–64	Inthasom 之子
	1764	緬甸在永珍之協助下入侵琅勃拉邦
Sotika Koumane	1764–71	Inthasom 之子，為緬甸之屬國，1771 年退位
Suriyawong	1771–79	Sotika Koumane 之弟，Inthasom 之子，1779 年反抗緬甸，在破壞永珍後，Suriyawong 成為暹羅藩屬
Anourouth	1791–1817	Inthasom 之子
Mantha Tourath	1817–36	Anourouth 之子，尋求成為越南屬國，以對抗暹羅
	1835	琅勃拉邦各省反抗暹羅
Soukhaseum	1838–51	Mantha Tourath 之子
Tiantharath	1851–70	Mantha Tourath 之子
		暹羅朱拉隆功國王將勃拉邦寺佛像歸還琅勃拉邦
Oun Kham	1872–95	Mantha Tourath 之子，1887 年與 August Pavie 逃避華人盜匪，後來尋求法國保護
Khamsouk（Sakharine, Sackarindr）	1895–1904	Oun Kham 之子，在法國扶植下登基為國王
Sisavang Vong	1904–45	Sakharine 之子，琅勃拉邦最後一任國王，寮國第一任國王

資料來源：https://en.wikipedia.org/wiki/List_of_monarchs_of_Laos　2015 年 12 月 1 日瀏覽。

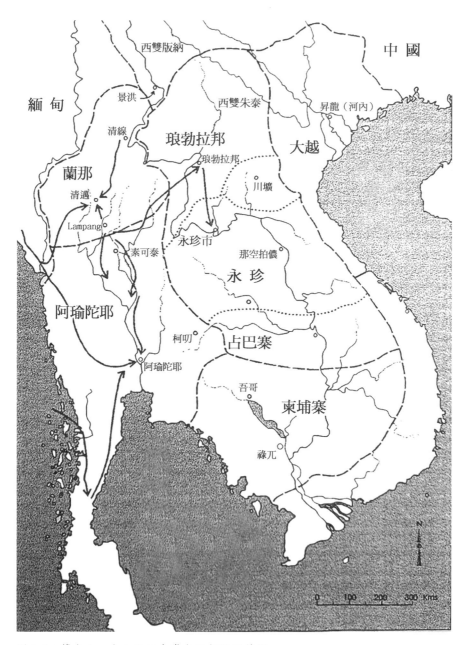

圖 2-2：第十七－十八世紀南掌各王朝版圖範圍
資料來源：Martin Stuart-Fox, *The Lao Kingdom of Lan Xang Rise and Decline*, p.104.

王朝體制

國王是王朝最高領導人，通常由各地領袖擁戴，若未能獲得各地諸侯領袖支持，將因政變而被推翻。王位繼承並無一定規則，有時是兄終弟及，有時是父傳子。老撾跟暹羅不同，並沒有發展出封建（sakdina）官僚系統。老撾在其重要省分建立官僚控制人力之制度，國王任命地方官員後，官員就負責動員地方農民從事每年有半年的強迫勞動，農民無償從事地方公共工程和軍務。此可打破農民和領主之關係。

第四節　占巴寨王朝

占巴寨（Champasak(Bassac)）一名首見於西元 157 年，當時是占婆（Champa）的一部分土地，後來是真臘的一部分。「其遺址是距離占巴寨市西南方 8 公里的瓦普（Wat Phu），意即山上的寺廟，至今猶有城牆、寺廟和雕刻殘存，最早遺留下來的是第六到第九世紀真臘時期的文物，以後的是第十三或第十四世紀印度教的文物。在高棉帝國崩潰後，瓦普轉變為信仰佛教，留下佛廟的遺跡。」[118]

有記載的占巴寨國王是 1550 年的卡迦南（King Khajanam，或寫為 Kakanam），事蹟不詳。他傳位給其兒子卡馬塔（Phya Kamatha），再傳位給蘇塔沙拉加（King Suthasaraja，或寫為 Sutasraja），逝於 1628 年。因無子嗣，以後十一年沒有繼位者，人民選擇一位平民為國王，他在 1641 年去世後，傳位給女兒，而成為帕歐（Phao）女王。當時占巴寨可能是受到永珍的控制，而非獨立的國家。女王帕歐傳位給其女兒朋恩（Queen Pheng）。女王朋恩可能逝於 1713 年，而由其子梭西沙某特（Soysisamout）

---

118. Peter and Sanda Simms, *op.cit.*, p.161.

繼位為王。[119] 占巴寨王國於 1713 年宣布脫離永珍王朝而獨立。它的疆域包括西班河（Xe Bang River）以南，一直到司敦特彎的地區，再加上柯叻高原（今天泰國伊山地區）的木恩（Mun）河和西（Xi）河下游地區。梭西沙某特在孔島（Khong）建設新首都。1738 年，梭西沙某特傳位其子沙耶考曼（Chao Sayakoummane）。沙耶考曼遷都到距離今天占巴寨附近的占巴那卡武里西市（Nakhon Champanakhaburisi）。

「永珍國王斯里汶耶善在 1768 年出兵其南邊 120 公里遠的農布藍普（Nong Bua Lamphu）的兩個城市，該兩城市的領導人瓦拉拉特（Phra Vorarat，或寫為 Phra Vor）和普拉‧塔（Phra Ta）逃至占巴寨尋求保護，獲得占巴寨之同意，並給予土地，重建其首都。1777 年，瓦拉拉特反對占巴寨沙耶考曼營建新首都，而斷絕雙方關係，永珍國王趁機出兵占領瓦拉拉特的土地，並將他殺死。瓦拉拉特的兒子刀坎（Thao Kham）逃逸，致函暹羅國王鄭信，說明其父親是暹羅之藩屬，而永珍國王斯里汶耶善計畫加盟緬甸，進攻暹羅。暹羅認為時機最好，遂一方面出兵進攻占巴寨，懲罰其沒有幫助瓦拉拉特，另一方面出兵永珍，下令完全摧毀永珍城市。暹羅的大將軍昭披耶卻克里很快就占領占巴寨，俘虜占巴寨國王沙耶考曼。湄公河以西的土地，南到孔恩，皆成為暹羅領土。昭披耶卻克里召喚瓦拉拉特的兒子費納（Fay Na）和坎朋（Kham Phong）重整軍隊，一起攻打永珍。」[120]

暹羅在 1781 年放回占巴寨國王沙耶考曼，但朝政由暹羅控制。占巴寨在 1778 年到 1893 年之間是暹羅的藩屬國。暹羅在 1791 年任命瓦拉拉特之子費納為占巴寨國王。他在考坑康（Kau Khan Kong，今天百細對面的 Ban Muong Kau 村）營建新首都，以便控制北邊的他曲。1811 年，費納去世，暹羅任命沙耶考曼之子諾木翁（Chao Nomuong）繼位。但諾木翁在位僅三天即去世。暹羅另任命費納之子召奴（Chao Nu，或寫為 Chao

---

119. Peter and Sanda Simms, *op.cit*., pp.161-163.

120. Peter and Sanda Simms, *op.cit*., pp.167-168.

Nou）為國王。1813 年，召奴去世，沙耶考曼之侄子馮曼諾（Phommanoy）繼位。「1817 年，和尚沙吉特・恩功（Saket Ngong）自稱擁有超自然能力能隱身及利用陽光燃燒物品，甚至燒毀占巴塞城市。他號召群眾叛亂，當叛軍進入國王所居住的孔島，國王及其眷屬逃逸，暹羅知道此一消息，立即召喚馮曼諾到曼谷，暹羅派軍隊進入占巴塞，永珍國王安努馮也派遣其兒子召諾（Chao Nho）協助暹羅軍隊平亂。召諾的軍隊抓到沙吉特・恩功，送至曼谷處死。」[121]「1818 年，馮曼諾死於曼谷，安努馮請求拉瑪二世任命其兒子召諾為占巴塞國王，暹羅王宮大臣雖有反對聲音，最後還是任命召諾為占巴塞國王。」[122]

1827 年，由於安努馮意圖叛離暹羅，占巴塞同樣遭到暹羅軍隊占領，暹羅命召歐（Chao O）的兒子召霍（Chao Houy）率領軍隊追捕召諾，最後逮捕他後送至曼谷。1828 年，暹羅任命召霍為占巴塞國王，他的弟弟召納克（Chao Nak）為大將軍。暹羅政府規定占巴塞必須每三年遣使致送貢物到曼谷，貢品包括金銀花樹、象牙、犀角、紵麻衣服等。1840 年，召霍從大象上跌落，碰觸到象牙，數天後即去世，由召納克繼位。當召納克在 1851 年去世時，剛好拉瑪三世去世，拉瑪四世繼位，故一直未能決定占巴塞的王位誰屬。至 1853 年期間，由召霍的兒子召布亞（Chao Bua，或寫為 Chao Boua）擔任攝政，他每年向暹羅致送稅款，始被任命為占巴塞國王。1856 年，召布亞去世，以後三年暹羅沒有任命占巴塞新王，任命召秀亞（Chao Seua）為攝政，但不久即去世。拉瑪四世派遣兩位專員前往占巴塞協調王位之爭，結果他們接受兩位王位競爭者賄賂及向貴族勒索錢財，拉瑪四世憤而將他們治罪及沒收其財產，將勒索之錢財歸還占巴塞貴族。最後拉瑪四世任命召霍的兒子召坎奈（Chao Kham Nhay，或寫為 Kham Nhyai）為國王，但僅統治兩年，即因病去世，年僅二十七歲。以後至 1863

---

121. Peter and Sanda Simms, *op.cit.*, pp.173-174.

122. Peter and Sanda Simms, *op.cit.*, p.174.

年，沒有任命國王，由馮曼諾的兒子召周（Chao Chou）擔任攝政，但因濫權而引起不滿，拉瑪四世將他監禁在曼谷，任命召霍的兒子召坎梭克（Chao Khamsouk）為國王。[123] 暹羅為了方便控制占巴寨，在 1887 年修建了從曼谷到占巴寨的電話線。暹羅並在占巴寨實施禁止奴隸買賣、[124] 禁止吸食鴉片及實施更重的稅制，這些措施都引起當地人民之不滿。

1889 年，暹羅東北部由和尚佛米寶恩（Phou Mi Boun）領導的叛亂蔓延到占巴寨。1893 年，法國控制占巴寨王國的阿塔坡（Attapeu）和沙拉灣（Saravane）地區，在其控制區也實施禁止奴隸買賣和擴大增稅，但沒有禁止鴉片，反而利用鴉片買賣增進財政稅收。召坎梭克於 1899 年去世，由召諾伊（Chao Nhouy，或寫為 Chao Ratsadanay）繼位。1904 年，法國將占巴寨王國降至省級地位，不承認召諾伊為國王，給予占巴寨總督頭銜。

「1901 年，在烏東（Oudone）附近有一位自稱擁有超自然能力的和尚巴克米（Bac My，或寫為 Bak Mi），宣稱打中其身體的子彈會變成素馨花，毫髮無傷。他自稱為彌勒佛，是釋迦牟尼佛之繼承人，他在非軍事區煽動群眾起來革命，暹羅在 1902 年派兵很快就加以鎮壓。法國對於暹羅此一行動沒有表示抗議，因為此時巴黎有政治問題以及在波羅文斯高原地區有叛亂發生，法國無暇顧及。」[125] 1902 年，約有 100 名佛米寶恩之卡族信徒穿著白衣在森林中修道，目的在對抗法國統治，領導人是恩雅修恩（Nya Heun）部落酋長孔瑪丹（Kommadam，或寫為 Ong Kommadam）。1907 年 11 月，巴克米被逮捕處死。1935 年，孔瑪丹及其兒子遭其部下檢舉而被逮捕處死。西松尼（Sithone）則被逮捕關在監獄，日本統治寮國時予以釋放，後來加入「巴特寮」，成為寮松族的代表，也出任寮共政府的副總統。[126]

---

123. Peter and Sanda Simms, *op.cit.*, pp.177-178.

124. Peter and Sanda Simms, *op.cit.*, p.178.

125. Peter and Sanda Simms, *op.cit.*, p.182.

126. Peter and Sanda Simms, *op.cit.*, pp.182-183.

　　法國在 1941 年被德國占領，暹羅利用此一機會占領占巴寨及湄公河右岸的土地，直至 1945 年二戰結束。同年，召諾伊去世，由其兒子歐膜（Chao Boun Oum）繼任，占巴寨再度由法國統治。1946 年，占巴寨併入獨立的寮國。

　　從 1941 年到 1945 年，泰國從法國手中拿回占巴寨以及湄公河右岸的其他寮國領土。1946 年，法國又取回占巴寨，歐膜為了寮國之統一，而放棄主張獨立。因此，在 1946–75 年間，以琅勃拉邦一系王朝為主成立寮國王國（Kingdom of Laos）。

表 2-5：占巴寨王朝國王世系表

姓　　　名	在位期間	備　　　註
Nokasat（Soysisamout Phutthangkun）	1713–37	Souligna Vongsa 之孫
Sayakoummane	1737–91	Nokasat 之子
Fay Na	1791–1811	Phra Vorarat 之子，不具皇家血統，由暹羅任命
Nu	1811–13	Fay Na 之子，不具皇家血統
Phommanoy	1813–19	Sayakoummane 之姪子
Nho	1819–27	永珍王國安努馮國王之子
	1829–93	Chao Anu 叛亂後，暹羅兼併占巴寨，以後的國王由暹羅委任
Houy	1828–40	Nokasat 之長孫
Nak	1841–51	Houy 之弟
Bua	1851–53 年擔任攝政，1853 年出任國王	Houy 之子
空置	1853–56	
Kham Nhyai	1856–58	Houy 之子
空置	1858–63	

Khamsouk	1863–99	Houy 之子，法國在 1893 年分裂該國
Ratsadanay (Nhouy)	1900–04	Khamsouk 之子，為法國印度支那之保護國；1904-1934 年法國給予地區總督之頭銜
Boun Oum	1946	Ratsadanay 之子，讓渡所有的世襲權利，強化寮國王國

資料來源：https://en.wikipedia.org/wiki/List_of_monarchs_of_Laos 2015 年 12 月 1 日瀏覽。

第五節　川壙公國

　　川壙公國〔Principality of Xiang Khouang（Muang Phuan），1707–1899〕是一個半自治地位的國家，普恩王朝〔The Phuan（Pu'on）monarchy〕宣稱其為昆‧波隆之裔系，是南掌國之一部分。由於地理之孤立和經常戰爭，使得普恩的國王試著要掌握更多權力，但該地仍是周圍王朝的屬國。在第十八和十九世紀，該地成為永珍和占巴寨兩王國爭奪的對象，川壙是一個貿易前沿地區，也經常遭到入侵，文化受到中國和越南之影響。

　　川壙又稱普恩（Muong Phoueune，或稱為 Tran Ninh），越南古史稱為盆蠻，它位在石罐平原高地上，西邊為琅勃拉邦和永珍，東界越南，北鄰桑怒。

　　傳說昆‧波隆的二兒子奇特‧瓊恩（Chet Chuong）在川壙建立王朝。在香通（今之琅勃拉邦）的西北部則由長子昆‧羅（Khun Lo）建立王朝。歷史記載香通的國王法昂占領川壙，領地一直到越南的邊界。向北征服黑河和紅河上游的西雙朱泰。

　　依據越南的**欽定越史通鑑綱目**一書之記載：

「明成化五年（1469）八月，老撾犯邊，命諸將進討，大破之。盆
蠻酋長琴公陰懷叛意，老撾與之串接，侵掠西陲，帝下詔征之。命太
尉黎壽域為征西將軍，出茶麟正道，東軍都督鄭公路為征夷將軍，從
安西道，鎮虜將軍黎廷彥由玉麻道，遊騎副將軍黎弄從順每州，討賊
副將軍黎仁孝由清都府路會同，五道兵十八萬擊破之，乘勝入老撾城，
獲其貨寶。老撾王遁走，虜其民，略地至金沙河，夾緬甸國南境，以
捷聞。冬十月，盆蠻琴公反，帝自將征之，至輸蒲而還。十二月，命
將軍黎念討平之。琴氏世為盆蠻輔導，帝以其地與外夷接境，鎮撫難
其入，遂分其地，置為鎮寧府七縣，設府縣官以監治之。至是老撾犯
邊，琴公倚以為援攻逐。流官竊據其地，以拒官軍，及諸將克破老撾，
馳捷書，……。十一月，遣將軍祈郡公黎念領兵三十萬進討，大破之，
琴公走死，焚其城，燒其積聚，盆蠻乞降，遂封其族人琴冬為宣慰大
使。又置諸土官以分治之。」[127]

從上述越南史書可知，哀牢就是南掌國，而盆蠻就是川壙。越南在
1469 年平定盆蠻後，在該地設立鎮寧府。

1532 年，南掌國王波西沙拉派遣三名特使前往川壙要求其進貢，但經
過兩年，這三名特使沒有返回，又再派特使，得知前次的三名特使被川壙
國王殺害。

1650 年，永珍國王萬沙（Chao Souligna Vongsa）聽說川壙公主肯昌（Ken
Chan）美麗，遣使求婚，遭拒絕，遂派軍占領川壙，擄回公主及 500 戶人口，
以增加永珍的人力資源。1688 年，召坎藍（Chao Kam Lan）登基為川壙國
王，對永珍懷抱敵意。1707 年，南掌分裂為琅勃拉邦和永珍兩個王朝，川
壙與琅勃拉邦結好，拒向永珍進貢。召坎藍的孫子召坎沙塔（Chao Kham

127. [越] 陳文為纂修，**欽定越史通鑑綱目**，正編卷之二十三，黎聖宗洪德十年，頁 28-30。

Sattha）登基為川壙國王，為維持形式上的獨立，必須同時向琅勃拉邦、永珍和越南進貢。1714 年 1 月，被安南稱為盆蠻的川壙向安南朝貢，安南在川壙設立鎮寧府。[128]「1729 年，召坎沙塔娶了琅勃拉邦國王英塔松的女兒南文秋山斐（Nang Wen Keu Sam Phiu），因此支持琅勃拉邦對抗緬甸和暹羅的入侵。他亦派軍攻擊他曲公國。在他統治期間，蓋了許多佛寺。」[129]

1751 年，召翁羅（Chao Ong Lo）登基，1753 年 7 月和 1755 年 5 月向越南朝貢。他在 1771 年攻擊永珍，遭敗績，逃至桑怒，重整軍隊。永珍王朝任命召翁羅的弟弟召翁布恩（Chao Ong Bun）為川壙總督，他與永珍王朝談判，最後使得他的哥哥得以返回川壙。由於兩兄弟未能合作，以至於以後的三十七年川壙成為永珍王朝的藩屬國。1792 年，當永珍出兵攻擊琅勃拉邦時，川壙國王召松普（Chao Somphou）趁機出兵永珍，結果失敗，召松普逃到桑怒，隔年被捕，本擬將之處死，但行刑時天空忽然雷雨交加，閃電打中行刑者的刀劍，而迫使行刑終止。他被送至永珍軟禁。

「召松普的弟弟遣使到越南，請求越南保護，越南派遣 3,000 名軍隊，連同川壙 3,000 名軍隊一起進攻永珍，永珍王朝不想戰爭，於是和越南議和，放回召松普，但川壙必須分別向永珍和越南進貢。」[130] 當召松普在永珍軟禁三年期間，國政由召康（Chao Kang）和召拉（Chao La）負責，召松普返回川壙後，責備他們邀請越南出兵，他們兩人逃至卡西（Muong Kassy），請求琅勃拉邦協助，遭拒，因為琅勃拉邦才剛結束與永珍之戰爭，國力未恢復。[131]

召松普致力復興佛教，廣修佛寺，決定放棄緬甸式佛教，推廣泰式佛教。和尚不再穿緬甸的橘紅色袈裟，改穿泰國式的番紅花色袈裟。[132] 永珍

---

128. [越] 陳文為纂修，**欽定越史通鑑綱目**，正編卷之三十五，頁 15-16。

129. Peter and Sanda Simms, *op.cit.*, p.189.

130. Peter and Sanda Simms, *op.cit.*, p.191.

131. Peter and Sanda Simms, *op.cit.*, p.191.

132. Peter and Sanda Simms, *op.cit.*, pp.191-192.

國王英塔馮見到川壙力量越來越強，遂派其弟弟安努馮領軍占領川壙，逮捕召松普，關在永珍，直至他在 1803 年去世。後由召松普之弟弟召香（Chao Xieng）的兒子召諾伊（Chao Noi，或寫為 Chao Noy）繼位。1823 年，召諾伊之養兄香迪（Phya Xiengdi）秘密前往永珍，密告召諾伊有意脫離永珍獨立，及徵收重稅引發人民不滿，安努馮傳召召諾伊到永珍，關押三年再釋放他回川壙。[133]

越南在 1827-1828 年占領桑怒到沙拉灣一帶領土，勢力延伸到湄公河左岸。越南在老撾設立鎮蠻、鎮邊、鎮寧、鎮定、樂邊和甘露等府治，進行直接統治。[134]

1828 年 2 月，暹羅占領永珍。10 月中旬，安努馮逃離永珍。12 月 21 日，川壙公國國王召諾伊逮捕安努馮，送至永珍，交給暹羅軍隊。暹羅希望召諾伊出任永珍國王，但此時永珍已成廢墟，人民逃逸，市內沒有多少人口，所以召諾伊拒絕該項任命。安努馮的兒子和孫子逃到越南順化，向明命王控訴，1831 年明命王遂召請召諾伊到順化，越南軍隊在他前往順化的路上將他逮捕，關在囚籠中送至順化處死，其妻子和親戚則被越南關押十六年。[135]

越南在 1832 年兼併川壙為鎮寧府，越南在該地區實施越南化措施，強迫當地人民穿著越南服裝，引起民怨和不滿。越南任命召山（Chao San）為川壙的臨時總督。召山由於等不到越南任命他為川壙國王，遂暗中請求暹羅協助其脫離越南的控制。暹羅派了 1,000 名軍隊占領川壙，暗殺越南的縣長。暹羅指揮官告訴召山其兵力不足以抗衡越南的軍隊，勸川壙人民撤離。召山接受此一建議，將四千多戶人口遷到湄公河沿岸。但當川壙人民越過湄公河後，暹羅指揮官說要將他們遷移到曼谷附近，眾人請求不要

---

133. Peter and Sanda Simms, *op.cit.*, pp.192-193.
134. 文檔，「越南封建王朝對老撾的侵略」，**廣西師範學院學報**，1981 年 7 月，第 2 期，頁 46-49。
135. Peter and Sanda Simms, *op.cit.*, p.194.

遷到曼谷，遭拒絕。召山的弟弟召沙（Chao Sa）和召召沙里（Chao Chao Sali）組織反抗軍，率領其部分族人重新越過湄公河返回川壙，但川壙已被越南軍隊侵占，召沙和召召沙里被越南軍隊追殺，最後自殺身亡。召山則率其 1,000 戶族人前往曼谷附近的沙拉坎（Phanom Sarakham），以後死在該地，其族人則一直留在該地至今。[136]

當琅勃拉邦國王召蟒塔度臘在 1836 年去世時，川壙決定不致送其三年為期的貢品，琅勃拉邦立即請求暹羅一起出兵川壙。琅勃拉邦的大將軍召拉加派（Chao Rajaphai）被控陰謀勾結越南，被送至曼谷處死刑。琅勃拉邦和暹羅聯軍攻擊川壙的越南軍隊，給予教訓後即班師撤回。川壙的貴族籌集一筆錢到順化，請求將被俘虜的王族眷屬送回川壙。[137]

在 1840 年，川壙的東邊是屬於越南的勢力範圍，而西邊則屬於暹羅的勢力範圍，石罐平原的中西部則屬於人口稀少的地帶，成為越南和暹羅的緩衝地區。[138] 1847 年，越南和暹羅簽署條約，兩國仍繼續成為川壙的宗主國。「1848 年，越南釋放召諾伊（因將安努馮解交暹羅而被越南處死）的長子召波（Chao Po）回川壙。1851 年，越南國王命其負責川壙縣政務。為防止暹羅干預川壙事務，召波與暹羅談判，更新 1837 年的協議，川壙承認暹羅對川壙擁有間接宗主權，川壙每年向琅勃拉邦國王致送『金銀花樹』，暹羅則默認川壙與越南的關係。」[139] 約在 1851 年或 1855 年，暹羅人煽動川壙人反抗越南，越南為了應付法國在越南沿海地區的侵擾，無暇顧及川壙，遂同意川壙保持獨立。

1866 年，召烏恩（Chao Ung）出任川壙國王。1876 年，「黃旗軍」攻擊川壙，召烏恩請求越南協助，召烏恩戰死，越南軍隊逃逸。「黃旗軍」

136. Peter and Sanda Simms, *op.cit.*, pp.195-196.

137. Peter and Sanda Simms, *op.cit.*, pp.196-197.

138. Martin Stuart-Fox, *The Lao Kingdom of Lan Xang Rise and Decline*, p.132.

139. Martin Stuart-Fox, *The Lao Kingdom of Lan Xang Rise and Decline*, p.132.

劫掠川壙市，人民四散逃逸，有些逃至永珍。後由召康逖（Chao Khanti）繼位，暹羅派了 600 名軍隊進入川壙，意圖驅逐「黃旗軍」，但戰事拖延，暹羅認為召康逖努力不夠，而將他召喚到曼谷，他及其家人被關押，以後即死在曼谷。[140] 1880 年，由坎恩功（Kham Ngon）繼位。1899 年，法國迫使暹羅撤出寮國，由法國高級駐紮官（Resident Supérieur）管轄。川壙成為法國保護國，結束自治。

表 2-6：川壙公國國王世系表

姓　　　名	在位期間	備　　　註
Kham Sanh	1651–88	Pearl of Tran Ninh 的 Ken Chan 之父
Kam Lan	1688–1700	Kham Sanh 之子
Kham Sattha	1723–51	Kam Lan 之孫子，對越南、琅勃拉邦和永珍朝貢
Ong Lo	1751–79	
Somphou	1779–1803	
Noi (Southaka Souvanna Koumar)	1803–31	Somphou 之侄子，遭越南明命王處死
	1832	川壙被越南兼併為 Tran Ninh 省
Po	1848–65	Noi 之子，為暹羅和越南之藩屬國
Ung	1866–76	Noi 之子，1874 年華人幫匪入侵川壙
Khanti	1876–80	Ung 之子，為暹羅之藩屬國
Kham Ngon	1880–99	為法國保護國，結束自治

資料來源：https://en.wikipedia.org/wiki/List_of_monarchs_of_Laos　2015 年 12 月 1 日瀏覽。

---

140. Peter and Sanda Simms, *op.cit.*, pp.200-202.

第三章

法國入侵

第一節　法國和日本侵占

西方人最早抵達寮國的是荷蘭東印度公司派遣商人烏斯收福（Gerrit van Wuysthoff），他在 1641–42 年經由柬埔寨金邊到達永珍，攜帶一封荷屬東印度總督致琅勃拉邦國王梭里格那・萬沙（King Souligna Vongsa）一封信，尋求通商。耶穌會（Jesuit）傳教士雷里亞（Giovanni Maria Leria）於 1642 年從柬埔寨首都祿兀搭船沿著湄公河而上，到達永珍。他在寮國傳播天主教並不成功，反而學習了佛教，不過他批評寮國和尚不願接受基督教義，而且阻止他傳教。他在寮國住了五年，於 1647 年經由陸路到越南。義大利耶穌會傳教士馬里尼（Giovanni Filippo de Marini）在 1663 年以義大利文出版有關雷里亞神父行誼，三年後有法文本問世，才首度將寮國西部的南掌王國介紹到法國。[1]

暹羅在 1867 年 7 月 15 日與法國達成協議簽署條約，暹羅同意柬埔寨成為法國的保護國；宣布 1863 年 8 月 11 日法國和柬埔寨簽訂的條約無效；法國同意不將柬埔寨王國併入交趾支那殖民地；將吳哥和馬德望（Battambang）兩省割讓給暹羅。吳哥和馬德望兩省直至 1907 年才被法國兼併。

暹羅國王拉瑪五世在 1884 年 1 月派遣一支調查隊，由馬卡錫（James McCarthy）領隊，在 200 名軍隊之護衛下前往永珍和琅勃拉邦的紅河、黑河上游和宋瑪（Song Ma）地區，調查該地的泰族和繪製地圖，當地亦是華人「黑旗軍」（Ho gangs）的活動地區，他們避開與暹羅軍隊的衝突。不過，暹羅軍隊因為罹患瘧疾而撤軍。法軍則在 1885 年遭到「黑旗軍」軍隊的嚴重打擊。暹羅在該年 11 月派遣軍隊進攻「黑旗軍」軍隊，戰爭持續到 1887 年 5 月，抓獲「黑旗軍」的一些領袖和 30 名寮國年輕王子和貴族，其他人

---

1. Martin Stuart-Fox, *Historical Dictionary of Lao*, Scarecrow Press, Maryland, USA, 2008, p.198.

則避入東邊靠近越南之邊界。馬卡錫在經過三年的調查，於 1888 年將湄公河以東的地區繪製地圖出版。

　　經過兩年的談判，法國和緬甸在 1885 年簽訂商業條約，法國在曼德勒（Mandalay）派駐領事。法國駐曼谷領事亦與暹羅談判新條約，欲確立雙方在琅勃拉邦和東京地區的疆界，1886 年 5 月 7 日雙方達成臨時協議，法國可在琅勃拉邦派駐副領事及通商，帕維（Auguste Pavie）為首任副領事，但該條約在 1886 年未獲法國國會的批准，因為一旦通過此約，則將形同承認暹羅擁有琅勃拉邦的主權。

　　「1887 年 2 月，法人帕維前往琅勃拉邦，獲兩位派駐在琅勃拉邦的暹羅專員和琅勃拉邦國王和官員之友好接待。一個月後，暹羅司令沃羅那特（Wai Woronat）出兵控制西雙朱泰，宣布屬於暹羅領土。」[2] 6 月 7 日，當暹羅軍隊返回曼谷時，白泰（White Tai）的酋長坎溫〔Khamhum，越南人稱之為刁文治（Deo Van Tri）〕以及花錢雇請一支約六百人的「黃旗軍」趁機進攻琅勃拉邦，一名暹羅專員倉促撤走，另一名暹羅專員也無法抵抗入侵者，帕維陪伴年老國王翁坎（Unkham，或寫為 Oun Kham）逃出琅勃拉邦到帕克萊（Pāklāy），同時也攜帶早期南掌的歷史檔案，使免於戰火。[3] 坎溫和「黃旗軍」擄掠琅勃拉邦市，於 6 月 12 日離開。國王翁坎沒有回到殘破的琅勃拉邦市，經帕偉勸告前往曼谷暫住，受到朱拉隆功（Chulalongkorn）國王的接待。[4]

　　法國欲併吞寮、泰邊境靠近湄公河以東的地區，「法人帕維與當地土酋交涉，希其交由法國統治。法國派出三個調查隊前往寮國中部和南部進行地理調查，帕維則旅行寮國北部，到達西雙版納。等調查完後，法國在琅勃拉邦和寮國南部的司敦特蠻（今位在柬埔寨境內）之間的湄公河沿岸

2. Martin Stuart-Fox, *A History of Laos*, p.22.

3. Martin Stuart-Fox, *A History of Laos*, p.22.

4. Peter and Sanda Simms, *op.cit.*, p.158.

設立四個貿易站。暹羅見法國在該地日益擴張勢力，欲與帕維談判，為其所拒。」[5]

暹羅人一聽說法國控制猛天寨（即奠邊府），立即派遣軍隊前往交涉。1888 年 12 月，暹羅與法軍交戰，暹羅戰敗，法軍控制西雙朱泰，包括奠邊府，法國將之納入東京地區。法國駐曼谷領事向暹羅要求越南王國控制的領土應包括湄公河，但遭狄瓦望王子（Prince Thewawong）之拒絕。兩國同意設立一個聯合委員會來協商兩國的疆界線。暹羅在湄公河和越南之間設立軍事監哨站，收復琅勃拉邦成為暹羅的首務。法國則在湄公河沿岸設立貿易站，要求暹羅停止在該地收稅。當法國任命一位寮族人出任法國的聯合湄公河委員會之代表時，引起暹羅不滿，提出抗議，法不予接受。暹羅逮捕該名寮族人，並沒收其武器。

1889 年 1 月，國王翁坎返回琅勃拉邦。3 月，暹羅告訴他年歲已七十八歲，應退位。

在 1892 年，有三位法國商人不願等候暹羅發的旅行許可及不願繳納關稅而被逮捕，其貨物被沒收，被暹羅駐坎木恩（Khammūan，今之他曲）和廊開總督驅逐出境。該年底一位在琅勃拉邦的法國副領事因病自殺，謠言說他是因為不耐當地的緊張政治情勢而自殺的。

1892 年 2 月，法國駐曼谷領事館升級為公使館，帕維被任命為法國駐曼谷駐館部長（Resident Minister），致力於談判將泰國人趕出寮國。他要求暹羅從湄公河東岸地區撤兵。「1892 年 12 月和 1893 年 4 月，英國通知法國，由於其兼併緬甸，故有權擁有湄公河東岸若干地區，包括西雙版納的景洪以東地區，英國表示有意將該土地移轉給中國，但若未獲英國同意，中國不可將之移轉給他國。」[6] 1893 年 3 月，英國和中國簽署條約，將景

---

5. Martin Stuart-Fox, *A History of Laos*, p.23.
6. Peter and Sanda Simms, *op.cit.*, p.207.

洪移轉給中國。[7] 4 月，法國派軍隊進入湄公河東岸，占領寮國的司敦特鑾、素旺那曲和他曲，儘管暹羅認為這些領土屬於暹羅所有。

1893 年 7 月 12 日，法國派遣兩艘軍艦航行進入湄南河，抵達曼谷。英國軍艦亦抵達湄南河口的百欖，勸告法艦留在百欖。暹羅百欖砲台守軍向法艦開砲示警。法艦反擊，強行航行至曼谷。7 月 20 日，法國提出最後通牒，要求暹羅承認法國在湄公河以東領土的權利，包括割讓琅勃拉邦；撤退所有暹羅駐軍；賠償軍費及懲兇；支付 200 萬法郎賠款。[8] 暹羅除了割讓土地沒有接受外，接受其他要求。法國不滿，7 月 29 日法艦封鎖湄南河口。兩天後，暹羅同意讓步。但法艦在 8 月 3 日結束封鎖時，增加要求，即當暹羅軍隊撤出湄公河東岸前，法軍得駐守靠近柬埔寨邊境的昌達武里（Chandaburi，尖竹汶）、暹羅軍隊從馬德望和暹粒（Siemreap）撤退、暹羅軍隊從湄公河西岸撤退 25 公里。法國之目的在阻止暹羅在湄公河西岸的城市，包括木克達漢（Mukdahanb）、那空拍儂和廊開的控制力。暹羅只好在這些城市增加警察武力。

暹羅被迫在 10 月 3 日和法國簽訂和平條約（Treaty of Peace and Convention between France and Siam），主要內容為：(1) 暹羅割讓湄公河左岸地區以及河中的島嶼，即琅勃拉邦一部分土地給法國。(2) 暹羅政府同意不在湄公河右岸建設軍事據點和設施（成立 25 公里寬非軍事區）。(3) 暹羅政府同意法國認為在適合地點設立領事館，可能的地點在拉傑西馬（Nakorn Rajseema）和南城。(4) 暹羅向法國賠償 3 百萬法郎。此外，還簽署一項協議，規定暹羅軍隊從湄公河左岸撤退、懲罰暹羅有罪的官員，法國臨時占領尖竹汶，直至暹羅履行法、暹條約的規定。[9] 琅勃拉邦的其他土地亦在 1907

---

7. Peter and Sanda Simms, *op.cit.*, p.208. 趙爾巽編，**新校本清史稿**，卷五百二十八，列傳三百十五，屬國三，緬甸，中央研究院漢籍電子文獻，頁 14689。

8. Martin Stuart-Fox, *A History of Laos*, p.25. 但 Peter and Sanda Simms 的書說法國要求 300 萬法郎的戰爭損害賠償。參見 Peter and Sanda Simms, *op.cit.*, p.209.

9. Prachoom Chomchai, *op.cit.*, p.137.

年割讓給法國。法國在 1887 年將交趾支那、安南、柬埔寨和東京合併成立
「印度支那聯邦」（Indochina Union），1893 年併吞寮國後，亦將寮國併
入「印度支那聯邦」。

　　1894 年，翁坎國王的兒子坎蘇克（Chao Khamsouk）登基為王，王號
為沙卡林達（Sackarindr）。2 月，帕維被召到河內，然後前往巴黎，巴黎
當局詢問他可否在湄公河左岸和安南山脈之間進行地形調查。帕維接受了
此一任務。4 月，帕維返回西雙朱泰，他去會見坎憨，與他生活一段時間而
贏得他的信任，坎憨的弟弟被暹羅釋放和他也有關係，帕維與他建立了關
係，而得以調查西雙朱泰一帶的地形。6 月 5 日，帕維被任命為駐寮國總專
員（Commissioner General）。7 月 6 日，他前往永珍，決定重建該城市。
1898 年，永珍成為法屬寮國的行政首都。

　　英國和法國為了解決在印度支那的勢力範圍，於 1896 年 1 月 15 日在
倫敦簽訂條約，規定了寮國和英屬緬甸之疆界，以湄公河劃分英、法之勢
力範圍。湄公河以西屬於英屬緬甸，以東屬於法屬寮國，景洪歸中國，景
成（Keng Cheng）西部屬於英屬緬甸。

　　1899 年，上寮國和下寮國已成為法國高級駐紮官統治下的自治保護國，
向法國駐越南總督負責。琅勃拉邦王國擁有特殊地位，其國王需聽命於法
國顧問官員之意見。寮國其他地方則成為法國殖民地。

　　1902 年 10 月 7 日，暹羅和法國在曼谷簽署「法國和暹羅條約」
（Convention between France and Siam），暹羅將湄公河右岸的琅勃拉邦割
讓給法國；並將湄公河右岸、柬埔寨北邊的占巴寨首府巴寨（Bassac）移
轉給法國；暹羅將 1810–15 年從柬埔寨獲取的姆魯普瑞（Mlu Prey）、洞里
里曝（Tonli Repu）和司敦特蠻歸還給柬埔寨，以交換下述權益：(1) 取消
湄公河右岸的中立區；(2) 撤離尖竹汶；(3) 恢復在法屬保護地出生的法屬
亞洲人及其子女（但不含孫子）和受保護者的治外法權。但由於法國國會
之反對，認為法國放棄了某些受保護之亞洲人的權利，以至於迄未批准該

項條約。[10]

暹羅和法國的疆界談判斷斷續續數年，1904 年 2 月 13 日，雙方在巴黎簽署法、暹條約（Convention between France and Siam），修改 1893 年條約以及取代 1902 年法、暹條約。據此新約，暹羅割讓扁擔山脈（Dangrek）以南的領土，包括：姆魯普瑞、洞里里曝和巴寨，放棄湄公河右岸到琅勃拉邦之間的領土的所有主張。暹羅同意只利用地方軍隊維持馬德望和吾哥兩省的治安。暹羅同意和法國協商湄公河河谷的公共工程，及在該地雇用非暹羅人技師。暹羅可以接受亦可保留法國所提出的享有治外法權的法國人和受保護者之名單。法國則同意：(1) 法屬亞洲人及受保護者的孫子輩不能享有治外法權；(2) 小案件由當地法院管轄；(3) 當條約的條件都被履行時，法國從尖竹汶撤出。

同一天，法國和暹羅又簽訂法、暹條約附屬的議定書，當疆界修正時，暹羅割讓暹羅灣的克拉特（Kratt）港和丹賽土地給法國。法國在該年 10 月批准該條約和議定書。[11]

法軍占領尖竹汶共十一年，從 1893 年到 1904 年。大部分占巴寨王族家庭逃離到曼谷，召諾伊（Chao Nhouy，或寫為 Chau Nyūy）被法國任命為占巴寨省總督。1908 年，召諾伊將首都遷到百細（Paksé）。[12]

法國和英國在 1904 年 4 月 8 日簽署友好條約（Entente Cordiale），確定兩國在埃及和摩洛哥（Morocco）的勢力範圍，該兩國從敵對變成友好國家，且在 1914 年第一次世界大戰時變成盟友。1904 年 11 月 22 日，正式結束占巴寨王國，法國將它併入寮國，由法國官員治理，向永珍法國當局報告。當法國在 1893 年占領占巴寨時，占巴寨國王之地位被貶為總督。1934

---

10. Lawrence Palmer Briggs, "The Treaty Of March 23, 1907 Between France and Siam and the Return of Battambang and Angkor to Cambodia," p.448.

11. Lawrence Palmer Briggs, "The Treaty Of March 23, 1907 Between France and Siam and the Return of Battambang and Angkor to Cambodia," p.448.

12. Grant Evans, *A Short History of Laos, The Land in Between*, p.41.

年，最後一任總督召諾伊去世時，法國沒有選任任何人出任總督。日本在 1941 年底占領寮國，召諾伊之兒子歐膜（Prince Boun Oum）享有官方地位。

　　法國和暹羅在 1907 年 3 月 23 日在曼谷簽訂有關印度支那和暹羅邊境條約（Treaty between France and Siam regulating questions connected with the Frontiers of Indo-China and Siam），暹羅將柬埔寨西邊的馬德望、暹粒和詩梳風（Sisophon）三省割讓給法國。除了沙耶武里（Sayaboury）和占巴塞一部分土地外，將湄公河右岸土地都割給法國。法國並放棄暹羅境內法屬亞洲人和受保護者及其子女的治外法權。暹羅獲得克拉特港口和丹賽領土。[13]

法國之行政管理

　　法國在 1893 年兼併琅勃拉邦王國，成為法國間接統治的保護國，其領地包括琅勃拉邦省和沙耶武里；寮國中部和南部則是法國直接統治的殖民地或軍事統治地（例如豐沙里在 1916 年被納入軍事統治地），至 1899 年成為單一的印度支那行政單位，由一位高級駐紮官統治。帕維是第一任法國駐寮國總專員（Commissioner-General），任期從 1893 年到 1895 年。1899 年，法國的高級駐紮官是派駐在素旺那曲，隔年遷移到永珍。1895 年 12 月，法國駐寮國北部的駐紮官布羅契（Léon Jules Pol Bulloche）與琅勃拉邦國王簽署協議，由他來處理寮國日常行政工作。例如人頭稅，每個十九－六十歲男性每年要繳納人頭稅 2 披索（piasters），外加二十天強迫勞役，其中五天在家附近工作。對於卡族，則是徵收 1 披索，外加十天強迫勞役。最重要的是「鴉片委員會」（Régie de l'opium），有許多國王的委員仍維持日常工作。徵收的稅和販賣鴉片的收入是由法國財政官和國王

---

13. David K. Wyatt, *Thailand: A Short History*, p.206.; Lawrence Palmer Briggs, "The Treaty of March 23, 1907 Between France and Siam and the Return of Battambang and Angkor to Cambodia," p.452.; Peter and Sanda Simms, *op.cit.*, p.214.

的財政官各分一半。警察則另有收入。1914 年，王國的預算獨立權被取消，併入殖民地的預算。國王個人預算每年只有 3 萬披索，其大臣也領有津貼。

1941 年 8 月 21 日，為了彌補琅勃拉邦國王在沙耶武里省之珍貴柚木林被暹羅奪去，法國決定提升琅勃拉邦至保護國地位，將永珍、川壙和南塔（Namtha）等省納入其版圖。法國並恢復設立督撫大臣職位，由前任的督撫大臣刁寶恩·孔恩（Tiao Boun Khong）的長子皮查拉特（Tiao Phetsarath，或寫為 Prince Phetxarāt，或寫為 Phetsarath Rattanavongsa）出任。由於皮查拉特支持「自由寮人」（Lao Issara），所以西薩凡馮（Sisavangvong）國王在 1945 年 10 月 10 日剝奪其頭銜和榮譽。[14]

西薩凡馮於 1905 年 3 月 4 日在法國留學時，其父沙克林達國王去世，他立即登基繼位。法國在 1914 年為國王西薩凡馮在琅勃拉邦新建王宮。

「1917 年 4 月，法屬印度支那總督和琅勃拉邦國王簽訂新約，所有國王之傳統特權和勞務都廢除，國王的森林權利也受到限制。至於奴隸制，法國在 1890 年代將之廢除。有權勢的貴族的特權仍予維持，例如國王的衛隊有 60 名士兵，督撫大臣（Chao-Maha-Ouparat）有 15 名士兵，召拉特薩凡（Chao-Latsavong）有 12 名士兵，召拉特沙寶特（Chao-Latsabout）有 12 名士兵；惟其地位至其本人死亡後，不得由其兒子繼

圖 3-1：1900 年琅勃拉邦市場
資料來源："French Protectorate of Laos," https://en. wikipedia.org/wiki/French_Protectorate_of_Laos　2015 年 11 月 12 日瀏覽。

---

14. Peter and Sanda Simms, *op.cit.*, pp.214-216.

承。1923 年，法國在寮國成立諮商議會（Consultative Assembly），但僅供諮詢，並未因此成立代議政府。1931 年，琅勃拉邦的保護國地位，需經法國的認可：國王被剝奪行政權力。至此寮國成為法國之殖民地。1933 年，華潘被併入琅勃拉邦王國，成為一個省分。」[15]

1895 年，法國屬寮國分為兩個地區，一個是上寮國，包括坎木恩以北，另一個是下寮國，包括坎木恩以南，分由琅勃拉邦和孔恩的駐紮官管轄。四年後寮國才構成單一行政體，由素旺那曲的高級駐紮官管轄。隔年，高級駐紮官移駐永珍。

「琅勃拉邦國王西薩凡馮於 1904 年繼承其父親之王位，首相（uparāt）是昭邦克宏（Chau Bunkhong），另有右大臣（rāxavong）和左大臣（rāxabut）輔佐，皆由親王擔任。其下有三位高官（Phrayā），另與其他三人組成最高行政委員會（Hôsanām Luang）。所有官員皆選自貴族。司法由七位法官組成。還有警察。整個王國分為數個省，每省由省長管轄。」[16]省下再設縣、鎮、村。法國駐紮官管轄王國的行政、立法和司法事務以及稅收。

法國統治寮國初期，為彌補行政人員不足，大部分的行政人員是從越南派來，為了開礦及種植經濟作物之需要，也鼓勵越南人移入寮國。[17]少數寮國菁英、擔任法國駐永珍高級駐紮官的翻譯者和顧問對此感到不滿，「所以法國在 1928 年設立一所訓練學校，專門訓練寮國公務員。至 1937 年，除了琅勃拉邦王國外，越南人占居寮國上層行政官員的 46%。1937 年 10 月，法國駐永珍高級駐紮官優特羅普（M. Eutrope）哀嘆寮國受過教育者很少進入『法律與管理學院』（L'Ecole de Droit et d'Administration）受訓。」[18]

---

15. Grant Evans, *A Short History of Laos, The Land in Between*, p.47.
16. Martin Stuart-Fox, *A History of Laos*, pp.30-31.
17. Vatthana Pholsena and Ruth Banomyong, *Laos, From Buffer State to Crossraods?*, Mekong Press, Chiang Mai, Thailand, 2006, p.8.
18. Grant Evans, *A Short History of Laos, The Land in Between*, p.47.

「1920 年 10 月，成立省顧問委員會，由每個村寨領袖和兩名貴族組成。在永珍，有三名越南貴族也加入顧問委員會。1923 年 8 月 30 日，成立土著諮詢議會（Indigenous Consultative Assembly），由省顧問委員會的成員及受過較高教育的寮國人組成，其功能在對駐紮官提供諮詢意見。該一組織有助於提高現代寮國民族意識之功能，但不是代議政治的思想。」[19] 另外設有混合商業和農業委員會（Mixed Chamber of Commerce and Agriculture），功能在對駐紮官提供商業和農業意見。

法國在寮國王國派駐高級駐紮官，省以下再派駐法國官員。寮國是農業國家，沒有工業，法國也不想發展工業。因此在法國治下的寮國社會結構缺乏中產階級，只有兩個社會階層，上層的法國人、寮國貴族、官員、知識分子和地主，以及下層的農民。從事行政工作者大多數是越南人。經濟權力是掌控在法國人、華人和越南人的手裡。

在高山地區，法國則採取跨族群的間接統治方式，利用傳統的族群層級制度進行統治。殖民制度最受批評的是通事（lam kha）和收稅人（tasseng）。通事是由寮族人擔任，他們擔任寮族人和山地民族之間的通事，法國利用他們將法國命令傳達給山地民族。他們則利用此一地位濫用權力而被山地民族所批評。收稅人在地方負責收稅，也有權要求從事服勞役，常因濫權而受批評。這些公務員在地方上作威作福而受鄙視。[20]

「在法國統治時期，男性從十八歲到六十歲都需繳稅。十八歲到四十五歲男性每年須服強迫勞役，協助修建道路、橋樑等基層建設。1896 年，將寮族和非寮族的收稅制度加以區別，非寮族主要指住在波羅文斯高原的更為原始和貧窮的非寮族少數民族。一般寮族人每年付個人稅 2 披索，而波羅文斯高原的非寮族少數民族只要付 1.5 披索。寮族每年服勞役十五

19. Grant Evans, *A Short History of Laos, The Land in Between*, p.48.
20. Vatthana Pholsena, *op.cit.*, pp.32-33.

天，而非寮族為十天。1914 年，服勞役天數更改為寮族每年服勞役二十天，而非寮族為十六天。較有錢者可以支付更多的錢而免除勞役。1940 年，再根據種族、階級、土地所有權、專業等而劃分為五種收稅類別。最後兩種分為兩類，一類是寮族、越族、較開化的蒙族、曼族（Man）、魯族（Lu）、猺族、卡羅文族（Kha Loven），每年繳交個人稅 2.5 披索，而另一類是卡族和普成（Phoutheng）族等山地民族則每年繳交 1.5 披索。在強迫勞役方面，卡族的天數要比其他族群多。」[21]

　　傳統上，寮國跟暹羅一樣，只有寺院教育，小孩要識字讀書，只有到寺廟，由和尚教導。寺廟教的大都是佛經和道德的內容。1905 年，在少數省城設立小學，開始教法文。初期教法文者，是由越南人任教。1907 年，全寮國只有 4 名法國人教師。至 1917 年，才有完整六年的基礎法語教育。[22] 在 1918 年，才開始有寮語的小學教科書；透過這些教科書，開始灌輸小學生有關寮國的民族主義、國家符號，諸如國旗、寮國地圖。1921 年，在永珍設立第一所初級中學帕維中學（'Ecole Pavie, Collége Pavie）。1923 年，在永珍設立一所技術訓練學校，專門訓練木匠和泥水匠。1928 年 7 月 10 日，設立法律和行政學院，訓練寮國公務員。在此之前，公務員很多是任用越南人。同一年也設立巴利語（Pali）學校，作為柬埔寨金邊佛教學院之分院，以加強寮國和尚之學識。[23] 1931 年，寮國才設立獨立的佛教學校，教授巴利語。1937 年，在永珍設立巴利學院。在法國的主導下，開始編纂寮語歷史課本。在 1930 年代，貴族婦女獲得更高的教育，並在琅勃拉邦和永珍的學校任教。當時舒里昌公主（Princess Sourichan）的人格影響婦女的想法，有不少女性就學。1930 年，全寮國有 82 所學校，208 名教師，其中有 21 名法國人教師，學生人數有 6,500 人。上四年制的帕維中學的學生僅有 120 人，其中 17 人為

---

21. Vatthana Pholsena, *op. cit.*, pp.31-32.

22. Martin Stuart-Fox, *A History of Laos*, p.43.

23. Martin Stuart-Fox, *A History of Laos*, p.43.

女生。寮國人學生不到半數。[24] 1932 年，全寮國公立學校有 7,035 名學生，其中有 976 人為女生。少數民族學生包括泰怒（Thai Neua）族 110 人、卡族 65 人、苗族 43 人、普諾伊族（Phu Noi）35 人、普泰族（Phu Thai）33 人、紅泰族（Red Thai）7 人。另有不少越南人。[25] 法國統治期間，寮國沒有設立大學，寮國人很少上大學，1939 年，只有 7 名寮國人到越南上大學。[26]

　　法國在寮國的醫療設施進展緩慢，「1910 年全寮國只有 5 名法國醫生。1930 年，全寮國有 6 家醫院，55 家藥房，2 家痲瘋病院，12 名法國人醫生，12 名具有四年醫學院學生經歷之印度支那助理醫生。八年後，因為財政困難，醫院大量減少，在永珍只有一家醫院，專門為法國人服務。」[27]

　　法國統治下的寮國，沒有工業，只有兩家法國人所有的工廠，靠近他曲，雇用 3,000 名越南工人。在他曲、素旺那曲和巴寨法國人種植約 300 公頃土地的咖啡和菸葉。卡族在波羅文斯高原種植荳蔻，在北方亦有人種植安息香。農業只能自足，稻米地有 47 萬公頃，1932 年產量有 34 萬公噸。湄公河及其支流有小船航運之利，運輸貨物和旅客。從永珍到金邊和西貢有船航行。

　　為了促進山產貿易運輸，法國必須開築公路，「主要的南北向公路是從西貢到柬埔寨的桔井省（Kratié），沿著湄公河到永珍，再到琅勃拉邦，這一條是 13 號國道。從西貢到他曲這一段公路是在 1930 年完成。從永珍到琅勃拉邦一段公路是在 1941–44 年間建造。穿過賽普彎（Sāy Phū Luang）山脈有三條路線，12 號國道是從他曲經由木加（Mu Gia）隘道東北方到榮市（Vinh）；9 號國道是從素旺那曲經由西朋（Xēpōn）和寮保（Lao Bao）隘道到越南的廣治（Quang Tri）省，在 1930 年開通；7 號國道是從

24. Martin Stuart-Fox, *A History of Laos*, p.43.

25. Grant Evans, *A Short History of Laos, The Land in Between*, p.49.

26. Martin Stuart-Fox, *A History of Laos*, p.44.

27. Martin Stuart-Fox, *A History of Laos*, p.44.

琅勃拉邦到川壙，向東南方到榮市，1937 年開通。6 號國道是從桑怒到越南的萊州—河內（Lai Chau-Hanoi）。8 號國道是從他曲經由南佩（Nāpae）隘道到榮市。19 號國道是從豐沙里到奠邊府。法國建造這些公路，動員許多民工，引起民怨，許多人逃難到他鄉。」[28] 在法屬印支總督杜美（Paul Doumer）任內曾調查從越南到寮國興建鐵路之可行性，結果認為該段鐵路不具商業價值。1931 年，法國發現他曲蘊藏有錫礦，從越南的唐阿普（Tan Ap）建鐵路經由木加隘道的隧道到他曲，至 1936 年完工。1933 年，從唐阿普往西建造 17.5 公里的鐵路。[29]

人口普查

寮國人口數很少，法國在 1907 年做了第一次人口普查，全國人口有 585,285 人，[30] 1921 年有 818,755 人，[31] 1936 年約 1,038,000 人。人口散佈在鄉下地區，都市化程度很低，法國曾在 1930 年和 1943 年針對寮國五大城市做了人口統計（參見表 3-1），這六大城市是永珍、琅勃拉邦、他曲、素旺那曲、百細、川壙，結果最大城市永珍在 1943 年人口有 23,200 人，其次為他曲有 8,100 人。上述六大城市中，只有琅勃拉邦的居民是寮族人占多數，其他五個城市都是越族人占多數。[32]

---

28. Martin Stuart-Fox, *A History of Laos*, pp.47-49.

29. Martin Stuart-Fox, *A History of Laos*, p.49.

30. Grant Evans, *A Short History of Laos, The Land in Between*, p.59.

31. Søren Ivarsson, *Creating Laos, The Making of a Law Space between Indochina and Siam, 1860-1945*, p.103.

32. Grant Evans, *A Short History of Laos, The Land in Between*, p.71.

表 3-1：寮國六個城市人口族群結構

都市	寮族	%	越族	%	華人	%	其他	%	1943 年合計	1930 年合計
永珍	9570	41.5	12400	53	900	4	330	1.5	23200	15800
琅勃拉邦	3000	61	1400	28	480	10	70	1	4950	5400
他曲	800	10	6900	85	300	4	100	1	8100	3400
素旺那曲	850	16	4000	72.5	450	8	200	3.5	5500	4500
百細	1000	14	4500	62	1700	23	100	1	7300	3400
川壙	240	11	1500	72	300	15	60	3	2100	1400
合計	15460	30	30700	60	4130	8	860	2	51150	33900

資料來源：Grant Evans, *A Short History of Laos, The Land in Between*, p.71.

　　法國派在寮國的人口數很少，1910 年約僅有 200 人，第一次世界大戰後增加至一千多人。法國鼓勵華人、越南商人和工匠移至城市，以至於華人和越南人在城市地區的人口數超過寮族人。[33]

低弱的民族主義

　　在法國統治印度支那國家中，以寮國反抗法國的事件最少。法國剛進入寮國時，還受到歡迎，以為是解放暹羅統治的新勢力。法國初統治寮國時，廢除奴隸制，但引入強制勞役制和債務勞役制，使得寮人變成另一種勞動者。再加上課徵稅收，引發民怨。1895 年就曾爆發反抗法國的暴動。

　　法國在其本國禁止鴉片買賣和吸食，但在寮國，卻允許生產製造和買賣，占其歲收的一半，1914 年鴉片歲收有 26 萬 5,000 美元。鴉片商是來自印度和緬甸的商人，生產者是寮北和越北的蒙族（Hmong，即苗族）。鴉

---

33. Martin Stuart-Fox, *A History of Laos*, p.42.

片的生產對於寮國經濟有重要性，所以法國統治時一直在販售鴉片。

　　由於法國控制鴉片買賣，影響寮國北部山地民族的經濟生活，引發山地民族的抗法活動，他們最常使用的反抗活動是假借神秘宗教煽動人民起來抗法。在 1901 年，出現「聖人起義」（Holy Man's Revolt），巴克米（Bak Mi，又稱為 Ong Kaeo）在沙拉灣發動起義，他利用佛教和地方信仰自稱擁有超自然能力，主張佛教信仰、恢復舊秩序、以及奴隸買賣。叛軍領袖自稱是永珍國王的後代，受精靈選拔來領導人民反抗法國。1902 年 4 月，在素旺那曲有數千名寮龍族人攻擊軍警據點，巴克米鼓動群眾說有他的精神保護，可以抵擋法軍的子彈。以後三年，巴克米在寮南的波羅文斯高地活動，1910 年 11 月，巴克米被逮捕梟首，以長矛挑刺其頭顱示眾。[34]

　　1905 年 11 月，孔瑪丹在拉文（Lāven）領導叛亂，殺害 39 人，經法軍鎮壓後，孔瑪丹及其同夥逃至阿塔坡省（Attapeu）山區頑抗。孔瑪丹主張波羅文斯高原的首長應由寮順族取代寮龍族；波羅文斯高原應保留給寮順族；以及減稅。至 1930 年初，其抗法運動還繼續存在。[35]

　　在豐沙里，與中國清朝關係密切的萬那普恩（Vannaphūm）在法國勢力入侵後，與法國關係不和，法國在 1908 年 3 月欲逮捕他，他成功脫逃，在其居住的留（Leu）地區發動叛亂，經過兩年，法軍逮捕萬那普恩予以處死。[36]

　　中國在 1911 年爆發共和革命，不滿革命者逃亡到寮國，他們在 1914 年反對法國控制鴉片買賣，這些「華團」鼓動寮人反對法國統治；他們也進攻越南山羅（Sonla）省，法國從越南河內引兵才擊退這股華人軍隊。

　　1918–21 年，寮北高地的苗族亦發動叛亂，在奠邊府的一名苗族青年帕恰（Pachay，或寫為 Pachai）告訴他父親說：我夢見受到救世主華泰（Houa

---

34. Martin Stuart-Fox, *A History of Laos*, pp.34-36.

35. Martin Stuart-Fox, *A History of Laos*, p.36.

36. Martin Stuart-Fox, *A History of Laos*, p.37.

Tai）之啟示，祂命我帶領苗族起來反抗腐化的壓迫我們的泰族，因為寮順族和寮龍族想控制蒙族的鴉片買賣。他遂號召苗族和猺族在寮北和越北活動，企圖建立蒙族王國。法國利用寮順族軍隊平息動亂。1922 年 11 月，帕恰遭親法的卡族伏擊死亡，動亂才平息。[37]

以上的抗法活動都是寮國北部的山地種族所發動，寮國中部和南部的族群則很少發生抗法活動，反而是跟法國合作，接受法國的統治。他們很少發展出強烈的民族主義，此跟他們受過教育人數少有關係。

寮國菁英大部分是貴族，他們在法國、河內、西貢接受教育，但這類教育很少教他們有關寮國之知識，對自己國家和民族之認識有限。甚至寮文的著作，也要參考泰文，例如，韋拉萬（Sila Viravong）在 1935 年寫作**寮文文法**（*Lao Grammar*）一書時，參考了泰文的文法。[38] 推動寮國民族主義的寮文報紙，要到 1941 年 1 月才出版**偉大寮國報**（*Lao Nyai, Great Laos*），約兩星期出一期，且是免費贈閱。

在 1930 年代，從帕維中學畢業的寮國人只有 52 人，約比越南人多一倍，到越南去讀高中者更少。僅有少數貴族前往法國讀大學。1937 年，在皮查拉特親王[39]的努力下，在法屬寮國（不包含琅勃拉邦）的中高階層官職二百八十六個職缺中，有 54% 是由寮國人充任。人民不滿的對象是針對越南人而非法國人，因為越南人占據過多政府職位。大部分的寮族人是農民，在都市中亦很少勞工階級。因此寮族人幾乎很少發展出民族主義。

---

37. Grant Evans, *A Short History of Laos, The Land in Between*, pp.56-57.; Arne Kislenko, op.cit., p.30.

38. Grant Evans, *A Short History of Laos, The Land in Between*, p.75.

39. 皮查拉特生於 1890 年，為 Viceroy Boun Kong 之子，曾留學越南、法國和英國，作過法國統治時期的最高官職寮國政務督察（Inspector of Lao Political and Administrative Affairs），他是一位現代化主義者，也是一位民族主義者，他認為越南人移民進入寮國應加以控制，應符合寮國的法律規定。寮國不應分為兩大部分，而應統一在琅勃拉邦國王之下。Søren Ivarsson, *Creating Laos, The Making of a Law Space between Indochina and Siam, 1860-1945*, pp.106-107.

當越南的胡志明在 1930 年成立印度支那共產黨（Indochinese Communist Party）時，寮國人參加者亦極少。1931 年 10 月，印支共黨在永珍和產錫礦的他曲成立細胞組織，但是在越南人社群中活動，並出版兩個月一期的越語刊物，是由設在暹羅東北部的印支共黨小組負責。1933 年 11 月，印支共黨在靠近泰北的那空拍儂的寮國舉行黨代表會議，決議加速寮國的共產運動。1934 年中，在永珍有兩名寮族人入黨。11 月，在泰國的烏東（Udon）召開黨代表會議，決定在寮國建立黨支部。該黨支部之唯一寮族人是素旺那曲的公務員坎伸（Khamsaen），是寮國第一位共產黨員。1936 年，該寮國黨支部的共黨分子遭法國逮捕而瓦解。1938 年 12 月，泰國由披汶（Phibun Songkhram）出任首相，推行泰國民族主義，隔年將國名改為泰國（Thailand），意圖將泰族居住地區納入其國家版圖，引發寮國的緊張，面對泰國和越南的擴張主義，多少刺激了寮國的民族主義。[40]

第二次世界大戰

1939 年 9 月 1 日，德國和波蘭爆發戰爭，泰國政府在 5 日以泰王名義發布嚴守中立立場之聲明。1940 年 6 月 12 日，泰國和法國互不侵犯條約經法國政府批准，但調整邊界問題未獲解決。9 月，泰國向法國要求以湄公河深水道作為泰國和越南之新疆界；法國需將鑾佛邦對岸及巴塞的湄公河右岸土地交還泰國；若越南必須脫離法國的統治，則法國應將寮國以及柬埔寨交還泰國。[41] 此一要求未獲法國正面回應，引起泰國民族主義情緒，要求法國歸還侵占的領土。披汶首相在 1940 年 8 月 30 日派遣國防部次長兼陸軍副司令鑾蓬裕提上校為訪日本特使，另外亦派遣司法部長海軍上校鑾

---

40. 摘要自 Martin Stuart-Fox, *A History of Laos*, pp.53-54.

41. 蔡文星編著，**泰國近代史略**，正中書局，1946 年滬一版，頁 122。

貪隆那哇沙越訪問緬甸、印度、新加坡、澳洲等地，呼籲法國、英國、美國、德國和義大利重視泰國要恢復過去割讓給法國之領土的問題，但未受到正面的回應，所以披汶轉向日本。他在 9 月底讓日本外交官知道他想加入日本陣營。10 月 1 日，他告訴日本海軍武官，假如有需要，泰國政府允許日本軍隊越過泰國領土，他也會考慮供應這些軍隊的所需。他希望日本協助泰國取回丟失的領土。他與日本簽定秘密協議，泰國內閣並不知曉。隨後泰國和法國在泰、寮和泰、柬邊境發生衝突，日本在 11 月初提議仲裁此一衝突。

1941 年 1 月初，泰國和法國在柬埔寨西部邊境發生戰爭，法軍裝備和士氣不佳，而遭受重創。1 月 17 日，法國軍艦駛入暹羅灣，在科昌（Koh Chang）與泰國海軍發生衝突，在兩小時的海戰中亦受創 40% 兵力。日本出面進行協調，再加上德國的協助，勸告法國維琪（Vichy）政府於 1941 年 1 月 21 日接受日本的調解。[42]

在日本安排下，泰國與法國分別在西貢外海的日本巡洋艦和東京舉行談判，於 1941 年 5 月 9 日在東京簽訂和平條約（Convention of Peace between Thailand and France），法國將馬德望、詩梳風和暹粒三省割讓給泰國：並將湄公河右岸寮國土地歸還給暹羅。7 月 27 日，泰國正式取得該三省以及巴寨和沙耶武里（Xaignabouri）省的土地。[43]

西薩凡馮國王的兒子薩凡‧瓦他納王子（Prince Savang Vatthana）留學法國學習法律和政治，於此時返回寮國，被封為王儲和國王的顧問。8 月 21 日，薩凡‧瓦他納王子和法國高級駐紮官羅克斯（M. Roques）在永

42. Ellen J. Hammer, *The Struggle for Indochina 1940-1955, Vietnam and the French Experience*, Stanford University Press, California, 1968, pp.25-26.

43. *Keesing's Contemporary Archives*, October 18-25, 1941, Longman Group Limited, England, 1985, p.4844.; Ellen J. Hammer, *op.cit*., p.26.; *International Boundary Study, No.20, Laos-Thailand Boundary*, The Geographer Office of the Geographer Bureau of Intelligence and Research, Department of State of the United States, p.5. in http://www.law.fsu.edu/library/collection/limitsinseas/ibs020.pdf　2010 年 12 月 14 日瀏覽。

珍簽署協議，將川壙省和永珍併入琅勃拉邦王國，然後將寮國保護國變成與柬埔寨和安南一樣的平等地位。寮國的行政制度亦做了調整，廢除了國王的委員會，另替代以部長會議。琅勃拉邦的王子皮查拉特出任首相，他的表弟蘇凡那拉特（Souvannarath）王子出任經濟部長，他的小叔西塔親王（Prince Setha）出任內政部長。貴族沙納尼空（Phoui Sananikone）出任司法部長。坎木恩（Khammouan）省省長蘇凡那馮（Outhong Souvannavong）出任財政部長。另也組織國王私人的顧問委員會，由薩凡・瓦他納王子擔任主席。皮查拉特在1941年成為副王（second king），被稱為「永珍國王」。

儘管琅勃拉邦王國的疆域擴大了，但寮國全國還是缺乏統一的認同，占巴寨和琅勃拉邦存在著對立，永珍則基本上是法國人和越南人的城市。為了對抗泰國的泛泰運動，寮國也首次推動「國家改造運動」（Movement for National Renovation），由永珍的公共教育局長羅契特（Charles Rochet）和寮國知識分子菁英阿派（Nyūy Aphai）和沙梭里特（Katāy Don Sasorit）所領導的小群菁英推動。他們透過推動寮國文學、戲劇、音樂、舞蹈和歷史作為刺激寮國民族認同和驕傲感。1941年1月，出版**大寮國**（*Lao Nyai, Great Laos*）刊物，作為推動的喉舌，刊物內容包括文章、詩、短篇小說和新聞，八篇用寮文寫的，兩篇用法文寫的。另外也出版寮文書籍，採用寮國國歌和國旗，組織文化、青年及婦女的社團。在寮南的孔恩成立寮國藝術學校，鼓勵體育活動，提振民族士氣，強調家庭的重要性，鼓舞使用家庭的姓氏，鼓勵寮國意識，以區別於泰族意識。重組法律與行政學院，加速以寮國人取代越南人出任公職。在1940–45年間，增設許多學校，特別是在鄉下地區。1943年，成立第一支寮國人組成的軍隊，兩營的「寮國獵人軍隊」（Chasseurs Laotiens）。法國在推動上述寮國文化和民族意識的各項活動經費大都依賴販賣鴉片之收入。[44]

---

44. 摘要自 Martin Stuart-Fox, *A History of Laos*, pp.55-56.

「1944 年，成立一支由泰國人領導的地下抗日組織『自由寮國』（Lao Sēri, Free Laos），它不僅抗日，也反法。其根據地在泰國東北部，活動地點在法屬寮國。它獲得美國『戰略服務署』（Office of Strategic Services，中央情報局的前身）之協助。該組織在訓練年輕寮國人，俾便在日軍投降後掌握寮國政權。該組織之指揮官是永珍有名望家族的後裔札納尼空（Un Xananikon，或寫為 Oun Sananhkone）。其實，泰國人對於該組織還是有疑慮，因為擔心該組織主張的『大寮國』概念會將泰國東北部包括進去。在日軍投降後，寮國各地頭目組織了秘密的『寮國為了寮族』（Lao Pen Lao, Laos for the Lao），準備與其他民族主義團體聯合反對法國重回寮國。」[45]

法國對寮國的統治不重視產業發展，沒有工業、醫院設施、賺錢的投資，不重視寮國這塊殖民地，即使「派駐的官員也很少，1940 年住在寮國的法國人只有 600 人。儘管如此，法國對寮國的統治，刺激了寮國的民族主義的萌芽，使其菁英接受法國教育。法國有意將寮國越南化，故引入越南人從事商業和出任官員，引起寮國人不滿，激起其民族主義。法國亦鼓舞寮國人和泰國切割，阻止其泰國化，透過國旗、國歌和政治儀式，鼓勵寮國成為一個獨立實體；透過媒體、教育和修改歷史著作，形塑寮國的族國觀念，以別於泰國。」[46]

表 3-2：法國和日本派駐寮國之官員姓名和期間

期　　間	姓名（職稱）	備　　註
法國統治時期		
1887- 1894/6/5	Auguste Jean Marie Pavie（副領事）	
1894/6/5-1895/4	Auguste Jean Marie Pavie（總專員）	

---

45. Martin Stuart-Fox, *A History of Laos*, p.57.
46. Arne Kislenko, *op.cit.*, p.31.

1895/6/1-1899/4/30	Marie Auguste Armand Tournier（駐寮國總司令）	在占巴寨的孔恩（Khong）
1895/6/1-1897/3/9	Joseph Vacle（駐寮國臨時總司令）	第一度出任該職。在琅勃拉邦
1897/5/1-1898/10/11	Louis Paul Luce（駐寮國臨時總司令）	在琅勃拉邦
1898/10/11-1899/4	Joseph Vacle（駐寮國臨時總司令）	第二度出任該職。在琅勃拉邦
1895/9-1896/3	Léon Jules Pol Boulloche（高級駐紮官）	
1899/4/30- 1903/2	Marie Auguste Armand Tournier（高級駐紮官）	
1903/2/12-1906/5	Georges Marie Joseph Mahé（臨時高級駐紮官）	第一度出任該職
1906/5/11-1907/4/1	Louis Saturnin Laffont（臨時高級駐紮官）	
1907/4/1-1912/1	Georges Marie Joseph Mahé（高級駐紮官）	第二度出任該職
1910/8/24-1911/7/27	Antoine Georges Amédeé Ernest Outrey（代理高級駐紮官）	代理 Mahé
1912/1/9-1913/7	Louis Antoine Aubry de la Noë（臨時高級駐紮官）	
1913/7/4-1913/10	Claude Léon Garnier（代理高級駐紮官）	第一度出任該職
1913/10/9-1914/2	Jean Édouard Bourcier Saint-Chaffray（臨時高級駐紮官）	
1914/5/31-1918/5	Claude Léon Garnier（代理高級駐紮官）	第二度出任該職
1918/5/3-1931/3	Jules Georges Théodore Bosc（高級駐紮官）	

1921/4/26-1923/1	Joël Daroussin（臨時高級駐紮官）	代理 Bosc
1925/5/7-1926/1	Jean-Jacques Dauplay（臨時高級駐紮官）	代理 Bosc
1928/5/21-1928/12/12	Paul Raimond Octane Le Boulanger（臨時高級駐紮官）	代理 Bosc
1931/3/21-1931/5/12	Paul Raimond Octane Le Boulanger（臨時高級駐紮官）	第一度出任該職
1931/3/25	Pierre André Michel Pagès（高級駐紮官）	並未就任
1931/5/21-1931/6/4	Yves Charles Châtel（高級駐紮官）	
1931/6/11-1931/11/21	Paul Raimond Octane Le Boulanger（臨時高級駐紮官）	第二度出任該職
1931/11/21-1932/2/11	Jules Nicolas Thiebaut（臨時高級駐紮官）	
1932/2/11-1933/12/16	Aristide Eugène Le Fol（高級駐紮官）	
1933/12/16-1934/1/1	Adrien Anthony Maurice Roques（代理高級駐紮官）	第一度出任該職
1934/1/1-1934/7	Louis Frédéric Eckert（臨時高級駐紮官）	
1934/7/10-1934/8/4	Adrien Anthony Maurice Roques（代理高級駐紮官）	第二度出任該職
1934/8/4-1938/4	Eugène Henri Roger Eutrope（高級駐紮官）	
1934/11/25-1935/10/13	Frédéric Claire Guillaume Louis Marty（臨時高級駐紮官）	
1938/4/5-1940/11/16	André Touzet（高級駐紮官）	
1940/11/16-1941/12/29	Adrien Anthony Maurice Roques（臨時高級駐紮官）	第三度出任該職

1941/12/29-1945/8	Louis Antoine Marie Brasey（高級駐紮官）	1945/3/10–9 June 1945 /6/9 成為日本俘虜
日本統治時期		
1945/3/10-1945/8	Sako Masanori（司令）	在永珍
1945/4/5-1945/8/22	Ishibashi（總領事）	在琅勃拉邦
法國統治時期		
1945/8/29-1946/4/6	Hans Imfeld（專員）	代理至 1945/9/23
1946/4/6-1947/7	Jean Léon François Marie de Raymond（專員）	
1947/7/29-1948/3/20	Maurice Marie Auguste Michaudel（臨時專員）	
1948/3/20-1949/8	Alfred Gabriel Joseph Valmary（臨時專員）	
1949/8/8-1953/4	Robert Louis Aimable Régnier（專員）	
1953/4/27-1954/1	Miguel Joaquim de Pereyra（高級專員）	
1954/1/6-1955	Michel Georges Eugène Breal（高級專員）	

資料來源：https://en.wikipedia.org/wiki/List_of_administrators_of_the_French_protectorate_ of_Laos　2015 年 12 月 20 日瀏覽。

日本占領

　　1945 年 2 月，一支日本軍隊從越南北部進入石罐平原，在此之前在寮國的日本人只有蒐集軍情的特務。「法國駐印支總督戴古（Admiral Jean Decoux）在 3 月 9 日在西貢和日本駐西貢大使松本俊一等人進行談判，日軍要求法國將俘獲的美軍飛機交給日軍、允許更多日軍進入越南、預支大

筆金錢以供其軍隊開支，這些要求遭法國拒絕。當天中午雙方又再度談判，雙方達成協議，法國同意依據 1941 年 5 月 6 日法、日東京協議，由法屬印支供應食米給日本。當晚八點松本俊一邀請戴古會面，提出將由日本接管法屬印支的行政權和陸軍、海軍和警察的指揮權的最後通牒，給戴古兩小時的考慮。戴古立即召集在西貢的法國官員開會，要求日本給予更多時間，讓河內的法國官員做好準備。結果遭日本拒絕，立即出兵逮捕戴古，接管印度支那的法國維琪政府的殖民政府。」[47]

3 月 9–10 日，從泰國來的日軍進占永珍。至 4 月 5 日，日軍才占領琅勃拉邦，法國官員和土著軍隊都逃至森林。王儲薩凡‧瓦他納王子號召寮國人協助法軍反抗日軍。「西薩凡馮國王在日軍的壓力下於 4 月 8 日宣布寮國獨立。皮查拉特親王主張與日本合作，故被日本任命為首相。」[48]「關於國家之性質，西薩凡馮國王與皮查拉特親王有歧見，據皮查拉特親王之說法，王儲薩凡‧瓦他納王子希望由其本人宣布國家獨立，但皮查拉特親王反對這樣做，因為此與泰國的程序不同，在泰國，有關政府事務，是由日本人和泰國首相一起商量，不用國王出面。由於王儲之位階不屬於政府層級，他不應置自己於政治之上，國王和首相之間的權力衝突成為以後數月的政爭焦點。」[49]「皮查拉特親王致力於減少公務機關和經濟領域中的越南人的影響力，在公務機關中提拔任用寮族人，也將永珍和琅勃拉邦的越南商人逐出，引發在他曲、素旺那曲的越南人組織武力反抗。皮查拉特親王強烈的反法活動，獲得日軍的支持，但引發寮族人的疑慮。在川壙的越南人企圖宣布川壙省成為越南一省，素旺那曲的越南人也有類似活動，最後都遭阻止。」[50]

---

47. Ellen J. Hammer, *op.cit.*, p.37.

48. Martin Stuart-Fox, *A History of Laos*, pp.56-57.

49. Grant Evans, *A Short History of Laos, The Land in Between*, pp.82-83.

50. Martin Stuart-Fox, *A History of Laos*, p.57.

第二節 二戰後重回法國統治

皮查拉特親王在永珍成立臨時政府，於 1945 年 8 月 8 日成立「自由寮」
（Lao Issara, Free Lao），他的兩個弟弟佛瑪（Souvanna Phouma）和蘇法努
旺（Souphanouvong）、上層貴族和資產階級都參加該一組織。[51] 日本在同
年 8 月 15 日投降，2 天後，5 個抗日團體從森林中走出來接收各大城市日
軍投降，重新恢復法國在寮國的統治。西薩凡馮國王歡迎法國駐寮國代理
高級專員派遣的印費爾德上校（Colonel Hans Imfeld）抵達琅勃拉邦，印費
爾德宣布在日本脅迫下寮國之獨立是無效的。在南部，以前占巴塞王族的
後裔布倫親王（Prince Bunum，即歐膜）參加法國的抗日軍。9 月中旬，在
英國的協助下，法國重回百細。

8 月 27 日，皮查拉特親王從日軍手中接收永珍，將南方數省置於永珍
控制之下，此與琅勃拉邦的國王形成對立。他拒絕法國恢復派駐高級駐紮
官。8 月底，在日本投降後被釋放的若干法國官員和一小隊法國軍隊從空中
跳傘進入寮國，企圖恢復法國對永珍的控制。一小支法國游擊隊想進入永
珍，遭到寮國武裝群眾（主要是越南人）之阻擋。以前遭日本拘禁的法國
人被遣送至泰國。札納尼空率領他的寮國民兵從泰國越界進入寮國，從日
本人手中接收素旺那曲，從越南人手中接收他曲。[52]

「西薩凡馮國王和首相皮查拉特對於寮國之未來有不同意見，皮查拉
特在 8 月底發給各省省長電報，重申他的主張，法國被日本打敗後，所有
法國和寮國簽署的條約歸於無效，寮國獨立一直有效。」[53] 9 月 1 日，首相
皮查拉特在永珍宣讀下述聲明：「由於法國統治者的失敗，寮國王國必須
宣布獨立。將我們和法國綁在一起的條約和協議的法律束縛，事實上已中

---

51. Vatthana Pholsena and Ruth Banomyong, *op.cit.*, p.10.
52. Martin Stuart-Fox, *A History of Laos*, p.61.
53. Martin Stuart-Fox, *A History of Laos*, p.61.

斷，因為法國未能保護我們對抗外來勢力。」[54]「9 月 2 日，他要求國王宣布寮國已是獨立國家，但國王說他已經和法國達成協議，要廢棄較早的獨立宣布，重新成為法國的保護國。9 月 15 日，皮查拉特帶頭宣布合併琅勃拉邦和南部各省，在他的統治下成為一個統一的獨立的寮國王國。」[55]

越南胡志明在戰後的 1945 年 9 月 2 日宣布成立越南民主共和國，受到此一獨立行動之影響，寮國境內的越南人，特別是越南人占多數的永珍、他曲和素旺那曲，也武裝起來支持皮查拉特的寮國獨立主張。10 月 4 日，中國第一方面軍第 93 師進抵老撾（寮國）永珍。11 月 6 日，第 93 師完成在寮國的解除日軍武裝及接收工作。中國軍隊禁止法軍的活動，解除在琅勃拉邦法軍的武裝。在永珍，皮查拉特以「自由寮人」（Free Laotians, Issarak）的名義歡迎中國軍隊。他曲和素旺那曲表面上是由中國軍隊控制，實際上是由小股「自由寮人」和越南人軍隊控制。法軍只控制南部的沙拉灣和百細。[56]

皮查拉特希望盟軍能承認寮國的獨立地位，但未獲正面回應。西薩凡馮國王在法國之支持下於 10 月 10 日罷黜皮查拉特首相和大都督職務，宣布廢止 4 月 8 日的獨立宣布。10 月 12 日，皮查拉特在永珍召開人民委員會，通過臨時憲法，成立「巴特寮」（寮國土地，Pathet Lao, Lao Issara, The Land of Lao）臨時政府，堅持寮國已在 4 月獨立。該臨時政府任命 45 人組成臨時國民議會。國王宣布該一臨時政府為非法，邀請皮查拉特到琅勃拉邦會談，遭拒絕。

10 月 20 日，「巴特寮」在永珍召開臨時國民議會，通過決議罷黜國王，因為他與法國合作。

11 月 10 日，沙留姆沙克親王（Prince Sisoumang Saleumsak）和寶格那

54. Ellen J. Hammer, *op.cit.*, p.134.
55. Martin Stuart-Fox, *A History of Laos*, p.61.
56. Martin Stuart-Fox, *A History of Laos*, p.62.

瓦特親王（Prince Bougnavat）率領 30 名武裝人員進入琅勃拉邦王宮，將國王及其眷屬軟禁，意圖迫使國王退位。[57]

此時寮國面臨內部的親泰國、親越南和親法國等派系的傾軋，而使政局陷入混沌不清。法國視寮國民族主義分子都是共產黨分子，而共產黨分子都是越南人。「巴特寮」分子似乎也不清楚此一情況。皮查拉特最年小的同父異母弟蘇法努旺親王曾在越南工作，娶越南太太，深受「越盟」（Viet-Minh）影響，故被稱為「紅色王子」。他具有強烈的反殖民主義的民族主義，主張與「越盟」合作驅逐法國。他帶著 12 名越南保鏢返回寮國，加入「巴特寮」政府，在該政府成立時出任公共工程與交通部長。他停留在永珍的時間很短，立即到他曲，該城市 75% 是越南人，所以他在該城市成立「獨立寮國委員會」（Committee for an Independent Laos），後來被認為是「自由寮國委員會」（Committee of the Lao Issara）之前身。[58]

「巴特寮」既非共黨分子，亦非共黨領導的組織，是由都市受過教育之菁英的組織，其政府的重要成員包括：總理兼外長韋萊（Khammao Vilai），內政兼司法部長馮科特拉塔納親王（Prince Somsanit Vongkotrattana），經濟部長札納尼空，國防部長拉塔納沙麥少校（Major Sing Rattanasamai），財政部長沙梭里特（Katay Don Sasorith），教育部長阿派（Nyūy Aphai）。該新政府面臨的最大問題是財源不足，為了籌措資金，宣布鴉片國營。許多生產都遭戰爭破壞，柚木、林木和稻米都非政府能完全控制。因此，主要政府財源仰賴越南人和泰國人之捐助。

蘇法努旺在他曲亦組織「寮國國防和解放軍」（Army for the Liberation and Defence of Laos），自任總司令，該軍隊的各級指揮官是寮國人，但都有一名「越盟」人擔任顧問。10 月底，他前往永珍，要求出任國防部長，

---

57. Grant Evans, *A Short History of Laos, The Land in Between*, p.84.
58. Grant Evans, *A Short History of Laos, The Land in Between*, p.86.

皮查拉特不同意更換國防部長人選，而請蘇法努旺出任外長，由佛瑪接任公共工程與交通部長。透過蘇法努旺和「越盟」的關係，「巴特寮」政府和北越簽署軍事合作協議，同意「越盟」駐軍寮國。

　　11 月 13 日，「巴特寮」臨時政府宣布戒嚴，派軍占領川壙和桑怒。11 月底，除了琅勃拉邦外，法國幾乎被迫退出寮國北部，法國人財產被沒收，法軍被解除武裝，或被迫逃至森林躲藏。

　　此時寮國本土似乎沒有共產主義分子，參加共黨活動者是在越南讀書或工作時加入的，例如寮國人民革命黨（Lao People's Revolutionary Party）領袖馮維漢（Kaysone Phomvihan），生於素旺那曲，父為越南人，母為寮國人，十歲離開寮國前往越南求學。1943 年進河內法律學校就讀，直至 1945 年政治動亂而關閉學校為止。1944 年，他受到「越盟」之影響，隔年返回素旺那曲，從事組織越南人和寮國人的工作。1946 年，他前往越南，會見胡志明，以後即在越北和寮國東北部和「越盟」一起工作。1949 年 7 月，他加入印度支那共產黨。當時寮國很多知識分子跟馮維漢一樣，有寮國和越南的雙重認同。此一情況跟越南的知識分子不同，越南的知識分子是出於建立大印度支那民族主義思想，而寮國的知識分子僅是拘限於寮國和越南之間的關係，尤其是受到寮、越通婚的影響很深。[59]

　　「巴特寮」政府未能獲取外國的援助，以至於財政困難，光靠鴉片貿易並不能彌補財政之需求，所以財政部長卡泰在 1946 年初發行新鈔，由於鈔票紙質太差，被稱為「卡泰乾香蕉葉」（Katay dried banana leaves）。[60] 該政府的活動力不足，只在城市地帶有影響力，在鄉下地區不行，在鄉下有法國游擊隊，南方有法國軍隊。這些法國武力獲得占巴寨的歐膜親王和其他親法分子之支持。

---

59. Grant Evans, *A Short History of Laos, The Land in Between*, pp.86-87.
60. Grant Evans, *A Short History of Laos, The Land in Between*, p.87.

1946 年 1 月底，法軍在寮族和蒙族之協助下重新奪回川壙。當蒙族領袖托比（Touby Lyfoung）解放川壙後，他派遣一支由蒙族托里亞（Toulia）率領的 600 名軍隊中的一部分進入琅勃拉邦，驅逐「巴特寮」政府分子，從琅勃拉邦附近的山洞將國王救出，及派另一部分軍隊進攻永珍。托里亞曾在 1942 年在永珍學習法律，遇見公主，並與之結婚，成為王室成員之一。為了保護國王的安全，防止其受到暗殺，托里亞命令一名高大英俊的萬賽寶（Vang Say Pao）假冒國王，穿著國王衣服，騎馬返回王宮。[61]

2 月 28 日，法國和中國簽署重慶協議，中國決定撤出越南和寮國；3 月 6 日，法國和胡志明簽署臨時協議，雙方暫時達成停火。此一事態之發展，使得法國得以在越南暫時喘一口氣，而專心對付寮國的「巴特寮」政府。3 月 21 日，法軍和「越盟」及蘇法努旺的軍隊在他曲爆發戰鬥，法軍派出四架戰機轟炸，迫使蘇法努旺撤出他曲，蘇法努旺在這次戰爭中受傷。隨後數月，「巴特寮」政府和國王在琅勃拉邦進行談判，達成協議，西薩凡馮國王同意重新登基為憲政國王。中國軍隊 93 師進入寮國後，阻止法軍攻擊永珍。4 月 23 日，西薩凡馮第二度登基為國王。4 月 24 日，中國軍隊從寮國撤出，法軍重新占領永珍，「巴特寮」分子退入泰國境內。5 月 11 日，寮國頒佈憲法，成為君主立憲國家。5 月中旬，法軍進入琅勃拉邦，「巴特寮」政府領袖包括皮查拉特的弟弟蘇法努旺和佛瑪、支持者及其眷屬約兩千多人流亡到泰國，成立流亡政府。西薩凡馮國王宣布感謝法國，任命金達馮親王（Prince Kindavong，為皮查拉特的同父異母弟）為臨時首相。[62]

從 7 月起，法國和寮國進行協商，8 月 27 日，雙方簽署協議，寮國成為在「法國聯邦」（French Union）內的一個君主立憲國，由法國負責其國

61. 摘要自 Mai Na M. Lee, *Dreams of the Hmong Kingdom: The Quest for Legitimation in French Indochina*, 1850-1960, University of Wisconsin Press, Wisconsin, 2015, pp.273-274.

62. Grant Evans, *A Short History of Laos, The Land in Between*, p.88.; Martin Stuart-Fox, *A History of Laos*, pp.65-66.

防、外交、海關、郵政、氣象、礦產，寮國政府只負責公共工程、教育、農業和衛生；法國派駐寮國的是高級專員，取代以前的高級駐紮官；法國在寮國十二個省派任省長；法國高級專員有權否決國王的命令。占巴寨的歐膜親王和琅勃拉邦國王簽署一項秘密協議，他放棄寮國南部成為一個獨立占巴寨公國，而換取出任終身的總檢察長職務。11 月，沙耶武里省和占巴寨部分土地從泰國手裡取回。12 月，舉行制憲會議議員選舉，只有男性有投票權，共選出 44 席。

　　1947 年 3 月 15 日，制憲會議集會，通過寮國王國憲法。佛瑪親王（為皮查拉特的同父異母弟）出任臨時首相。8 月，舉行國民議會議員選舉，選出 35 名議員，佛瑪親王出任首相。議員任期四年。由國王的 12 位樞密院委員出任最高法院法官，審理最後上訴案。寮王國內閣成員要考慮各大家族及北、中、南部的地域平衡，主要考慮的是家族人際關係，而非政黨關係，因為寮國各地為各大家族勢力所控制，例如六位內閣部長，分別代表寮國北部、中部和南部的菁英，首相佛瑪親王和國務部長金達馮親王代表琅勃拉邦王朝；教育兼衛生部長阿派和財政部長殷西香麥（Leuam Insixiangmai）分別代表孔恩和素旺那曲；內政兼國防部長烏松（Uthong Suvannavong）代表永珍。阿派是保守的親法分子。經濟部長波恩（Bong Suvannavong）和司法兼宗教、社會行動和公共工程部長瓦拉馮（Kou Voravong）領導成立官方承認的新政黨寮國國家聯盟（Lao National Union），該黨批評法國繼續在寮王國行政上扮演角色。國民議會第一主席札納尼空代表永珍王朝系統。[63]

　　帕維中學在 1947 年改為高中，在百細、琅勃拉邦和素旺那曲成立初中。國家預算中 17% 編列為教育預算。選派優秀學生到越南和法國求學。新政府也在各地成立醫療服務所和醫院，教導衛生知識和預防疾病方法。由於

---

63. 摘要自 Martin Stuart-Fox, *A History of Laos*, p.67.

財政困難，所有應辦各項建設費用都由法國援助。另一個困難是缺乏有訓練的公務員，全寮國僅有 400 名公務員和 700 名技術人員無法因應 11,000 個村莊的管理工作，再加上道路不良及通訊設施不足，許多地方仍處於落後沒有開發的狀態。

「巴特寮」分子流亡到泰國邊境，他們背後獲得泰國之支持，經常以游擊武力攻擊法軍。11 月，泰國披汶政變取得政權，他與法國和解，「巴特寮」分子就不能再從泰國境內攻擊法軍。蘇法努旺遂改而利用「越盟」控制區，在 1949 年初退出「巴特寮」政府，被免除了兩項部長職務，前往越南會見「越盟」領袖，隨後加入「越盟」。[64] 1949 年 2 月，蘇法努旺在寮國北部成立了一個政治陣線「寮國人民進步組織」（Lao People's Progressive Organization），該地不屬於流亡曼谷的「巴特寮」政府控制區。1950 年 8 月 13–15 日，他召開了一百多人參加的人民代表會議，會中決議將「寮國人民進步組織」改名為「自由寮國陣線」（Free Laos Front, Naeo Lao Issara），由他擔任主席，另外設立分別代表北、中、南的三位副主席，15 人的中央委員會。該次會議支持「巴特寮」的抵抗政府。蘇法努旺擔任主席兼外長，佛米（Phumi Vongvichit）為內政部長，馮維漢為國防部長。[65]

該次人民代表會議由三種人參加，第一是印支共黨分子和寮國東部抵抗委員會（Committee for Lao Resistance in the East）的人，這些人大都出身中下階層，且與「越盟」關係密切，重要人物有馮維漢、馮沙萬（Nuhak Phumsavan）、坎泰・西潘同（Khamtai Siphandon）、西帕梭特（Phun Sipasoet）。第二是傳統菁英的積極革命分子，重要人物有蘇法努旺、佛米和馮沙克（Suk Vongsak）。第三是，傳統各族群之領袖，例如蒙族的羅伯里亞耀（Faidang Lobliayao）、寮順族的坎馬丹。[66]

---

64. Grant Evans, *A Short History of Laos, The Land in Between*, p.92.
65. Martin Stuart-Fox, *A History of Laos*, p.78.
66. Martin Stuart-Fox, *A History of Laos*, p.79.

　　印支共黨分子馮維漢之父為越南人、母為寮國人，曾在河內學法律，並加入印支共黨，在「越盟」軍事學校接受訓練。1949 年 1 月，他在寮國東南部成立「寮國人民解放軍」（Lao People's Liberation Army），後來出任寮國人民革命黨總書記。在南部，坎泰・西潘同加入在波羅文斯高地的坎馬丹。在北部，蘇法努旺和佛米積極在鑾南塔（Luang Namtha）活動。上述各左派團體都接受「越盟」的人員、裝備和訓練援助。

　　1948 年初，寮國和柬埔寨以附屬國（Associated State）之地位加入「法國聯邦」，但未簽署任何條約正式化該種新地位。1949 年 3 月 8 日，法國和越南簽署「法、越協定」〔又稱愛麗舍宮協定（Elysée Agreement）〕後，寮國和柬埔寨才選派代表出席在巴黎的「法國聯邦」議會。[67]

　　1948 年 3 月 25 日，佛瑪下台，由歐膜親王出任首相。1949 年 7 月 19 日，法國和寮國王國簽署一般協定，法國除了控制外交和國防外允許寮國擁有更大的自主權，是「法國聯邦」內的半獨立國家。寮國可申請成為聯合國會員國，但外交政策仍須與法國協調。寮國人可參加法國和寮國混合軍隊，仍由法國人為指揮官。法國公民在寮國仍享有治外法權。9 月，將此新規定納入新憲法中。國名為寮國王國（Kingdom of Laos），國王為西薩凡馮。此一新憲法符合「巴特寮」分子的要求，10 月 25 日，寮國國王宣布給予「巴特寮」分子特赦，故流亡曼谷的「巴特寮」流亡政府宣布解散，「巴特寮」分子紛紛返回永珍。11 月，法國駐印支高級駐紮官皮戈農（M. Léon Pignon）與 25 名「巴特寮」分子一起從曼谷搭機前往永珍，包括韋萊、佛瑪、卡泰等人，皮查拉特和蘇法努旺則留在曼谷，皮查拉特決定退出政治，蘇法努旺則與「越盟」合作。有些激進派則加入「越盟」，他們捲入越南與法國戰爭，導致寮國受波及，內戰和政變不已。

　　「『巴特寮』分子返回寮國後，持續與寮王國政府談判，在 1950 年 2

---

67. Ellen J. Hammer, *op.cit.*, pp.256-257.

月 6 日簽署協議,同意法國繼續擁有治外法權、控制內部安全權(秘密警察權),成立寮國軍隊,由法國軍事團施予訓練,實施徵兵制,對外防衛由常設法─寮委員會(Permanent Franco-Lao Committee)負責,在寮國領土上的『法國聯邦』軍隊仍由法國指揮。」[68] 次日,美國、英國和若干歐洲和拉丁美洲國家承認寮王國的獨立地位,但未在永珍派駐使館。亞洲國家中只有泰國和寮國互派大使,其他國家則認為寮國還未達完全獨立程度,所以未予承認。寮國在該年申請加入聯合國,遭蘇聯否決。至 1955 年才加入聯合國,乃因在 1954 年日內瓦和約上寮國之中立地位獲得簽約國[69] 承認。

返回寮國的「巴特寮」分子組織國家進步黨(National Progressive Party),而札納尼空則組織獨立黨(Independent Party)。2 月 24 日,歐膜首相宣布辭職,由札納尼空組織新政府,內閣成員包括五位獨立黨員、兩位進步黨員,後者是司法兼衛生部長韋萊和計畫兼公共工程部長佛瑪。

1950 年 6 月 25 日,韓戰爆發,法國為了圍堵印支半島的共產勢力,向美國建議經濟援助三個印支國家,杜魯門(Harry S. Truman)總統同意該項建議,開始經援寮國,解決了寮王國之部分財政困難。

8 月 13 日,寮國左派民族主義分子和共產主義者約 100 人在北越宣光市舉行寮國共產主義領袖第一次大會,成立新的寮國抵抗政府,蘇法努旺擔任總理。會上另成立「寮國自由陣線」(Neo Lao Issara, the Lao Freedom Front),主張推翻法國統治及廢除不公正的稅法,該組織以後成為 1955 年成立的寮國共產黨(Lao Communist Party)之核心。[70] 11 月,舉行第二次大會。1951 年 3 月,該陣線與柬埔寨和越南的抗法陣線組成「聯合陣線」(Alliance Front)。蘇法努旺在 1954 年加入印度支那共產黨,他一直隱藏

---

68. Martin Stuart-Fox, *A History of Laos*, p.75.

69. Martin Stuart-Fox, *A History of Laos*, p.78.日內瓦和約簽約國包括中國、英國、法國、蘇聯、北越、寮國和柬埔寨。美國和越南國沒有簽字。

70. Grant Evans, *A Short History of Laos, The Land in Between*, p.104 .

此一秘密，當時很難令人相信一位具有皇家血統的人會參加共產黨。

　　1951 年 8 月，舉行國民議會選舉，國家進步黨獲勝，札納尼空下台，由佛瑪出組政府，他致力於寮國化，將警察首長改由寮國人擔任，改革司法制度，隔年將海關收歸寮國政府管理，並制訂五年經濟發展計畫（1952–57）。

　　1953 年初，北越軍隊在豐沙里、華潘和川壙三省進行反法活動。4 月，「巴特寮」獲得「越盟」的支持，蘇法努旺在桑怒建立正式的「抵抗政府」。在該解放區開始建立行政和軍事組織，人民都被納入該一組織內，分擔各種工作。10 月 22 日，法國與寮王國簽署友好與加盟條約（Treaty of Friendship and Association），法國承認寮國是一個在「法國聯邦」內的獨立國家，法國在永珍派駐高級代表（High Representative）。公務員起用寮國人充任，以取代法國公務員。雙方另外簽署軍事條約，允許法國負責寮國的防衛計畫，法國軍隊可以在與寮國軍隊合作下在寮國領土內自由移動，以保障寮國邊境的安全。[71]

---

71. Martin Stuart-Fox, *A History of Laos*, pp.83-84.

第四章

寮國王國獨立

第一節　成立中立的寮國王國政府

1953 年 12 月 25 日，「越盟」兩師軍隊由武元甲率領攻入寮國中部，將寮國切為兩半，占領他曲，該一行動和「越盟」軍隊第 316 師進攻奠邊府形成一個箝形攻勢。[1] 參加「越盟」軍隊的有「自由寮國」和親共的寮國人。法軍退出他曲，並派飛機到該城市投下燃燒彈，燒毀軍火庫和其他建築物，以免為越共所用。由於他曲很靠近泰國邊境，泰國已宣布邊境九省地區進入緊急狀態，並趕派軍隊到邊境設防。[2]「越盟」主力部隊在 27 日就撤出他曲，只留下一小部隊駐守。1954 年 1 月初，「越盟」軍隊向南進逼素旺那曲以東 30 公里的西諾（Xeno）機場的法軍據點，[3] 同時威脅琅勃拉邦。經法軍反擊後，「越盟」軍隊才撤離寮國，將軍隊集結在奠邊府，準備與法軍做一決戰。「越盟」軍隊此一繞行進攻方式，很可能是一次假攻擊，讓法軍錯誤判斷「越盟」可能進攻寮國，其實「越盟」真正想攻擊的是奠邊府。

從 1950 年起，在寮國的「越盟」軍隊人數有 8,000 人，1951 年有 12,000 人，1952 年有 7,809 人，1953 年有 7,632 人，1954 年有 17,600 人，在奠邊府戰爭期間，有 1 萬名「越盟」軍隊在寮國境內作戰。[4]

奠邊府戰爭從 1954 年 3 月 13 日爆發到 5 月 7 日結束，而從 4 月 26 日開始的日內瓦會議，在 5 月 8 日開始討論印度支那問題，參加會談的國家，包括英、美、法、蘇聯、中國、越南民主共和國、越南國、寮國和柬埔寨，寮國外長佛伊（Phuy Xananikon，或寫為 Phoui Sananikone）出席

---

1. 「越共兩師西侵寮國，泰邊他曲感受威脅」，**中央日報**（臺灣），1953 年 12 月 26 日，版 2。
2. 「法軍放棄寮境他曲」、「泰北部九省宣布戒嚴」，**中央日報**（臺灣），1953 年 12 月 27 日，版 2。
3. 「法軍增援素旺據點，將對越共進行反攻」，**中央日報**（臺灣），1953 年 12 月 29 日，版 2。
4. Christopher E. Goscha, " Vietnam and the world outside: The case of Vietnamese communist advisers in Laos (1948–62)," *South East Asia Research*, Vol. 12, No. 2, July 2004, pp. 141-185.

會議，北越外長范文同出席會議時還夥同兩名柬埔寨抵抗運動的代表和兩名「巴特寮」的代表諾哈克‧馮沙萬（Nuhak Phumsavan，或寫為 Nouhak Phoumsavan）和坎披泰（Ma Khamphitay）。范文同在會上建議由這兩位柬埔寨和「巴特寮」的代表來分別代表柬埔寨和寮國，獲得蘇聯的支持，但在會上遭拒絕。

蘇聯外長莫洛托夫（Vyacheslav Mikhailovich Molotov）於 1954 年 6 月 8 日在日內瓦會議上發表長達二十三頁的演說，他提出要求取得四分之三越南、一半寮國及部分高棉的領土，並要求對政治問題獲致協調，然後結束越戰。他提出下列九點停戰條件的建議：

(1) 政治問題的檢討，不容再予延遲。他建議政治的和軍事的問題應同時予以討論。

(2) 檢討應如何給予越南、寮國和柬埔寨三邦真正的獨立，如何在這三邦舉行自由選舉和如何促成所有外國軍隊撤出越南。

(3) 保證雙方的代表直接接觸，以便討論政治問題，並促進對這些問題獲致適當的協調。

(4) 美國正準備擴大越戰。莫洛托夫發表此說的同時，美國務卿杜勒斯（John Foster Dulles）在華府宣稱，除非中國介入，美國無意對越戰做任何的介入。

(5) 蘇俄堅持一項建議，即一個真正的中立監督委員會，須由兩個已承認「越盟」的國家和兩個與法國有外交關係的國家組成。

(6) 對共黨國家不能作為中立國的反對，是沒有任何根據的。因為別人也可以對資本主義國家做同樣的指責。

(7) 美國中傷韓境四國監督委員會的企圖，不是別的，只是企圖阻止對一個問題獲致協調罷了。

(8) 管制委員會主要工作將是一俟戰爭結束後，阻止任何種類的增援，送至越南的任何地方。

(9) 越南全境必須同時重建和平，不祇以越南一國為限，即寮國和高棉
　　共黨的「民族獨立運動」亦必須予以承認。[5]

　　美國、英國和法國都不同意莫洛托夫的觀點，認為他是在拖延會議，
而沒有提出實質有效的解決方案。俄國主張由印度、巴基斯坦、波蘭和捷
克組成監督委員會，但英國外相艾登（Robert Anthony Eden）則主張由印度、
巴基斯坦、緬甸、錫蘭和印尼組成監督委員會。

　　日內瓦會議最後在 7 月 21 日達成協議，惟美國和南越為了避免受到和
約內規定所有外國軍隊必須撤出印度支那之限制而沒有簽字，依據日內瓦
和約的規定，國際承認寮國的獨立和中立地位。「巴特寮」雖未能被承認
為一單獨的政府，但和約上提及「巴特寮」的軍隊必須集結和復員。豐沙
里和華潘兩省並未包括在「巴特寮」軍隊重整復員之範圍內，而此兩省仍
有「巴特寮」的軍隊存在。[6]

　　「7 月 20 日，『法國聯邦』武裝部隊總司令代表寮國王國和『越盟』
副國防部長代表『巴特寮』雙方簽署寮國停火協議，內容包括：交戰雙方
將停火，並在指定地點集合；除了法國軍事代表團留下 1,500 人在寮國協助
訓練寮國王國軍隊以及有 3,500 名軍隊駐守在法國的兩處基地外，其餘外國
軍隊需撤出寮國。上述法國留駐軍隊需經寮國王國之請求，除為防守寮國
之必須武裝力量外，禁止輸入軍需品和軍火。」[7]

　　「7 月 21 日，寮國外長佛伊發表兩項聲明，作為日內瓦會議之最後聲
明，第一項聲明說寮國不追求侵略政策，不允許其領土被外國作為侵略他國
之用，寮國不加入不符合聯合國憲章原則或停火協議之原則之軍事同盟；第
二項聲明強調保障所有寮國公民之政治權利。在華潘和豐沙里兩省的特別行

5.「俄圖囊括越南三邦，要求取得大半越南、一半寮國及部分高棉，以先談政治問題為停戰
　條件」，中央日報（臺灣），1954 年 6 月 10 日，版 1。

6. Martin Stuart-Fox, *A History of Laos*, p.85.

7. Martin Stuart-Fox, *A History of Laos*, pp.85-86.

政措施，目的在保護在敵對時期不支持王國軍隊的人的利益。」[8] 在寮國境內的外國軍隊（1 萬「越盟」軍隊）必須在六十日內撤出，但在桑怒和豐沙里兩省的 1,500 名寮共叛軍則不整併入寮王國軍隊，他們被集中在該兩省四周的袋形地區內，直至該兩省於 1955 年選舉後才完全併入王國行政區。[9]

寮國停火期限訂在 8 月 6 日。寮國政府印製 30 萬份寮文和越南文小冊子，將停火消息通知居民和交戰部隊，並利用一切可用的交通工具送至偏遠地區，對「越盟」軍所控制的豐沙里和桑怒兩省則使用空投。[10] 在寮國境內成立的「國際監督和控制委員會」（International Commission for Supervision and Control, ICSC）由印度、加拿大和波蘭組成，由印度擔任主席國。該委員會需將監督停火事項向日內瓦會議共同主席國英國和蘇聯報告。

依據日內瓦和會之設計，寮國將成為中立國家，除了法國設在寮國素旺那曲和川壙的基地和派駐在南越的法國遠征軍外，所有外國軍隊必須撤出寮國和柬埔寨，寮國不參與任何軍事同盟，寮國再度成為泰國和越南之間的緩衝國地位，惟實際上，寮國距離實際的中立地位仍有一段距離，因為寮境內並無泰國軍隊，而有「越盟」軍隊，此成為以後寮國陷入政局不穩和內戰之主因。之所以造成此一困局，乃因為日內瓦和約沒有解決寮國境內外軍之問題以及缺乏有效的拘束力。

在 1954 年日內瓦會議後，佛瑪（Souvanna Phouma）出任首相，致力於將「巴特寮」的支持者納入寮國政治和社會的主流。寮國境內停火是在 8 月 6 日起正式生效。9 月 18 日，佛伊和國防部長瓦拉馮（Kou Voravong）在其自家晚餐，遭 3 名歹徒入侵，佛伊受輕傷，瓦拉馮則被槍擊死亡。其他數名部長也接到死亡恐嚇威脅。警方逮捕 40 名嫌疑犯，其中有波恩（Bong Suvannavong）。最後該案沒有查出端倪，但警方懷疑與泰國警方和政治人

---

8. Martin Stuart-Fox, *A History of Laos*, p.86.
9. 「法與越共下令寮國昨起停火」，**中央日報**（臺灣），1954 年 8 月 7 日，版 2。
10. 「寮國停火期限 定為八月六日」，**中央日報**（臺灣），1954 年 7 月 25 日，版 2。

物有關。瓦拉馮是積極主張佛瑪和「巴特寮」談判的人，他的死亡，使得佛瑪暫緩與「巴特寮」和談。瓦拉馮家族指控佛伊謀劃整起事件。[11]

佛瑪與蘇法努旺重新進行談判，「巴特寮」在法律上承認王國政府控制桑怒和豐沙里。1954 年底，佛瑪遭撤換，另由卡泰出任首相職，卡泰與蘇法努旺的談判停止，主因是蘇法努旺和卡泰不和以及左派反對將華潘和豐沙里兩省歸由寮國王國政府管轄。由於該兩省根據停火協議成為「巴特寮」軍隊集中的地區，間接承認它的合法地位。蘇法努旺尋求北越之支持，而卡泰尋求泰國以及美國之支持。雙方爭議的焦點是，「巴特寮」認為該兩省應由其完全控制，以及法國的蒙族（苗族）特種部隊應從該一地區撤出。王國政府認為現行控制區應受尊重，仍有其他空間可供「巴特寮」軍隊集結。[12]

1955 年 1 月底，國際監督停火委員會提出正式報告，即有關將「巴特寮」軍隊集中在華潘和豐沙里兩省、撤出法國軍隊和「越南人民志願軍」軍隊。「越盟」軍隊撤出後，將其控制區交給「巴特寮」。國際監督停火委員會無法對此一問題進行監督和檢查。「巴特寮」積極進行宣傳，有 1 萬到 1 萬 5,000 名年輕人從各地來到其所控制的華潘和豐沙里兩省。有許多「巴特寮」分子則走入地下活動。「越盟」繼續在越、寮邊境協助訓練「巴特寮」的軍隊。[13]

寮國共黨分子在 1955 年 3 月秘密成立寮國人民黨（Lao People's Party），選出 7 名政治局委員，馮維漢出任總書記。該黨組織全國性的「寮國愛國陣線」（Neo Lao Hak Xat, Lao Patriotic Front），以取代「自由寮國陣線」（Free Laos Front），成員包括青年、婦女、農民、工人、少數民族、愛國佛教徒等團體，準備參加競選。「寮國愛國陣線」之戰鬥組織稱為「巴特寮」（Pathet Lao, Lao Nation）[14]，由馮維漢領導。

---

11. Martin Stuart-Fox, *A History of Laos*, p.87.
12. Martin Stuart-Fox, *A History of Laos*, p.88.
13. Martin Stuart-Fox, *A History of Laos*, p.88.
14. 在寮語中，Pathet 一詞指國家。Vatthana Pholsena, *op.cit.*, p.6.

　　至 1955 年 4 月，雙方軍事衝突不斷，談判陷於停頓。7 月 8 日，「自由寮國」軍隊大舉攻擊桑怒省的猛平地區，寮國政府於 7 月 10 日向由印度、波蘭和加拿大組成的國際監督停火委員會指控「越盟」在背後支持「巴特寮」，企圖占領豐沙里和桑怒兩省。「巴特寮」則指控王國政府和美國勾結。國際監督停火委員會向「自由寮國」和寮國政府雙方的指揮部要求立即停火。雙方於 7 月在永珍、10 月在仰光舉行談判，都無結果。

　　8 月 6 日，寮國政府和寮共達成協議，主要內容要點如下：(1) 保證寮共享有自由權（包括言論、集會和居住等）。(2) 舉辦大選，寮共享有平等選舉權。(3) 成立聯合政府，寮共參加各級政府和專門機構工作。(4) 將國會議員席次從 39 席增加至 60 席。(5) 寮共部隊按照政府軍形式改組。8 月 11 日，協議最後完成。[15]

　　依據日內瓦和約之規定，寮國王國政府在 12 月 25 日在寮國十二省中的十省舉行選舉，「巴特寮」批評為非法。寮國人口 150 萬，年滿十八歲有投票權，有 27,000 名軍人，以及婦女、皇族和佛教和尚不能參加投票，有合格選民 30 萬人前往投票，228 人角逐 39 席，[16] 國家進步黨在 39 席中贏得 19 席，卡泰的不妥協態度、國會中間偏左議員以及保守右派也不支持他，導致卡泰下台。1956 年初，佛瑪再度出任首相。

　　「寮國愛國陣線」在 1956 年 1 月召開第一次會議，蘇法努旺被選為主席，坎瑪丹、羅伯里亞耀、馮維漢、彭沙萬為副主席。會上並通過十二項政綱：團結支持日內瓦和約、反對美國帝國主義、主張民主自由和普選、平等、與鄰國建立外交關係、與法國繼續維持關係。[17]

　　8 月，佛瑪與蘇法努旺達成協議，將華潘和豐沙里兩省歸由中央政府管

15.「寮國與共黨組聯合政府，赤化命運殆已決定」，*中央日報*（臺灣），1956 年 8 月 27 日，版 6。

16.「寮國昨選議會，政府動員海軍巡邏，防止任何人離本國」，*中央日報*（臺灣），1955 年 12 月 26 日，版 2。

17. Martin Stuart-Fox, *A History of Laos*, p.94.

轄，「巴特寮」游擊武力亦併入王國軍隊，蘇法努旺及其副手佛米（Phoumi Vongvichit）分別出任計畫部長和宗教與藝術部長，並將舉行選舉產生聯合政府，保障所有公民的安全和自由權利。美國曾阻止寮國進行聯合政府，美國認為最佳的辦法是將「巴特寮」圍困在豐沙里和華潘兩省，不要讓其勢力擴散到其他省分，美國認為佛瑪過於天真，不然就是隱密的共黨分子，但佛瑪不為所動，仍繼續推行其聯合政府計畫。[18]

8 月底，佛瑪分別訪問北京和河內，希望中國和北越支持寮國的中立地位，不要支持寮國共產黨。他想將「巴特寮」內部的民族主義者和共產主義者加以區別，並使之歸順中央。但美國國務卿杜勒斯（John Foster Dulles）認為「巴特寮」就是共產主義分子組成的，不認為他們是各種民族主義者的聯合陣線。美國駐永珍大使帕森斯（J. Graham Parsons）告知佛瑪美國極為反對聯合政府。11 月 22 日，帕森斯再告知佛瑪美國不支持其聯合政府主張。[19]

第一次聯合政府

寮國內部存在著三個派系，一是親西方的右派，二是親越共的左派，三是主張中立的中立派。為建立一個左右共治的聯合政府，曾先後組織三次的聯合政府。12 月，佛瑪與蘇法努旺再度協商，同意在選舉前先組織聯合政府，「寮國愛國陣線」成為合法政黨。此為第一次的聯合政府。兩個月後通過新選舉法。

1957 年 3 月，流亡泰國十年的皮查拉特受邀返國，國王西薩凡馮恢復

---

18. Martin Stuart-Fox, *A History of Laos*, p.94.

19. Project coordinator: Robert E. Lester, Guide compiled by Blair D. Hydrick, "Confidential U.S. State Department Central Files, Laos 1960-January 1963, Internal Affairs and Foreign Affairs," A UPA Collection from Lexis Nexis, p.ix.（http://academic.lexisnexis.com/documents/upa_cis/2767_CFLaosIntForAffs1960-1963.pdf 2016 年 3 月 3 日瀏覽。）

他的督撫大臣（ouparat）頭銜。雖然皮查拉特支持佛瑪的政策，但已無影響力。他回到琅勃拉邦定居，1959 年 10 月 15 日去世。10 月 29 日，國王西薩凡馮去世，由其兒子薩凡・瓦他納（Savang Vatthana）繼位。

由於佛瑪對「巴特寮」的政策在國民議會中遭到批評，認為應在組成聯合政府前將「巴特寮」控制的兩個省和軍隊納入政府，而非在組成聯合政府後。1957 年 5 月 15 日，中國提供 7,000 萬美元經援給寮國，作為解決寮共併入政府之用，但寮國政府拒絕該項經援，認為寮國再度統一是寮國內政問題，中國所提出的經援條件是不合程序的；其次，中共經援之目的在增加寮共的政治力量，並將中共技術人員帶進寮國；第三，小小的寮國接受如此大的經援，會造成給予中國外交承認的強大壓力（當時寮國和中國尚未建交）。[20]

5 月 30 日，國民議會通過不信任投票，佛瑪被迫下台。美國對此感到滿意，因為美國不願見到「巴特寮」參加聯合政府。美國期望卡泰出任首相，但在國民議會表決中少一票而落敗，仍由佛瑪組織內閣。佛瑪重新與蘇法努旺談判，達成永珍協議（Viang Chan Agreement），共組聯合政府、雙方政治代表分別在豐沙里和華潘設立王國省政府、將「巴特寮」6,000 名軍隊中的 1,500 人納編入政府軍，其餘的解散復員。[21]

11 月 18 日，蘇法努旺正式將豐沙里和華潘兩省、文官幹部、軍隊移交給國王薩凡・瓦他納。隔天，國民議會無異議通過全國團結臨時政府，蘇法努旺出任計畫、重建和都市化部部長，佛米出任宗教與藝術部部長。另外 12 席部長則由右派出任。國際監督停火委員會立即通報日內瓦會議兩位共同主席英國和蘇聯有關寮國的情勢。美國雖然認為佛瑪與「巴特寮」打交道過於天真，視他為隱匿的共產主義者，但美國沒有立即停止對寮國之

---

20. 「紐約時報記者報導 共匪侵寮益亟 派兵入寮協助寮共部隊活動越共兩營亦開寮國邊界增援」，*中央日報*（臺灣），1957 年 5 月 16 日，版 1。
21. Martin Stuart-Fox, *A History of Laos*, p.96.

經濟援助，從 1955 年到 1958 年，美國對寮國經援 1 億 2,000 萬美元，是過去八年法國經援寮國總額的四倍。[22]

1958 年 1 月，佛瑪訪問美國，希望美國能支持其聯合政府之策略，但並未獲得美國全力之支持。同月王國軍隊重新進入豐沙里和華潘兩省，「巴特寮」公務員也併入王國行政體系內。「巴特寮」軍隊除了 1,500 人納編入政府軍外，其他軍隊則未能納編。約有 5,000 枝槍繳給政府，其他軍隊及較好的武器則由馮維漢領導撤退至越南北部。

5 月 4 日，舉行補選，「寮國愛國陣線」在 21 席中贏得 9 席，得票率為 32%，其盟友和平黨（Satiphab, the Peace Party）4 席，右派和獨立人士 8 席。這次補選婦女首次有投票權。兩個大黨進步黨和獨立黨未能推出共同候選人，結果蘇法努旺被選為國民議會主席。選後進步黨和獨立黨合併為寮國人民團結黨（Rally of the Lao People，Lao Rouam Lao）。佛瑪通知國際監督停火委員會，寮王國已完成日內瓦和約之規定，國際監督停火委員會的工作完成，同意無限期休會。[23]

「6 月，在美國支持下，右派分子成立『保衛國家利益委員會』（Committee for the Defence of the National Interest, CDNI），是由年輕人、受過良好教育的公務員、外交官和軍官組成，是一個右派的反共組織，批評佛瑪的左傾路線，積極主張現代化，反對貪污、要求改革公務員體系，以功績而非以族閥或祖先餘蔭來決定升遷，推動其成員加入政府工作。他們獲得王儲和美國『中央情報局』之支持，但遭到國會議員之反對。」[24]

此時，寮國遭逢金融危機，「美國要求寮國政府進行貨幣改革，以作為減少美援所造成的獲取暴利之手段，1957 年寮國貨幣基普（Kip）幣值過高，美國希望寮國將貨幣貶值，但遭拒絕，因為擔心進一步通貨膨脹及美

---

22. Martin Stuart-Fox, *A History of Laos*, pp.96、100.; Arne Kislenko, *op.cit.*, p.37.
23. Martin Stuart-Fox, *A History of Laos*, pp.101-103.
24. Martin Stuart-Fox, *A History of Laos*, p.103.

援兌換值下降。1958 年 2 月，美國暫停美援，迫使寮國貨幣在年中貶值，但與寮國政府的談判延到選舉後。選後佛瑪仍不願將寮幣貶值，擔心他失去選民之支持。在 6 月美國停止美援的每月撥款，並拒絕將美元賣給寮國中央銀行。8 月，佛瑪在未獲美國支持下，只好下台，由佛伊組織右派政府。」[25] 第一次的聯合政府存在了八個月就結束了。

　　佛伊第一個政策就是宣布戒嚴、停止國民議會，清除左派閣員，蘇法努旺和其他「巴特寮」領袖被逮捕，佛瑪被派出任駐法大使，此一新政策獲得國防部長諾沙萬（Phoumi Nosavan）之支持。在美國有效的杯葛下，佛瑪的中立的、民族和解的政策宣告結束。佛伊也將貨幣貶值，以期獲得美援。他也制訂 1960–64 年的五年國家發展計畫。在內部政府職務上，對同情「巴特寮」者，加以整肅；設立秘密情報組織「國家資料中心」（National Documentation Centre），監督左傾分子。在鄉下也設立「公民行動委員會」（Civic Action Commission），與軍方合作對抗「巴特寮」的宣傳。由卡泰組織「寮國人民集會」（Rally of the Lao People），與「保衛國家利益委員會」形成對立。寮國陷於左右兩派對抗局面。[26]

　　11 月 17 日，中華民國和寮國政府達成協議在永珍設立領事館，丁于正為首任領事。[27]

　　12 月 15 日，一支寮國巡邏隊進入南北越非軍事區而遭槍擊，北越立即向寮國抗議入侵其領土，並派一營兵力進入該爭議區。佛伊要求國會給予緊急權力一年，並更換 3 名屬於「寮國人民集會」的內閣部長，另任命 3 名屬於「保衛國家利益委員會」的軍人入閣，包括諾沙萬上校出任國防部長，此顯示「保衛國家利益委員會」和美國大使館的勝利。右派勢力抬頭，

---

25. Martin Stuart-Fox, *A History of Laos*, pp.103-104.

26. Martin Stuart-Fox, *A History of Laos*, p.105.

27.「我在寮國永珍 設立領事館 丁于正為首任領事」，**中央日報**（臺灣），1958 年 11 月 18 日，版 1。

開始整肅左派分子，有不少左派分子流亡到北越。[28]

　　寮國獨立後，財政困窘，多仰賴美國援助，軍人之薪水也是由美援支付。美國在 1955 年 8 月在寮國設立大使館，開始對寮國提供軍經援助，並派駐「軍事協助顧問團」（Military Assistance Advisory Group），由退伍軍人或從軍中借調而以文人身分出任。為了避開日內瓦和約之約束，美國甄選寮國軍官在泰國施予軍事訓練，訓練及裝備寮國的警察武力。「在 1955–63 年間，美國對寮國之援助達 250 萬美元。以當時寮國人口來計算，每人可分到 192.3 美元，是美國援助東南亞國家中最高者。泰國在 1946–1963 年每人接受美援為 31 美元，印尼只有 8.8 美元。但美國對寮國的援助僅有 7% 是援助農業，約 130 萬美元，其他則是援助軍事，共約 1 億 8,400 萬美元。」[29] 由於接受美援的關係，寮國軍隊開始接受美式軍事訓練，跟以前法國的軍事訓練方式不同。

　　北越自 1958 年起計畫向南越滲透，在越、寮邊境開築「胡志明小徑」，該年 12 月出兵占領寮國邊境的素旺那曲省的西朋（Xepone）鎮，引發寮國和北越關係的緊張。1959 年 1 月，越共軍隊集結寮國邊界，佛伊政府要求國會給他特別權力，讓他有權力派遣適當的議員擔任大使。他建議由王儲組織一個委員會，以修改憲法，賦予他必要的權力，俾能完成政府各項計畫。[30] 1 月 14 日，寮國國民議會以 28 票對 16 票，3 票棄權，通過給予首相特別權力，首相在一年內有權處理所有政務，無須與國民議會商量。在該年內，憲法遭到凍結。[31] 2 月 11 日，寮國政府宣布廢棄 1954 年日內瓦協定，由於該協定規定寮國最高武裝力量不可超過 2 萬 5,000 人，此後寮國即

28. Martin Stuart-Fox, *A History of Laos*, pp.105-106.

29. Martin Stuart-Fox, *A History of Laos*, p.91.

30. 「越共軍隊集中邊境 寮國遭受威脅 寮總理要求議會授特別權力 俾能完成政府各項計劃」，**中央日報**（臺灣），1959 年 1 月 14 日，版 3。

31. 「寮國議會通過法案 授予總理特別權力 俾穩定政局並要求更多的美援 越共叫囂要求與寮國舉行談判」，**中央日報**（臺灣），1959 年 1 月 16 日，版 3。

可自由增加其兵力。美國宣布支持寮國政府此一決定。[32] 5 月，佛伊政府根據「永珍協議」要將兩營「巴特寮」軍隊整合入王國軍隊，但遭拒絕，遂將蘇法努旺及另外 3 名「巴特寮」高官軟禁，並下令整併該兩營軍隊及解除武裝，靠近琅勃拉邦的「巴特寮」的一營軍隊成功併入王國軍隊，但靠近石罐平原的軍隊則逃向北越控制的地區，政府視他們為叛軍。他們在北越之支持下，重新占領華潘省。[33] 隨後蘇法努旺被釋放。8 月 4 日，寮國政府鑑於東北五省陷入越共侵略，乃宣布該五省進入緊急狀態，並致電聯合國秘書長哈瑪紹（Dag Hammarskjöld），指控越共入侵煽動寮共叛亂並供應武器，逮捕蘇法努旺及「巴特寮」在永珍的 14 位民意代表，指控北越在背後支持叛軍。[34] 北越反駁該一指控，且要求召開「國際監督停火委員會」。8 月 5 日，寮王國向聯合國控告中國和越共煽動寮共叛亂，並請聯合國派遣一支中立調查團到寮國。8 月上旬，原本整併入政府軍的「巴特寮」第一營，亦脫離政府軍，重返森林打游擊戰。9 月 8 日，聯合國安理會決定派遣由阿根廷、義大利、日本和突尼西亞四國組成調查團，16 日調查團抵達寮國，歷經四個星期的調查，於 10 月 12 日離開寮國。11 月 5 日該小組將調查報告提送安理會，報告共四十頁，另三十頁為附件，內容包括寮國政府提出的一項文件及目擊者證詞之紀錄，該報告稱寮共叛軍獲得北越之補給援助，並提出證明叛軍係受一個單獨的中心之指揮，但未能證明北越軍進入寮國的證據。[35] 該項報告之結論昧於事實，因為越共可化裝成寮共軍隊，在寮境內作戰。

---

32. 「寮廢棄日內瓦協定 美國表示支持 決尊重寮國政府的決心」，**中央日報**（臺灣），1959 年 2 月 14 日，版 2。

33. Grant Evans, *op.cit.*, p.113.; Martin Stuart-Fox, *A History of Laos*, p.107.

34. 「寮國戰亂極端嚴重政府宣布五省戒嚴 已致電哈瑪紹促注意嚴重局勢 叛軍加強控制寮北兩省」、「寮國政府發表公報 指控越共侵略寮國 被俘叛軍攜有匪製武器」，**中央日報**（臺灣），1959 年 8 月 5 日，版 2。

35. 「安理會寮國小組提出調查報告 證明寮國叛軍確獲越共補給 對越共軍進入寮國未能證明」，**中央日報**（臺灣），1959 年 11 月 6 日，版 2。

　　此後，政府軍和「巴特寮」的戰鬥從華潘擴大到豐沙里、川壙和琅勃拉邦。約有三分之一的蒙族和泰族加入叛軍。基本上，寮王國軍隊是寮龍族，軍官是寮族，他們與寮松族、寮順族和山地泰族不和。[36]

　　美國開始對寮國提供特種軍援，協助寮國購買小型武器、制服、帳篷和其他軍事裝備。該項軍援將用來裝備特種國民兵，目的在將他們派至寮國各地維持秩序，俾讓寮國 2 萬 5,000 名正規軍可以專注於對抗叛軍。美國在 1958 年給予寮國防禦支持及技術援助 2,290 萬美元，軍援 500 萬美元到 700 萬美元之間。美國預計將寮國軍隊人數增加到 3 萬人，將再軍援 500 萬美元。[37]美國官員表示，美援中不包括坦克與大砲等新式武器，因為寮軍如使用這類武器，將違反 1954 年日內瓦協定。[38]

　　寮國政府同時嚴格管理僧侶制度，1959 年 5 月，出任各級僧侶職務的和尚，須經高一級的政府官員之許可，例如出任村級僧侶組織的和尚，須經鎮政府之同意。出任僧院的職務，須經內閣同意。政府這樣做的目的是防止和尚左傾，以及利用和尚組織來支持政府的政策。

　　9 月 5 日，在位 50 年的國王西薩凡馮因健康因素及共黨叛軍的騷擾而宣布退位，由王儲薩凡・瓦他納出任攝政。10 月 29 日，國王西薩凡馮去世。12 月 29 日，卡泰突然病逝，僅五十五歲。11 月 1 日，新國王薩凡・瓦他納登基，他跟他父親一樣親法，但他也批評法國的錯誤，批評法國在二戰後在印度支那的角色錯誤，以致引發以後的越戰；也是因為法國的關係，才造成「越盟」的出現。[39]

　　雖然蘇聯批評聯合國不應干涉寮國局勢，而反對聯合國秘書長哈瑪紹

36. Martin Stuart-Fox, *A History of Laos*, p.109.
37. 「協助寮國擊敗叛軍美決提供特種軍援 援款將用來裝備寮特種國民兵使寮陸軍可抽調更多兵力戡亂」，**中央日報**（臺灣），1959 年 8 月 27 日，版 1。
38. 「美國務院正式聲明加緊軍事援助寮國 指出寮戰係由共黨的周密設計」，**中央日報**（臺灣），1959 年 8 月 28 日，版 2。
39. Grant Evans, *op.cit.*, p.114.

訪問寮國，哈瑪紹還是在 11 月 12 日訪問永珍，他表示寮國正面臨著與聯合國有關係的問題，而這些問題是聯合國要加以解決的首要問題。[40] 哈瑪紹在 11 月 16 日任命副秘書兼歐洲經濟委員會執行秘書陶慕亞駐寮國，負責蒐集調查將來聯合國給予寮國有關經濟與技術援助之資料。[41]

　　美國國務院在 11 月 14 日發表一項二十三頁的白皮書「寮國情勢」，該白皮書稱共黨集團介入寮戰，寮國面臨持續威脅，寮戰為共黨集團侵略型態之一部分，蘇俄在幕後策畫，中共與越共則指揮支援寮共叛軍。[42]

　　為了緩和危機的氣氛，佛伊在 12 月 15 日宣布放棄他的特別的反顛覆權力，他的任期應在 12 月 25 日屆滿，國民議會需要改選，但他策動國民議會同意延長其任期，至 1960 年 4 月 31 日才舉行選舉。佛伊暗中部署要將內閣中的「保衛國家利益委員會」分子更換，後者與國防部長諾沙萬聯手在 1959 年 12 月 31 日發動政變，諾沙萬藉口「巴特寮」將進攻永珍，便將軍隊開進永珍，包圍佛伊住家，迫使其下台。此一事件深受泰國政局之影響，泰國最高軍事統帥兼陸軍總司令沙立元帥（Sarit Thanarat）在 1958 年 10 月發動政變，外交政策親美。寮國政變分子諾沙萬宣布效忠君主立憲憲法，解散國會，1960 年 1 月 7 日，國王任命樞密院院長庫·阿布海（Kou Abhay）出組臨時政府，諾沙萬續任國防部長。[43]

　　國王薩凡·瓦他納在 1960 年 2 月 19 日向全寮國人民呼籲全民團結，批評外國干預寮國內政。受此講話之影響，佛瑪從金邊飛往石罐平原，尋

40.「哈瑪紹往訪寮國 俄竟悍然反對 謂聯合國不應干涉寮局勢」，**中央日報**（臺灣），1959 年 11 月 11 日，版 2；「哈瑪紹昨抵永珍 謂寮正面臨與聯合國有關問題 解決此問題為聯合國首要職責」，**中央日報**（臺灣），1959 年 11 月 13 日，版 2。

41.「有關寮國當前情勢 哈瑪紹決深入研究 派陶慕亞駐寮調查 寮對聯合國新措施極感欣慰」，**中央日報**（臺灣），1959 年 11 月 17 日，版 2。

42.「美國務院發表白皮書稱 共黨集團介入寮戰 寮國面臨持續威脅 指出寮戰為共黨集團侵略型態的一部份 俄幕後策劃匪與越共則指揮支援寮叛軍」，**中央日報**（臺灣），1959 年 11 月 15 日，版 1。

43.「寮新閣日內可組成，將由庫阿布海擔任新閣閣揆」，**中央日報**（臺灣），1960 年 1 月 8 日，版 2。

求政治解決之道。國王薩凡‧瓦他納計畫安排於 3 月初與佛瑪在金邊會面，但共黨分子想利用戰場上的勝利以取得談判桌上的優勢，拒絕參加會談。3 月 23 日，新當選的美國總統甘迺迪（John F. Kennedy）支持寮國獨立與中立化，並同意對佛瑪提供經濟援助。[44]

1960 年 4 月 24 日，舉行國民議會選舉，諾沙萬獲得泰國沙立元帥的經濟援助，收買候選人及動用公務員助選，選舉舞弊相當嚴重。[45] 在 59 席中，「保衛國家利益委員會」分子組成的社會民主黨（Social Democratic Party, Paxa Sangkhom）獲得 34 席，其得票數卻超過所有登記選民數；「寮國人民集會」贏得 17 席，獨立人士 8 席。左派政黨沒有人當選。6 月 3 日，佛瑪表弟宋沙尼斯親王（Prince Somsanith Vongkotrattana）擔任首相，宋沙尼斯親王為前「自由寮」分子，曾任鑾南塔省省長。諾沙萬續任國防部長，為實際上的政權控制者，他領導社會黨（Social Party, Paxa Sangkhom）。坎潘（Khamphan Panya）為外長。佛瑪為國民議會主席。在此時之前兩週，關在監獄的 15 位「巴特寮」分子（包括蘇法努旺）夥同看管的軍人一起越獄，逃至森林。四個月後，他們出現在 500 公里之遠的桑怒的「巴特寮」總部。[46]

4 月 24 日，1954 年日內瓦會議的共同主席英國和蘇聯發函邀請 12 個國家參加「寮國問題國際會議」。5 月 3 日，寮國交戰各派停火，但「巴特寮」占領了「胡志明小徑」的重要路口西朋（Sepon）。11 日，寮國三派在旺陽（或譯為萬榮，Vang Viang）南方的班那蒙（Ban Namon）村舉行會談，同意「巴特寮」和中立派都派代表出席日內瓦會議，儘管美國反對。5 月 16 日，在日內瓦召開會議，寮國三派也派代表出席。

---

44. W.H. Lawrence, " Kennedy alerts nation on Laos; warns Soviet bloc, asks truce; stresses SEATO's role in crisis; peril emphasized President Voices U.S. 'Resolution' -- Arms Build-Up Pushed Kennedy alerts country on Laos," *New York Times*, March 24, 1961, p.1.

45. Project coordinator: Robert E. Lester, Guide compiled by Blair D. Hydrick, *op.cit.*, p.xiii.

46. Martin Stuart-Fox, *A History of Laos*, pp.111-112.

　　泰國對於日內瓦會議初期不願派代表出席，因為擔心一旦有任何協議，必然使寮國共黨獲得一定地位，則其將對泰國安全不利，後來在美國的壓力下才派代表出席第八次會議。6 月底，在施亞努（Prince Sihanouk）的努力下，寮國三派在蘇黎世再度集會，原則上同意組成全國團結臨時政府，由這三派派遣的代表出席〔中立派是波爾西納（Quinim Pholsena），右派是佛伊 (Phoui Sananikone)，左派是佛米（Phoumi Vongvichit）〕日內瓦會議。但如何組成政府，未能達成協議。8 月，寮國三派在金邊再度集會，仍無結果。[47] 9 月，束埔寨施亞努國王主張重新召開國際監督停火委員會會議，1961 年 1 月再提此議，獲得法國、英國、蘇聯、印度和中國的贊同。

　　1960 年 8 月 8 日，許多寮國官員從永珍前往琅勃拉邦與國王商量有關國王西薩凡馮國葬事宜。9 日清晨，時年僅二十六歲的康黎上尉（Captain Kong Le，或寫為 Konglae）[48] 率領第二傘兵營發動政變，成立「革命委員會」，控制永珍政府大樓、電台和電力站。在政變中有 4 名士兵死亡。康黎自稱應使寮國保持真正的中立政策，反對外國干預，要求外國軍隊（指美國和法國軍事顧問）撤出寮國，並將接受所有外國不附加條件的經援。他不滿永珍的政客和高階軍官從美援中自肥，而一般士兵則生活困苦。反對前任宋沙尼斯政府過度親美。他派遣司法部長農薩乃康前往晉見國王薩凡・瓦他納，向國王說明政變的計畫和目標。農薩乃康遭政府軍逮捕，數小時後即被釋放。康黎請求國民議會議長佛瑪出面解決政治危機。8 月 11 日，國王從琅勃拉邦派出特使陸軍總司令拉逊孔（Ouan Ratikoun）將軍前往永珍談判，政府初拒絕康黎的要求，群眾到部長會議主席的家示威，再

---

47. Martin Stuart-Fox, *A History of Laos*, p.121.
48. 康黎上尉年二十七歲，寮國軍校畢業生，不喜歡政治和奢侈生活，喜歡軍事生活，為第二傘兵營營長。他是寮國南部共黨「自由寮」部隊首領席洪金馬丹的親戚，席洪金馬丹在擔任國會議員時曾被逮捕，後來和寮共頭子蘇法努旺一起逃走。參見「寮國局勢撲朔迷離 永珍對外通訊斷絕 傳政府軍已奉命向永珍攻擊 泰報載寮政府三部長已脫險」，**中央日報**（臺灣），1960 年 8 月 11 日，版 1。

到國民議會。佛瑪邀請康黎到國民議會致詞，概述他的政治主張和目標。「革命委員會」成立了一個 15 人組成的「臨時政治委員會」，其中包括前首相佛瑪、國民黨領袖拉塔納沙美將軍、中立主義黨領袖邦塞納。國民議會在 8 月 14 日通過一項對宋沙尼斯政府的不信任動議，宋沙尼斯遂下台，由佛瑪出組政府，排除內閣中的「保衛國家利益委員會」分子。[49]

在政變後，諾沙萬立即從琅勃拉邦飛到烏伯爾（Ubol），通知泰國和美國官員他將處理該事，他並派人前往素旺那曲和百細。他亦到曼谷會見沙立首相、美國大使館顧問安哲（Leonard Unger）和美國駐泰國軍事代表團首長，他計畫以傘兵收復永珍，請美軍提供飛機和金錢及無線電通訊支援，獲美國華府立即同意。沙立首相支持諾沙萬的計畫，並對永珍進行封鎖。

美國對於寮國這次政變意見紛歧，1958 年 3 月出任美國駐寮國大使史密斯（Horace Smith）和美國「中央情報局」在寮國的工作站主任意見不同，美國「中央情報局」主張與寮國維持軍事協議關係。在政變前一個月，大使史密斯被撤換，改由布朗（Winthrop G. Brown）出任大使，他同情康黎，與美國「中央情報局」和美國國防部的意見不同。布朗擔心沙立過度介入寮國事務，並不支持諾沙萬的計畫。

佛瑪在美國新大使之支持下，為了避免內戰，他在 8 月 29 日召開國民議會，開始與左派和右派談判。他知道諾沙萬必須予以包容，否則將陷入內戰危機，於是他邀請諾沙萬出任副首相兼內政部長。8 月 31 日，諾沙萬宣布解散「反政變委員會」。但康黎批評諾沙萬進入內閣和新政府。9 月 10 日，歐膜親王（Prince Boun Oum）率南部效忠軍隊組織「新革命委員會」，以

---

49. 「寮國局勢撲朔迷離　永珍對外通訊斷絕　傳政府軍已奉命向永珍攻擊　泰報載寮政府三部長已脫險」，**中央日報**（臺灣），1960 年 8 月 11 日，版 1；「寮政變集團昨宣布嚴守所謂中立政策，要求所有外國軍隊離開」，**中央日報**（臺灣），1960 年 8 月 11 日，版 1；「在政變集團強迫下　寮國內閣總辭　刁宋桑尼昨返永珍與康立會談　寮王任命蘇旺納溥瑪組新閣」，**中央日報**（臺灣），1960 年 8 月 16 日，版 1。

對抗康黎。他宣布廢止憲法,將與諾沙萬合作。他們將戰爭物資秘密送至諾沙萬之據點素旺那曲,泰國沙立政府也對永珍施加非正式的封鎖。[50]

10月7日,美國國務院聲明在與東南亞公約組織(SEATO)成員國會商後,決定暫停對寮國佛瑪政府之軍事援助。在此之前美國平均每年軍事援助寮國4,600萬美元。寮國之陸軍完全由美援支持。美國希望藉此促使寮國領袖間談判。佛瑪聲稱,寮國將採取必要步驟,亦即寮國和蘇聯互派正式大使。過去蘇聯駐寮國大使是由駐柬埔寨大使兼任,現在改為專任駐寮國大使。[51]

美國派遣前任駐寮國大使、現任遠東事務助理國務卿帕森斯、助理國防部長愛爾溫二世(John N. Irwin II)和太平洋美軍參謀首長李理(Vice Admiral Herbert D. Riley)前往寮國會見佛瑪,帕森斯堅持寮國政府停止與「巴特寮」談判,意圖使其政策向右轉,獲得寮國政府之保證,即「巴特寮」必須撤離寮北的桑怒城,以及「巴特寮」停止與寮國政府軍作戰,寮國政府要求「巴特寮」軍隊放下武器。當帕森斯離開寮國時,蘇聯立即派第一任大使阿伯拉莫夫(Aleksandr N. Abramov)抵達寮國訪晤佛瑪。由於佛瑪給美國承諾,故美國在10月17日宣布恢復對寮國軍援,包括對寮國軍隊的薪餉,每年約達4,600萬美元。[52]

當蘇聯派第一任大使阿伯拉莫夫在10月中旬搭機抵達永珍機場時,康黎率領他的傘兵部隊到機場列隊歡迎,佛瑪以他未經許可擅自採取此一行動,而在10月18日下令軟禁康黎半個月,懲罰其未經許可而諂事俄使。[53]

---

50. Grant Evans, *op.cit*., p.118; Project coordinator: Robert E. Lester, Guide compiled by Blair D. Hydrick, *op.cit*., p.xiv.

51. 「美與東約國家磋商結果 決定暫停對寮軍援 希望藉此促使寮國領袖間談判 溥瑪聲稱將採必要步驟」,**中央日報**(臺灣),1960年10月9日,版2。

52. 「美國恢復對寮軍援 助其對共黨壓力 並建議寮政府遷皇都遠離政變集團壓力 美國務院認柏森斯與溥瑪會談 已導致寮國政局獲得某種進展」,**中央日報**(臺灣),1960年10月19日,版1。

53. 「寮總理溥瑪昨下令 軟禁康立半月 懲罰其未經許可而諂事俄使 溥瑪將要求寮國會授予特權」,**中央日報**(臺灣),1960年10月19日,版1。

美國駐寮國大使布朗試圖協調兩個反共組織之間的衝突，他認為「巴特寮」對寮國安全有威脅，但兩個反共領袖諾沙萬和佛瑪內訌不已。布朗認為當佛瑪政府同意將武器運送素旺那曲，且用以對付「巴特寮」時，美國才會繼續提供軍事援助。但所有嘗試協調交戰雙方的努力都告失敗。泰國對永珍的封鎖，迫使佛瑪政府尋求蘇聯空投燃油給永珍。此一動作更引起右派分子的懷疑。美國則對諾沙萬提供經濟和軍事援助，為其部隊支付薪資。

11 月 11 日，琅勃拉邦的衛戍部隊第三步兵營營長邦本上校宣布他不再支持永珍佛瑪政府，改投向素旺那曲的「新革命委員會」。在素旺那曲的諾沙萬將軍奪得一架四引擎的寮國空軍軍機，該機正在寮國南部運送該國的教員，諾沙萬派遣一排傘兵增援邦本上校。佛瑪指控美國在背後支持反叛的右派政府。[54]

至 11 月中旬，諾沙萬的軍事力量超過佛瑪，在全寮國五個軍區中，有四個宣布支持諾沙萬。琅勃拉邦的軍隊支持諾沙萬，此迫使佛瑪逐漸倒向「巴特寮」，他前往桑怒會見蘇法努旺，共同發表一項聲明，呼籲支持國王、政府和外國停止干預寮國事務，但接受中國和越共之援助。雙方協議要組織三方聯合政府，但不包括歐膜親王和諾沙萬。

佛瑪是在 11 月 7 日正式宣布與蘇聯建交。23 日，佛瑪在與蘇聯大使阿伯拉莫夫會談後，對外宣稱蘇聯將在三、四天內從河內運送 22 萬加崙石油、食糖、牛奶和麵粉至永珍。美國國務院則對佛瑪警告，認為俄援為破壞受援國獨立之工具，請其慎重考慮接受俄援的後果。由美國駐寮國大使安排，派一架飛機將佛瑪的一封信送給琅勃拉邦的國王，該信促請國王召開一項

---

54. 「寮國皇都昨發生政變 鑾巴拉邦衛戍部隊步兵營投向革命軍 總理蘇旺納提前返永珍」，**中央日報**（臺灣），1960 年 11 月 12 日，版 2；「美國務院發表強烈聲明 促溥瑪勿使用武力奪取寮國鑾巴拉邦 溥瑪指控美支持革命軍」，**中央日報**（臺灣），1960 年 11 月 17 日，版 2。

由中立派的佛瑪、右派的諾沙萬和左派的「巴特寮」參加的會議，以解決政治僵局。[55]

在 1960 年 9 月底時，佛瑪和諾沙萬曾在琅勃拉邦達成停火協議，但在 11 月底佛瑪違反協議，在永珍東北方 100 英里處北汕附近的南卡定河兩岸雙方爆發衝突，左派分子在永珍舉行示威抗議，「巴特寮」進攻琅勃拉邦。表面上寮國分為三派，實際上為親共和反共兩派，標榜中立的佛瑪派受到「巴特寮」的支持，並與之合作。諾沙萬的三連傘兵部隊攻占永珍東方 90 英里的北汕機場，包圍永珍城外。康黎在 12 月 8 日晚上重新控制永珍。佛瑪尋求康黎驅逐軍中的左派分子，而與康黎失和。以後佛瑪又在調停康黎和諾沙萬之間的問題，無功而返。12 月 9 日，佛瑪及其家屬和 6 名內閣成員流亡到柬埔寨。[56] 佛瑪在流亡前曾致函武裝部隊參謀長宋桑鮑蘇旺，授以權柄。12 月 10 日，寮國陸軍司令部宣布成立一個 6 人武裝部隊委員會，接管佛瑪政府。該委員會由宋桑鮑蘇旺任主席，康黎為副主席，其餘 4 人皆為上校軍官。11 日，由宋桑鮑蘇旺領導的軍政府解散，由左派前新聞部長波爾西納（Kinim Pholsena，或寫為 Quinim Pholsena）出任首相。同一天，有 7 架蘇聯飛機從河內飛至永珍機場，卸下四門 105 厘米榴彈砲和 14 箱彈藥。波爾西納亦在當天搭機前往河內，請求北越提供軍援。康黎亦在當天宣布他所領導的 500 名部隊與「巴特寮」合併。11 日，在素旺那曲避難的國民議會 38 名議員開會，對佛瑪政府投以不信任票，由歐膜親王出任臨時政府首相，立即獲得美國和泰國之承認。流亡在金邊的佛瑪嚴厲批評帕森斯的政策錯誤，導致寮國共產主義勢力擴大。12 日，有 12 架蘇聯飛機載運

55.「寮總理宣布接受俄經援 美國務院正告溥瑪慎重考慮俄援後果 指出俄援為破壞受援國獨立工具」，**中央日報**（臺灣），1960 年 11 月 25 日，版 2。51.「美與東約國家磋商結果決定暫停對寮軍援 希望藉此促使寮國領袖間談判 溥瑪聲稱將採必要步驟」，**中央日報**（臺灣），1960 年 10 月 9 日，版 2。

56.「佛瑪離寮飛抵金邊佛米揮軍圍永珍 三角政爭成兩角康萊據寮京大戰迫眉睫 寮共乘機崛起進軍城郊」，**中國時報**（臺灣），1960 年 12 月 11 日，版 1。

軍火到永珍，13 日，又有 8 架蘇聯飛機載運軍火到永珍。[57]

　　「北越在 1959 年底就協助訓練 650–700 名『巴特寮』軍隊，配屬蘇聯武器。越南也派遣顧問到地方、醫院、學校和營區協助『巴特寮』。北越支持『巴特寮』與康黎結盟，對抗諾沙萬。1960 年 9 月，當『巴特寮』重新占領桑怒時，北越護送寮國人民革命黨的中央委員、中央軍委和高層司令至桑怒。12 月 7 日，北越勞動黨派遣 12 名幹部及技術人員前往永珍，其中一名是勞動黨中央委員，協助指導如何使用十門 105 厘米榴彈砲、一個 120 厘米迫擊砲電池和槍枝。」[58]

　　1960 年 12 月 17 日，經過四天激烈的戰鬥，諾沙萬的軍隊控制永珍，康黎和「巴特寮」的部隊退至永珍以北的叢林。寮國王在 26 日前往永珍視察，並發布敕令解散流亡柬埔寨的佛瑪之政府，任命歐膜親王出任臨時政府首相。北越外長范文同在 25 日致函英國和蘇聯外長要求立即召開日內瓦會議，建議成立國際監督與管制委員會，來監督寮國局勢。中國外長陳毅亦在 28 日致函英國和蘇聯外長，促請他們採取有效措施以阻止美國侵略寮國，並指責泰國公然在軍事上、物資上和財政上支持寮國的諾沙萬叛軍。陳毅也要求恢復日內瓦會議及成立國際監督與管制委員會。[59]印度也建議召開三國國際監督委員會，但美國反對，認為應採取某種形式的國際行動，以阻止寮國局勢惡化。[60]

57.「永珍出現親共政權，俄機運重武器援助，軍事委員會被解散，富西納接管軍政大權」、「富西納對記者悍然宣稱 如溥彌軍進攻永珍 彼將砲擊泰國河岸 指責美泰兩國支持溥彌部隊 寮國會不信任親共政權」，**中央日報**（臺灣），1960 年 12 月 13 日，版 1。

58. Christopher E. Goscha, *op.cit.*, p.179.

59.「陳匪函日內瓦會 誣美與泰『侵略』寮國」，**中央日報**（臺灣），1960 年 12 月 29 日，版 2。

60.「應付寮國局勢 美拒絕印度建議 反對恢復監察會」，**中央日報**（臺灣），1961 年 1 月 1 日，版 2。

第二節　陷入內戰

　　1960 年 12 月 31 日至 1961 年 1 月 2 日，「巴特寮」在中國和越共之支持下發動攻勢，占領石罐平原，政府軍退出豐沙里市和川壙市。寮共軍隊向南挺進。

　　寮國國會在 1 月 4 日表決通過信任歐膜政府，目的在使流亡在外自稱仍為首相的佛瑪正式辭職。

　　聯合國秘書長哈瑪紹對於陷入內戰的寮國，在 1 月 29 日向寮國交通部長潘雅及寮國駐聯合國常任代表西蘇克大使提出備忘錄，建議寮國政府應保持中立，並與冷戰隔離，聯合政府應容納一名重要中立主義分子和一或二名親共分子。[61] 哈瑪紹並派遣聯合國特使前芬蘭總理陶妙亞（Sakari Tuomioja）在 2 月 4 日前往永珍，停留六週視察寮國情勢。「巴特寮」亦同時在川壙成立「臨時流亡政府」，由佛瑪掛名領導。

　　2 月 20 日，寮國國王薩凡・瓦他納發表告全世界和寮國人民之聲明，提出下列主張：

(1) 我們再度重申寮國嚴守中立的政策。

(2) 寮國將不參加任何軍事聯盟。

(3) 寮國將不讓其他國家在其境內駐紮部隊或建立軍事基地。

(4) 寮國將遵守它自願參加的任何國際協定。（這表示寮國將要求法國部隊撤出仙諾基地。）

(5) 寮國將要求所有國家停止干預它的內部事務，甚至用於援助的方式也在所不許，如果這種援助不為寮國參加的國際協定所許可的話。

(6) 我們希望柬埔寨、緬甸和馬來亞成立一個委員會，以防止外國對寮國的干預——不論其為直接或間接、公然或偽裝——為其任務。

---

61. 「哈瑪紹勸告寮國 要求組聯合政府 包括溥瑪及親共分子」，**中央日報**（臺灣），1961 年 1 月 30 日，版 2。

(7) 寮國的不幸遭遇固由於我們內部的分裂，同時有些外國只顧本身利益，罔顧我們的利益地干預寮國，也難辭其等量的責咎。

(8) 我們的政府（歐膜政府）是唯一受到承認的政府，它的權力是國會遵照憲法規定所賦予。

(9) 國王樂於認可這個政府，因為它打算在公正與和平之中謀求全體同胞的和諧與和解，它打算採取一項不參加任何聯盟，不從事干預且和鄰國親睦的政策。[62]

　　佛瑪和「巴特寮」在川壙發表聯合公報，指美國介入寮國政局，促召開十四國會議以解決寮國問題。該十四國會議係由柬埔寨國王施亞努所提之建議。3 月 10 日，佛瑪和諾沙萬副首相在金邊會談，同意一項和平方案，認為寮國和平須以中立為基礎，所有外國干預必須停止。佛瑪隨後訪問香港、緬甸、印度、法國、英國和蘇聯等國，尋求國際支持召開十四國會議。4 月 25 日，英國和蘇聯協議解決寮局之聯合聲明，呼籲寮國各派停火，召開十四國會議及恢復印度、波蘭和加拿大三國國際監督委員會。佛瑪和蘇法努旺在 4 月 28 日前往河內，與北越簽署協議，寮國派遣官員和技術人員前往北越接受訓練。

　　5 月 5 日，政府軍和寮共叛軍在永珍和琅勃拉邦之間的興墟進行和談，叛軍和談代表要求政府軍自南力河向後撤退，並在七天內派出一個有資格保證停火的代表團。原訂在 5 月 12 日在日內瓦召開十四國寮國問題會議，因為寮國、越南和柬埔寨之代表未抵達而延後。5 月 13 日，寮國政府軍和叛軍達成正式停火協議，並同意在納蒙舉行政治和軍事會議。17 日，納蒙會議達成原則協議，雙方同意組織聯合政府，並設監督停火委員會和軍事委員會。

　　5 月 16 日，日內瓦會議正式召開，寮國政府代表反對「巴特寮」和佛

62.「寮國國王發表聲明 宣布嚴守中立政策 要求有關國家停止干預寮內政 盼由柬緬馬組委員會防止干預」，**中央日報**（臺灣），1961 年 2 月 21 日，版 2。

瑪的代表與會。蘇聯副外長普希金（Georgy Pushkin）原訂在 6 月 2 日在日內瓦會議上演講，因為美國甘迺迪（John F. Kennedy）總統和蘇聯總理赫魯雪夫（Nikita Khrushchev）將在維也納（Vienna）會談，所以日內瓦會議延後召開。

　　6 月初，「巴特寮」包圍了蒙族控制的帕東（Padong），蒙族被迫從帕東撤兵，另外在隆占（Long Chieng）建立新基地。6 月 3 日，美國甘迺迪總統和蘇聯總理赫魯雪夫在維也納舉行會談，雙方重申支持一個由寮國人民選出的中立、獨立的寮國，甘迺迪認為問題是何謂「中立」、「獨立」？他認為緬甸和柬埔寨是中立、獨立的國家，他詢問赫魯雪夫對此有何看法？赫魯雪夫表示同意甘迺迪的觀點。接著談到如何有效達成停火以及建立一個監督的機制。赫魯雪夫認為跟美國有關的武裝力量採取對抗「巴特寮」的行動。甘迺迪則說，美國所獲得的情報是蘇聯支持的武裝力量違反停火，特別是在帕東地區。因此「國際監督委員會」（International Control Commission, ICC）應做出決定，若發現美國支持的武裝力量有錯，則美國應負起責任。假如美國支持「國際監督委員會」做出此一決定，則下一步就應建立一個中立、獨立的寮國。[63]

　　6 月 4 日，甘迺迪和赫魯雪夫再度討論寮國問題，雙方都認為寮國對雙方沒有戰略重要性，美國是因為條約和承諾而捲入寮國戰爭，最重要的問題是停火。甘迺迪說，美國情報獲知有「越盟」勢力介入；赫魯雪夫說也有泰國軍隊介入。美國想改變對寮國的政策，因為寮國對美國沒有戰略重要性。美國希望蘇聯也減少介入寮國事務。赫魯雪夫說蘇聯對寮國沒有承諾和義務，只有當佛瑪請求時，蘇聯才提供援助，而佛瑪領導的是寮國合法的政府。佛瑪政府卻被美國支持的外在勢力推翻。蘇聯對於寮國沒有承諾，也無政治

---

63. Office of Historian, "107. Memorandum of conversation: Vienna Meeting Between the President and Chairman Khrushchev," *Foreign Relations of the United States*, 1961-1963, Vol.XXIV, Laos Crisis, Vienna, June 3, 1961.（https://history.state.gov/historicaldocuments/frus1961-63v24/d107　2016 年 10 月 20 日瀏覽。）

或經濟的既得利益，因為寮國距離蘇聯太遠。赫魯雪夫同意甘迺迪所說的雙方應減少介入寮國事務。美國希望蘇聯能採取建立一個獨立中立的寮國的政策。[64] 甘迺迪和赫魯雪夫都在講表面話，都說寮國對他們沒有戰略重要性和利益，但寮戰一打將近二十年，背後就是美、蘇兩強支持介入。

柬埔寨國王施亞努建議在法國尼斯召集寮國三派的會議，但佛瑪希望在日內瓦或蒙特洛召開。6 月 18–22 日，歐膜、佛瑪、蘇法努旺和諾沙萬在蘇黎世舉行會談，同意組織聯合政府，三派之軍隊將合組成單一軍隊。

7 月 3 日，北越國防部長黃文泰和寮國人民革命黨最高軍事委員會主席柯格克（Kogk）簽署協議，執行 4 月 28 日的協議，北越對寮國提供軍事援助。[65] 早在 1960 年 12 月，蘇聯的空運隊就已運輸越南第 316 師志願軍在寮北地區作戰，運送武器軍備給北越和寮共聯軍。[66]

7 月 26 日，十四國日內瓦會議達成三項協議，(1) 避免對寮國之內政直接或間接之干預；(2) 對寮國之援助不附加政治條件；(3) 不將寮國牽入與中立不合的聯盟。[67]

為使聯合政府能順利產生，寮國下議院 59 名議員和上議院 12 名議員在 7 月 29 日舉行特別聯席會議，討論修憲案，將讓國王有權不經過國會同意而任命首相。

佛瑪為加強中立主義派之政治實力，在 1961 年 9 月成立中立寮國黨（Lao Pen Kang, Neutral Laos Party），佛瑪為黨主席，康黎和彭沙萬（Pheng Phongsavan）為副主席。另有兩個中立主義的政黨，一個是經由中立達到和

---

64. Office of Historian, "108. Memorandum of conversation: Meeting Between the President and Chairman Khrushchev in Vienna ," *Foreign Relations of the United States*, 1961-1963, Vol. XXIV, Laos Crisis, Vienna, June 4, 1961.（https://history.state.gov/historicaldocuments/frus1961-63v24/d108　2016 年 10 月 20 日瀏覽。）

65. Christopher E. Goscha, *op.cit.*, p.181.

66. Christopher E. Goscha, *op.cit.*, p.182.

67.「寮國問題會議 達成三項協議 交工作委會擬細節」，**中央日報**（臺灣），1961 年 7 月 28 日，版 2。

平黨（Santhiphap Pen Kang, Peace through Neutrality），黨主席是波爾西納，過去與「巴特寮」關係密切；另一個是友誼黨（Mittaphap Party, Friendship Party），由左派學生組織，支持 1960 年政變。這些中立主義政黨稍與「巴特寮」不同，彼此為盟友關係。

　　1962 年 1 月 18 日，歐膜、佛瑪和蘇法努旺在日內瓦參加十四國寮局會議，歐膜堅持是「非正式」會議，他反對與佛瑪和蘇法努旺舉行正式會議。最重要的歧見是諾沙萬要擔任國防部長及內政部長亦由其派系的人出任，但佛瑪不同意，堅持要由其派系的人出任。20 日，三位親王勉強達成協議，將組成一個 16 人的聯合政府，歐膜對於國防和內政兩部長的分配持「保留」意見，他將與皇室磋商後再做最後的接受。至於內閣十六部的分配，中立主義派將占有八個部（包括佛瑪本人），右派分子占有四個部，左派分子占有四個部。歐膜將在外交、新聞與財政三個部選擇兩個部。蘇法努旺也要求占有新聞與財政兩個部。[68] 以後數月寮境依然戰火漫天。

　　3 月 24 日，美國遠東事務助理國務卿哈里曼（W. Averell Harriman）訪問泰國，會見諾沙萬的遠親泰國首相沙立（Marshal Sarit），然後前往永珍，會見寮國王，他在廊開會見諾沙萬。哈里曼提出一項折衷方案，即內政部長一職給予諾沙萬，而國防部長給予佛瑪。此一建議並不為佛瑪所接受。為了迫使寮國永珍政府接受此一建議，美國從該年 2 月起停止給予寮國中央銀行用以支持寮國貨幣的每月 4 百萬美元的經援。美國等待一個中立及獨立的寮國政府的成立。[69] 美國國務院遠東事務局聯合國顧問蘇利文（William H. Sullivan，為參加日內瓦十四國寮國問題會議的美國代表團的首席代表）在 3 月 30 日潛行到川壙地區叛軍總部康街（Khang Khai），會見佛瑪、蘇法努旺、寮共軍隊司令辛卡坡和康黎，佛瑪促請美國停止軍

68.「聯合政府組織原則，寮三親王獲致協議」，**中央日報**（臺灣），1962 年 1 月 21 日，版 2。
69.「懷特對寮局發表聲明，俟寮中立政府成立，美將續予軍經援助」，**中央日報**（臺灣），1962 年 3 月 28 日，版 2。

經援助永珍政府，以迫使其接受由他領導的聯合政府之方法。由於美國停止對永珍政府的軍經援助，諾沙萬只好重新經營鴉片買賣，增加政府財政收入，但仍不敷軍隊和政府所需。歐膜首相亦前往泰國訪問，獲得泰國貸予食米1,000公噸及其他物品。財政困難，再加上在鑾南塔（Luang Nam Tha）省的南塔（Nam Tha）鎮（位在中國邊境以南約30公里）之軍事失利，該鎮為「巴特寮」占領，永珍政府在5月12日宣布全國戒嚴，並迫使諾沙萬與佛瑪談判。美國為保障泰國北部邊境安全，派遣第七艦隊進入暹羅灣，美軍1,000人在烏東（Udon）進行東南亞公約組織（SEATO）軍事演習。

第二次聯合政府

6月7日，寮國三派再度在石罐平原談判，12日達成協議，將成立一個由中立派領導的「全國聯盟臨時政府」（Provisional Government of National Union），日內瓦會議共同主席英國和蘇聯代表、以及「國際監督委員會」的印度、波蘭和加拿大代表都出席會議。由7名中立派、4名右派和4名左派、4名無黨派等組成第二次聯合政府。佛瑪任首相兼國防部長，蘇法努旺為副首相兼經濟部長，諾沙萬為副首相兼財政部長。歐膜親王退休。中立派主要人物為內政部長彭沙萬、外長波爾西納。6月18日，新政府正式成立。寮國和北越及中華人民共和國建立外交關係。左右兩派仍繼續管轄其各自控制地區。雖說越南1萬名軍隊撤出「寮國愛國陣線」控制區，但無法證實。在國際監督下，美軍和泰國軍隊從寮國撤出。惟美國駐寮國「中央情報局」仍繼續對位在石罐平原周圍的蒙族司令萬寶上校（Colonel Vang Pao）領導的軍隊提供軍事援助。[70] 萬寶上校撤離約7萬名居民到石罐平原南部山區，依賴美援戰爭物資，和「巴特寮」進行了長達十三年的「秘

---

70. Grant Evans, *op.cit.*, pp.124-125.

密戰爭」。

　　日本政府為支援新成立的寮國政府，在 6 月 12 日寮國三派簽署協議時就宣布將貸款 130 萬美元給該新政府從事水利工程之用。美國也表示將恢復對寮國經援。

　　7 月 2 日，包括中國、蘇聯、法國、英國、印度、波蘭、南越、北越、泰國、寮國、柬埔寨、緬甸、加拿大和美國等國在日內瓦參加「十四國解決寮國問題國際會議」，寮國外長波爾西納代表寮國出席。7 月 23 日簽署「寮國中立地位宣言」（Declaration on the Neutrality of Laos），重申寮國之中立地位，以及保證寮國中立的二十條議定書。該協議強調寮國將遵守和平共存五原則、不參加和承認軍事結盟（包括東南亞公約組織）的保護、不允許外國干預其內政、所有外國軍隊和軍事人員必須撤出寮國、接受不附加條件的任何國家的援助、所有參加並簽署該協議之國家保證尊重這些條件，不能訴諸於任何手段破壞寮國王國之和平、不能引進外國軍隊進入寮國或設立軍事基地、不能利用寮國領土干預他國內政。議定書規定外國軍隊在七十五天內撤出寮國，將以前法國在西諾的基地移轉給寮國政府，釋放所有被俘虜的軍人或平民（包括「巴特寮」俘虜的美國人），削減「國際監督和控制委員會」的角色。[71] 在寮北的部分北越軍隊撤回北越，但尚有少數幹部留下未撤走。

　　10 月 8 日，寮國國會通過決議給予佛瑪全權一年，讓他可以無須經過國會同意執行各項計畫。佛瑪同時宣稱將會與南越和北越建交，而南越對此發言的反應是立即召回其駐永珍大使，但並未關閉使館。

　　11 月 25 日，美國國務院宣布恢復給予寮國經援 1,000 萬美元，將採購

---

71. "Burma, Cambodia, Canada, People's Republic of China, Democratic Republic of Viet-Nam, etc., Declaration on the Neutrality of Laos, signed at Geneva, on 23 July 1962, and Protocol to the above-mentioned Declaration, signed at Geneva, on 23 July 1962," No. 6564, *Treaty Series of the United Nations*, 1963, pp.301-329. （https://treaties.un.org/doc/Publication/UNTS/Volume%20456/volume-456-I-6564-English.pdf　2016 年 1 月 21 日瀏覽。）

輸入寮國貨物。11月27日，三派簽署協議，將由三派組成3萬人軍隊，各派派出1萬人。另三派組成6,000人警察武力。但沒有規定多餘軍隊如何解甲和復員。右派和左派仍各控制其占領區。結果，中立主義者拘限在中間地區，受兩派的壓迫。

1963年2月12日，國王薩凡‧瓦他納在佛瑪首相和外長波爾西納陪同下出國訪問九個國家，尋求國際支持寮國中立地位，在該天康黎的參謀長馮蘇萬上校（Colonel Ketsana Vongsuvan）遭暗殺。康黎逮捕涉嫌者以及禁止「巴特寮」幹部或丟恩上校（Colonel Deuan）指揮的軍隊進入中立派控制的地區。以後康黎和「巴特寮」形成分裂，彼此對立。

4月1日，左派的外長波爾西納在歡宴國王返國的酒會結束返家後被其衛兵所暗殺，妻子受重傷，原因是該年2月中旬，中立派軍隊的首領康黎的一名高級顧問參謀長馮蘇萬上校被暗殺，3月底一位中立派省政府官員也被暗殺，其衛兵是為了對這兩次暗殺而採取報復。不過，波爾西納可能因為積極爭取出任首相，遭到中立主義派的批評和阻撓，特別是康黎曾指責波爾西納向共黨出賣國家，兩人結怨很深。[72] 接著中立派的永珍警察首長遭右派暗殺，為了安全起見，蘇法努旺和諾沙萬暫時離開永珍，前往康街。4月6日，康黎的軍隊和「巴特寮」軍隊在石罐平原爆發衝突，「『寮國愛國陣線』和中立派的丟恩上校領導的軍隊聯合攻擊康黎的軍隊，將之驅離至石罐平原的西部邊緣。中立派武裝力量被剷除，佛瑪所預期的中立主義政府亦告結束。」[73] 寮共破壞停火協議，美國立即召喚蘇聯大使，面致美國照會，促蘇聯協力制止寮共之行為。佛瑪向「國際監督委員會」控訴越共支持寮共，「國際監督委員會」主席印度籍辛格及波蘭和加拿大的委員在4月10日視察石罐平原，試圖讓兩派人恢復和平。

72.「美正密切注視寮國局勢發展 寮共電台加緊反美宣傳」，**中央日報**（臺灣），1963年4月4日，版2。

73. Grant Evans, *op.cit.*, p.125.

　　佛瑪、蘇法努旺以及國際監督委員會三位委員在 4 月 14 日飛往石罐平原，商榷停火協議，惟康黎軍隊仍被包圍，寮共僅允許其獲得食物供應。雙方戰事持續升高，寮國再度陷入內戰。

第二次聯合政府的外交政策

　　第二次聯合政府的外交政策，有一個特點就是想走中立外交，特別是想跟中華民國和中華人民共和國、以及南越和北越同時建立外交關係。1962 年 2 月 9 日，中華民國駐永珍領事館升格為總領事館。3 月，寮國公共工程暨交通部長昂・沙那尼功（Ngon Sananikone）伉儷及工程部次長普安喬（Phouang Keo Phanareth）等訪臺灣，除參觀臺灣土改成果與農家各項工業建設及金門外，並訪問外交、經濟、交通等部部長。5 月 11 日，寮國首相歐膜親王、副首相兼國防部長諾沙萬將軍（General Phoumi Nosavan）率團訪台，晉謁蔣介石總統，會晤行政院長陳誠。14 日離臺。17 日，臺、寮兩國政府發表聯合聲明，宣布正式建交，中華民國駐永珍總領事館升格為大使館。但北京在 6 月 23 日宣布與佛瑪達成協議，在寮國聯合政府組成後，雙方將建交。6 月 29 日，中華民國政府特派駐泰大使杭立武兼駐寮大使。7 月 1 日，中華民國駐寮國大使杭立武從曼谷前往永珍，7 月 2 日，寮國聯合政府承認中華人民共和國。4 日，寮國聯合政府代理外長波爾西納（Quinim Pholsena）說，寮國計畫與中華民國、中華人民共和國，以及南越和北越建立外交關係。他還說希望至少避免若干此一外交技術所帶來的棘手問題，而將敵對政府的大使館設在不同的城市，他說：「我們在等待著來自台北和北京的大使，我們將有北越及南越的大使館。但是他們將不在同一個城市。一個將設於琅勃拉邦，另一個將設在永珍。」[74] 永珍為行政首都，大多數外國大使館都設在此。而琅勃拉邦為國王薩凡・瓦他納的

---

74. 國史館編，**中華民國史事紀要**（初稿）─1962 年 7 至 9 月份，7 月 4 日，頁 56-57。

皇都。7月5日,台寮航空協定簽訂生效。顯見當時永珍組成左中右三派聯合政府,在外交政策上採取中立主義,宣布有意與所有友好國家建交。在佛瑪首相的觀念裡,假如中華民國和中華人民共和國願意在永珍設大使館,都可獲得永珍的同意。但台北和北京都不會同意同時在永珍派駐大使館。6日,中華民國外交部發言人孫碧奇即宣稱中華民國不會同意寮國此一「兩個中國」的作法。

　　7月11日,中華人民共和國派遣劉春以臨時代辦名義赴永珍,他也是少數民族問題專家。14日,杭立武大使從曼谷前往永珍,對寮國外交部提出嚴重抗議。19日,杭大使向寮國國王薩凡・瓦他納呈遞到任國書,顯見寮國當時在執行「兩個中國」政策時是先承認中華民國。不過,中華人民共和國駐寮國大使館臨時代辦劉春雖已返回北京,其隨行人員仍留在永珍,中華人民共和國駐寮北康街的文化經濟代表團及駐豐沙里的總領事館也繼續存在,中華民國外交部曾數次向寮國政府提出嚴重抗議。[75] 中華人民共和國外長陳毅於7月10日經莫斯科前往日內瓦,出席十四國關於寮國問題日內瓦會議,於23日在日內瓦簽署「和平解決寮國問題」的國際協議,更加深寮國在外交態度上傾向中華人民共和國。

　　在同年8月3日,當佛瑪從日內瓦和美國訪問歸國時,中華民國駐泰國大使杭立武和中華人民共和國代辦劉春都前往機場迎接。劉春還沒有正式向寮國國王薩凡・瓦他納呈遞到任國書,就跑到機場歡迎佛瑪。經寮國禮賓官的抗議,劉春乃轉到蘇聯大使那一行列。當佛瑪徐步走到杭立武大使前,劉春突然竄到佛瑪跟前,高聲嚷說他才是代表6億5,000萬中國人的代表。佛瑪為這一幕怔住,但仍以微笑聽取劉春的話,並未置答。然後分別與杭大使和劉春握手。寮國政府的安全人員隨後禁止劉春的座車上掛著中華人民共和國五星旗進城。寮國內閣為此事還辯論兩個小時,最後佛瑪

---

75. 國史館編,*中華民國史事紀要*(初稿)—1962年7至9月份,8月3日,頁300。

下令在劉春未呈遞到任國書前，他的座車不可掛五星旗，但他可以在他住所掛五星旗。[76]

9月4日，寮國國王薩凡・瓦他納主持的國務會議，同意聯合內閣的決定，同意與曾要求和寮國建交的國家建立外交關係。換言之，寮國已同意和中華人民共和國、東德、南越、北越、捷克等國建交。7日，寮國宣布與中華人民共和國建交，中華民國當晚即宣布與寮國斷交。中華民國與寮國從建交到斷交前後只有三個月又二十天。[77] 12日，中華民國駐寮大使館下旗撤退。隨後杭大使採納永珍中華會館代表蔡天之建議：(1) 由駐泰使館於泰國邊境的廊開設立辦事處，專責辦理寮國華僑護照業務，而由永珍中華會館在寮國擔任服務工作；(2) 授權永珍中華會館辦理華僑國籍簽證；(3) 委派僑領雲昌錦為杭大使代表，辦理未完結業務。廊開辦事處直至1975年寮國赤化時始告結束。[78] 以後中華民國即與寮國中斷往來，雙方經貿關係亦極少。

內戰升高

美國繼續支持在川壙和桑怒兩省的萬寶領導的蒙族武裝力量及寮王國，萬寶的總部在隆占（Long Chaeng），其軍隊成為寮國右派的主要軍事武力。寮國國家警察總監蘭蒲塔昆（General Siho Lanphoutakun）領導的警察部隊成為一股新力量，不過蘭蒲塔昆將軍從事賭博業、淫業、敲詐等收取賄賂。至於諾沙萬為了財政需要，而開設賭館。歐膜亦在百細開賭場。鴉片館充斥永珍街頭。

---

76. Arthur J. Dommen, *Conflict in Laos, The Politics of Neutralization*, Praeger Publishers, New York, 1971, pp.226-227. **聯合報**，1962年8月4日，版1；1962年8月5日，版1。

77. 國史館編，**中華民國史事紀要**（初稿）—1962年7至9月份，9月7日，頁638。

78. 蔡天，**寮國華僑概況**，正中書局，台北市，1988年，頁51-52。

1963 年 6 月 22 日，寮國國會通過對佛瑪領導的聯合政府的信任案。6 月底，法國將位在永珍以南 300 公里、素旺那曲以東 40 公里的仙諾基地交還給寮國政府，法軍完全退出寮國的軍事基地。12 月初，右派暗殺佛瑪的衛隊長，使得中立派人人自危，兩名左派副部長逃離永珍。1964 年 4 月初，佛瑪前往中國和北越河內訪問，尋求支持寮國以免於捲入越戰。他返國後在石罐平原西部的中立派軍事總部會見蘇法努旺和諾沙萬。4 月 18 日，三派會談，蘇法努旺堅持琅勃拉邦中立化，使之成為改革聯合政府的地點。諾沙萬不同意，會談遂告失敗。

4 月 18 日晚上，佛瑪聲稱已疲倦，想辭去首相職。次日凌晨，右派的永珍司令阿布海將軍（General Kouprasit Abhay）發動政變，逮捕佛瑪首相，解除所有部長職務，包括諾沙萬，成立革命委員會。該革命委員會共有 76 名軍官，包括 18 名將級軍官，其餘則是校級軍官。由 7 人組成右派執政團，以阿布海將軍為首，其次為警察保安部隊首長蘭蒲塔昆將軍（副主席）、黑泰古將軍（副主席）、桑尼章將軍（顧問）、沙瑪將軍（顧問）、拉西康將軍（參謀總長）、巴薩瑪望將軍（副參謀總長）。[79] 但英國、美國、蘇聯、法國和澳洲駐永珍大使聯合發表聲明，拒絕承認革命委員會，及拒絕與它接觸，宣布中斷所有給予寮國的援助、繼續承認佛瑪政府。中午過後，美國強烈譴責政變，佛瑪即被釋放。隔天，佛瑪、諾沙萬和兩位政變領袖阿布海將軍、蘭蒲塔昆將軍飛到琅勃拉邦，面見國王。寮王譴責政變首領，要求恢復佛瑪職權。

5 月 2 日，佛瑪宣布說：「我們以前所說的素旺那曲派（右派）已經不存在了，現在我是以中間派（中立派和右派合併）的資格發言。」他將在 3 日攜帶與右派達成的協議前往寮共總部康街，會晤蘇法努旺。他所講的與右派達成協議指的是右派已同意解散其獨立的軍事司令部，統由國防部管

79.「寮聯合政府被推翻 右派軍官接掌政權 革命委員會以亞布海將軍為首 宣告全寮國各地區均寧靜無事」，**中央日報**（臺灣），1964 年 4 月 20 日，版 1。

理。[80] 隨後諾沙萬將其 5 萬軍隊的指揮權移交佛瑪。佛瑪將此合併措施通知日內瓦會議共同主席英國和蘇聯。美國等五國大使向寮國國王表示仍繼續支持佛瑪政府。在旺陽的康黎宣稱支持佛瑪，威脅將派出 5,000 名軍隊進攻永珍。「巴特寮」反對佛瑪聯合中立派的聯合政府，主張舉行三派的高層會議。6 月 1 日，寮共斷絕與佛瑪聯合政府的關係，撤出其在永珍政府的人員。

8 月 25 日，寮國三派在巴黎開協調會，經過一個月的協商，最後破局，佛瑪於 9 月 21 日返回永珍。

8 月中旬後，美國升高越戰，開始對北越轟炸。美國在寮國境內亦以飛機轟炸「巴特寮」的控制區。面對內部共黨的威脅，佛瑪在該年底同意美軍飛機偵察飛行寮國領空，美國利用寮國領空轟炸「胡志明小徑」上的北越車隊，以阻斷其對南越的滲透補給。北越同時也利用寮國作為避難所、訓練基地和後勤基地，美國對於印支之策略就是贏得對越南之戰爭，而不惜毀滅寮國。「在整個越南戰爭期間，美軍投在寮國境內的炸彈總數達 210 萬公噸，比二戰時投放歐洲的炸彈總數還多。有 260 百萬顆的集束炸彈，大小約如網球，散落在寮國境內，約有三分之一未爆炸，數量達 8,600 萬顆。1975 年後有五千多人死於該未爆彈爆炸、七千多人受傷。此外，美軍在寮國也使用落葉劑（Agent Orange）。」[81] 美國介入越南戰爭，廣受世界媒體關注，其實美國並非僅在越南作戰，其在寮國亦進行慘烈的戰爭，但為世界媒體所忽略，一般稱之為「秘密戰爭」。

1965 年 1 月 31 日，右派的諾沙萬發動政變，結果失敗。同一個時候，賽科西上校（Colonel Bounleut Saycocie）亦發動政變，占領永珍電台附近地區、國防部和機場，由於近日高層軍官間有爭執，若干人士批評參謀長

80.「寮國中立派與右派宣佈合併成為一派 溥瑪任領袖今赴寮共總部會談」，**中央日報**（臺灣），1964 年 5 月 3 日，版 2。

81. Arne Kislenko, *op.cit.*, pp.40-41.

拉西康（General Ouan Rathikhoun），因此這批政變者宣稱想改革陸軍總司令部。政變軍與永珍衛戍司令阿布海將軍駁火，許多難民逃入泰國境內避難。4日，阿布海將軍之軍隊擊敗叛軍，結束政變。阿布海將軍控制永珍，迫使諾沙萬和蘭蒲塔昆流亡至泰國。諾沙萬之失敗主因是失去美國和泰國之支持，特別是沙立元帥去世，以至於失去泰國的軍經援助。佛瑪自兼國防部長，亦使諾沙萬失去王國軍隊中的地位。軍官對於諾沙萬經營商業亦有批評。當他逃走時，其他軍官瓜分他經營的鴉片、海洛因、賭博、淫業和黃金走私等企業。寮國和南越軍官合作經營黃金和鴉片走私。其他軍官則走私木材到泰國。有些右派軍官將武器賣給「巴特寮」。3月30日，3名右派上校在他曲發動政變，政府軍以傘兵突擊，很快就平息亂事，叛軍逃往泰國。

　　寮國各地分傳軍隊叛變，與軍中利益分配造成的衝突關係最大，例如「1966年10月，因為對於鴉片運送未能達成協議，寮國空軍轟炸永珍郊區的陸軍總部；中立派軍官之間的權力鬥爭，迫使康黎流亡到巴黎。」[82]「與國王親近的拉西康將軍出任陸軍總司令，但中央和地方軍區各有管轄區，省級軍隊擁有很高的自主權，中央被迫儘量不干預地方軍區事務，此一矛盾減弱了聯合對抗『寮國愛國陣線』和北越的力量。直至1971年，西索克（Sisouk Na Champasak）出任國防部長，才將軍事權力收回中央。」[83]

　　蘭蒲塔昆聽從泰國和尚的建議，認為返回寮國應會平安，他於是在身上配戴護身符，於1966年4月17日返回寮國百細自首，他被關在永珍以北的富考威（Phu Khao Kwai）監獄。9月4日因為意圖越獄而遭警察槍殺，寮國無人為他弔唁，認為是他的佛教功德（boun）已走到盡頭。[84] 10月22日，寮國空軍司令陶邁（General Thao Ma）發動政變，占領素旺機場，扣

82. Martin Stuart-Fox, *A History of Laos*, pp.146-147.
83. Grant Evans, *op.cit.*, p.127.
84. Grant Evans, *op.cit.*, p.128.

押陸軍總司令拉西康將軍、國王之弟、裝甲兵司令薩雅伏將軍、寮國南部地區司令馬司伯拉將軍和素旺地區司令巴續馬伏將軍，叛軍飛機轟炸永珍陸軍總部，造成 24 人死亡、14 人受傷。政府軍進入素旺後，叛軍駕駛 11 架 T-28 型戰鬥轟炸機逃往泰國烏杜恩空軍基地，獲得泰國的政治庇護。[85]

「寮國愛國陣線」控制地區包括華潘和豐沙里兩省，以及寮國南部的波羅文斯高地的東部地區。跟其他東南亞國家的共黨一樣，採用專制獨裁統治，將年輕人送到北越，學習機械、護理、醫學以及政治。

萬寶領導的蒙族軍隊

萬寶領導的蒙族軍隊之根據地在永珍和石罐平原之間的隆占，該城市有繁忙的空運機場，美軍對寮國和北越作戰的許多物資都在此機場起降。萬寶為了籌募資金，也利用該地買賣鴉片。[86] 1962 年底，該支蒙族軍隊與「寮國愛國陣線」及北越軍發生戰爭，導致有 141,500 名難民。萬寶軍隊從 9,000 人增加到 18,000 人。該支軍隊擅長游擊戰，其成員來自多元族群，包括蒙族占 48%、寮族 27%、崁姆族（Khamu）22% 和猺族 3%，所以它不是一般所稱的「蒙族神秘軍隊」（Hmong Secret Army）。此一戰爭到 1964 年達到高峰，在寮國政府同意下，美國派遣偵察機到寮北偵察共黨活動的蹤跡、為寮政府軍空投軍備、使用 B-52 轟炸機轟炸「胡志明小徑」。萬寶軍隊亦有來自泰國的雇傭兵，他們充當飛機駕駛員和大砲砲手。由美國「中央情報局」派遣少數顧問指導萬寶軍隊之作戰行動，所有費用皆由美國援助。

「巴特寮」的軍隊約有 35,000 人，軍需戰備是由北越供應，「北越派遣志願兵和顧問進入寮國，協助『巴特寮』作戰。估計北越軍隊在寮國作

85.「寮國叛亂敉平局勢恢復正常　泰考慮庇護叛變將領」，**中央日報**（臺灣），1966 年 10 月 24 日，版 2。

86. Arne Kislenko, *op.cit.*, p.42.

戰有 4 萬人，其中 25,000 人在維護『胡志明小徑』的暢通，負責修路造橋和後勤醫療等。寮王國軍隊約有 6 萬人，康黎的軍隊有 1 萬人。在中、寮邊境，有 1 萬中國軍隊在修築道路。」[87]

「美國在寮國南部亦透過『美國白星特別武力』（US Special Forces "White Star"）招募和訓練高地的少數民族。至 1962 年，該支武力共有十二連兵力，主要任務是破壞『胡志明小徑』及偵察。」[88] 以後寮國政府軍和寮共在石罐平原戰爭，1968 年 1 月，北越對南越發動春節攻勢（Tet Offensive），同時也對華潘省的萬寶據點發動攻勢，約有 1 萬名蒙族難民逃難。從 1968 年到 1969 年，美國加強空中轟炸寮北，從每天 20 次增加到 200–300 次，這些轟炸機都是從泰國境內的基地起飛的。1969 年 9 月，萬寶重新奪回石罐平原。萬寶估計在隔年 2 月乾季來臨時恐怕無法抵擋寮共之攻擊，所以先將 15,000 名難民安置在湄公河低地河谷地區。[89]

由於連年戰爭，萬寶兵力損失嚴重，再加上蒙族因戰爭約有 3 萬人死於戰亂，蒙族人口約減少 10%。美國「中央情報局」為了提升萬寶的軍力，特別從泰國招募雇傭兵。至 1973 年，萬寶的兵力達到 18,000 人，其中 75% 是來自雇傭兵。[90]

1967 年 1 月 2 日，寮國舉行國會選舉，要選出 59 席，大體上各地選區沒有遭到寮共騷擾，惟素旺省長包恩向內政部報告稱，有選民拿數張身分證投票，亦有未帶身分證者可以投票。亦有報導稱，軍用飛機被用來運載選民前往各地投票。[91] 佛瑪派在該次選舉贏得 32 席，故仍由佛瑪續任首相。

1950 年代，寮國接受美援，財政無問題，所以停止鴉片貿易。1960 年

---

87. Martin Stuart-Fox, *A History of Laos*, p.142.

88. Grant Evans, *op.cit.*, p.144.

89. Grant Evans, *op.cit.*, pp.147-148.

90. Grant Evans, *op.cit.*, p.150.

91. 「寮國舉行總選 溥瑪穩操勝券 寮共阻撓影響甚微」，**中央日報**（臺灣），1967 年 1 月 3 日，版 2。

代初，美國停止援助諾沙萬政府，為了獲取軍費開銷，所以諾沙萬又開始進行鴉片買賣。直至 1971 年中葉，鴉片買賣都是合法的。1969 年，受到新加坡對於黃金買賣之競爭的影響，新加坡在 1969 年建立黃金轉口市場，寮國透過黃金獲取歲入已逐漸衰微，於是又開始進行鴉片買賣。

在越共和中國支持下，寮共在寮北地區發動一連串攻擊，佛瑪要求美國對於入侵寮北的越共和寮共控制區進行轟炸，以遏阻寮共勢力南下。佛瑪在 1970 年 3 月 2 日接受哥倫比亞廣播電台的訪問時表示，「如果美國停止轟炸寮共地區，整個寮國將為北越所攫奪。保護我們是美國的職責，因為如同其他簽署日內瓦協定的國家一樣，它必須確保寮國的獨立、領土完整和中立。」[92] 在遭到美國的大規模轟炸後，寮共領袖蘇法努旺在 3 月 6 日向佛瑪提出和平建議五點原則，嚴厲批評美國破壞 1954 年日內瓦和約和 1962 年日內瓦和議通過的「寮國中立地位宣言」，該五點原則包括：

(1) 所有國家尊重寮國王國的主權、獨立、中立、統一、領土完整，如 1962 年日內瓦和議通過的「寮國中立地位宣言」。美國必須結束其干預和侵略寮國、停止升高戰爭、停止轟炸寮國領土，從寮國領土撤出美國顧問、軍隊和武器，停止利用泰國軍事基地和泰國雇傭兵入侵寮國，及利用寮國領土侵略他國。

(2) 根據 1962 年日內瓦和議通過的「寮國中立地位宣言」，寮國不與它國建立軍事同盟，不允許外國在寮國建立軍事基地及引進外國軍隊。寮國同意接受不附加任何政治條件的援助。

(3) 尊重寮國君主政體、普選產生的國民議會和民主政府，建立一個和平的、獨立的、中立的、民主的、統一和繁榮的寮國。

(4) 寮國各黨派基於民族和諧、平等和相互尊重之精神，召開政治協商

92.「薄瑪籲美繼續轟炸 阻止北越攫奪寮國 賴德稱美對寮政策有改變可能」，**中央日報**（臺灣），1970 年 3 月 5 日，版 2。

會議，透過普選產生臨時聯合政府，設立一個安全區，確保政治協
商會議和臨時聯合政府能正常運作。

(5) 寮國各黨派基於民族和諧、平等，經由協商達成國家統一。在統一
之前，任何一方不得使用武力攻擊另一方控制的地區。親美的武力
必須從其非法占領的地區撤出，將原地居民遷回至其原先控制區，
並給予賠償。[93]

截至 1970 年 3 月，美國政府公布了其自 1962 年 6 月以來半公開參加
寮國戰爭的八年中，美軍死亡人數近 400 人，大部分是飛行員。[94] 他們都
是執行對寮共據點的空中轟炸任務而喪生。美軍在寮境派遣地面作戰部隊
人數很少，大概僅有 1,000 人左右，大都執行情報蒐集、人員訓練和聯絡工
作。此跟美軍參加越南戰爭型態有很大不同。美國長期以來派駐在寮國作
戰的軍隊，是以空軍為主，執行轟炸的任務，地面部隊人數很有限，在永
珍以北 78 英里的隆占有美國中央情報局的特勤工作站，負責情報蒐集和培
訓寮國特勤工作人員。

1970 年 3 月 18 日，柬埔寨國家元首施亞努遭國防部長龍諾（Lon
Nol）發動政變而流亡海外（以後長期住在中國），也終結柬埔寨和北越的
秘密協議，北越已經無法使用柬埔寨的金磅遜港（Kompong Som）將軍備
偷運至南越地區。

面對越共支援寮共，致使寮共勢力日益坐大，寮國周邊的柬埔寨和泰
國均感到芒刺在背，柬埔寨和南越譴責越共入侵寮國，泰國東北部第二軍
則多年來派遣志願兵在寮境協助寮國清剿共黨，新聞報導披露該項消息，

---

93. "Five-Point Peace Proposal presented by the Neo Lao Hak Sat on March 6 1970," in Joseph
J. Zasloff, *The Pathet Lao Leadership and Organization*, A Report prepared for Defense
Advanced Research Projects Agency, The Rand Corporation, the United States, 1973, pp.131-
134.（http://www.rand.org/content/dam/rand/pubs/reports/2007/R949.pdf 2016 年 1 月 27 日
瀏覽。

94. 「美在寮戰中死亡近四百」，**中央日報**（臺灣），1970 年 3 月 10 日，版 2。

寮國政府加以否認，惟美國總統尼克森在 1970 年 3 月 21 日表示：「如果寮國成為北越共黨控制下的政府，則對泰國將是一項重大的威脅。泰國在寮國的利益，以及泰國參與在寮國維持中立政府，若干年來，已是眾所皆知。」[95] 尼克森公開承認美國飛機運送這些泰國志願軍到寮國作戰。泰國政府初期也加以否認，後來副首相兼內政部長和武裝部隊總司令巴博（Praphas Charusathien）在 3 月 31 日承認有泰國志願軍在寮國作戰，也有志願軍為寮共作戰。這些參戰的泰國人大都具有寮族人血統。[96]

4 月 8 日，寮國內閣正式同意接受寮共提出的和平建議，寮共還提議寮國各黨派舉行政治協商會議，建立聯合政府。佛瑪在覆信時另外建議國際監督委員會在寮國全境執行監督以及談判必須不受外來干預而在寮國舉行。

4 月，施亞努、蘇法努旺、北越總理范文同和南越民族解放陣線主席阮友壽舉行印支人民高峰會，聲明友好及團結共同對抗敵人。北越失去在柬埔寨的基地，因此「胡志明小徑」愈顯重要，戰鬥也愈趨激烈。「巴特寮」在該年 4 月占領阿塔坡（Attapu），6 月占領沙拉灣，7 月 23 日寮國政府宣布南部六省進入緊急狀態。

寮共派遣寮共中央委員會委員馮薩克於 8 月 3 日從河內飛抵永珍，會見佛瑪轉達蘇法努旺的信函。馮薩克在永珍進行了一個多月的談判，沒有實質進展，於 9 月 25 日離開永珍。

據美國國防部估計約有 7 萬北越軍隊進入寮國作戰，亦有一部分軍隊進入柬埔寨作戰。在北越軍隊和寮共軍之進攻下，1971 年 2 月 10 日切斷永珍到琅勃拉邦之間的交通線，攻占川德和重契姆兩個政府外圍前哨據點。受此壓力，隆占居民有五千多人陸續撤退，在 2 月 12 日淪陷，美軍用飛機將其在該地的基地設備炸毀，以防電子設施落入寮共手中。除了隆占外，

95.「尼克森總統稱 泰寮休戚相關 證實泰國派軍協防寮國」，**中央日報**（臺灣），1970 年 3 月 22 日，版 1。

96.「泰國副總理證實 泰國志願軍 在寮國作戰」，**中央日報**（臺灣），1970 年 4 月 1 日，版 2。

其他寮北和寮南的隆法南鎮地區亦相繼為寮共控制，由於寮共的控制區愈來愈靠近永珍，為此寮國政府在同日要求所有外國軍隊撤出寮國，尊重日內瓦和約，並宣布全國進入緊急狀態。6月中旬越共和寮共占領波羅文斯高地，包圍百細的省會城市。

美國和泰國為了因應北越和寮共在寮境的新攻勢，開始在泰國境內訓練寮國苗族人，包括游擊戰，以備將來返回寮國從事付對北越軍隊和寮共軍隊的一支武力。此項作法類似「越戰越南化」，是另一種的「寮戰寮國化」。

6月22日，蘇法努旺致函佛瑪，同意在永珍與佛瑪舉行和平談判，他建議美國停止轟炸，然後由寮國各方輪流在石罐平原的慶開和永珍舉行政治會議。佛瑪則堅持北越先撤出寮國，美國再停止轟炸。寮國王於7月3日在素旺那曲呼籲寮國人團結，驅逐北越軍隊，促「巴特寮」回到聯合政府。

寮共和北越軍宣稱控制寮國四分之三的土地和三分之一的人口，政府軍控制的地區和人口日益減少，但為了維持政府的存在，寮國政府還是在戰火瀰漫之際在1972年1月2日舉行國民議會選舉，寮共拒絕參加。這次要選出60名國民議會議員（1958年修改），登記選民數有822,976人。參選人有205人，選舉結果，佛瑪中立派贏得35席。[97]在當選人中有4名將軍、11名一般軍官和警官當選。貴族和商界領袖當選人數減少。此一發展跟寮局轉變有關，寮國需要抗禦外敵入侵，所以軍人力量抬頭。

北越軍受到美軍之轟炸，使其攻勢受挫，因此從1月中旬起在寮境內即可見到美軍飛機遭到飛彈擊落，這些飛彈是從北越運來，對美國戰機造成更大的威脅。

1972年2月，寮國人民黨（Lao People's Party）舉行第二次黨大會，將黨名改為寮國人民革命黨（Lao People's Revolutionary Party），馮維漢續任

---

97. 盧偉林，「寮國的大選」，**中央日報**（臺灣），1972年2月11日，版2。

黨主席，另有 7 名政治局委員、24 名中央委員。會上通過「巴特寮」五點和平建議，以及追求和平、獨立、中立、民主、重新統一和繁榮。7 月，佛瑪正式接受「巴特寮」五點和平建議。8 月，雙方代表在永珍再度見面談判，因為信任不足而無結果，彼此要求對方先將支持的外國軍隊撤出，作為和談的條件。惟在越南戰爭尚未達成和平解決之前，寮國是不可能簽署停火協議。10 月 17 日，雙方再度談判，仍無結果。

美國和北越在 1973 年 1 月 27 日在巴黎簽署和平協議，2 月 8 日，美國總統顧問季辛吉（Henry Kissinger）及美國前駐寮國大使、副助理國務卿蘇利文（William Sullivan）和美國大使高德萊等一行 25 人前往曼谷訪問，9 日前往永珍訪問，會見佛瑪首相，施壓寮國政府與寮共達成和平協議。「季辛吉受到北越黎德壽之欺騙，天真地以為只要寮國政府和寮共達成和平協議，北越軍隊就會從寮國撤出。當他從永珍飛往河內時，始發覺北越領導人並無此意思。」[98]

第三次聯合政府

寮國政府和寮共終於在季辛吉訪問後不久，就在 2 月 21 日達成「恢復寮國和平與和解協議」（Agreement on the Restoration of Peace and Reconciliation in Laos），在簽署協議後三十天內成立「全國聯盟臨時政府」（Provisional Government of National Union）以及成立「全國政治協商會議」（National Political Consultative Council），在成立「全國聯盟臨時政府」後六十天內所有外國軍隊須撤出寮國。最後雙方協議舉行全國大選，選出國民議會及成立全國聯盟政府。[99] 當時「巴特寮」控制寮國十三省分中的二省。在戰爭期間，總共美國在「巴特寮」控制區投下 200 萬公噸炸彈，平均每

---

98. Grant Evans, *op.cit.*, p.167.

99."Agreement on the Restoration of Peace and Reconciliation in Laos," in Joseph J. Zasloff,

個居民可分到 2 公噸炸彈。約有 3,500 個村莊遭到戰火摧毀。保守估計約有 20 萬人死亡，40 萬人受傷，75 萬人流離失所。[100]

美國政府在 2 月 20 日通知佛瑪政府，美國將在 2 月 25 日停止在寮境的轟炸。停火協議在 2 月 22 日中午生效，但北越軍在停火後一小時在寮國全境發動總攻勢，北越最強大的第 9 團和第 47 團攻占寮南的白桑，並砲轟石罐平原以南的政府軍據點班那，佛瑪指控說，北越和寮共違反停火 29 次，其中 90% 都是北越軍所為。他要求美軍恢復轟炸。[101] 以後北越軍一直違反停火協議，攻城掠地，美國雖然表示要恢復轟炸，也沒有實際行動。

根據「全國聯盟臨時政府」議定書，所有外國軍隊須在簽約六十天內撤出寮國。至 6 月 4 日為止，美國和泰國軍隊撤出寮國，空襲和偵察都告停止。無法證實北越軍隊已撤出寮國，美國停止轟炸，使得北越軍隊沿著「胡志明小徑」進入寮國和南越更為容易。

7 月 12 日，佛瑪得心臟病，前往法國就醫療養。惟有西索克最具資格繼任為首相，卻遭寮共反對，以至於出現群龍無首之混亂局面。寮共利用此一機會，在 7、8 月在永珍發動一連串罷工示威，要求加薪、罷黜貪官。在百細有學生示威，要求關閉賭館、抗議物價上漲。在寮南的學生示威，引發排華運動，要求政府關閉在百細的華文學校。

寮國政府和寮共對於籌組聯合政府的政治和軍事協議，至 7 月 29 日始達成新的共識，將建立一個由共黨和非共黨平均分配的全國臨時聯合政府。佛瑪出任首相，蘇法努旺出任第一副首相，內政部長馬沙旺為第二副首相。12 名部長中，寮共和佛瑪派各占 5 名，另 2 名給中立派。所有外國軍隊必須在政治和軍事協議簽訂後六十天內撤走，在寮國境內的外國軍隊，包括

---

op.cit, pp.135-140.（http://www.rand.org/content/dam/rand/pubs/reports/2007/R949.pdf 2016 年 1 月 27 日瀏覽。）

100. Martin Stuart-Fox, *A History of Laos*, p.144.

101.「寮境停火遭受破壞北越軍發動總攻勢 佛瑪要求美機恢復轟炸」，**中央日報**（臺灣），1973 年 2 月 24 日，版 2。

美軍數百人、一萬七千多名泰國僱傭軍、六萬多名北越軍。[102]

　　8 月 20 日，前與諾沙萬一起流亡泰國的空軍將領陶邁將軍趁夜間從泰國渡過湄公河，與永珍的叛軍聯合率領 60 名叛軍奪占永珍機場，反對佛瑪與「巴特寮」的和談，陶邁將軍親自駕駛 T-28 戰機掃射並轟炸永珍郊區以南 4 英里的契邁諾之陸軍總部，炸死兩名軍人。陶邁將軍之戰機遭擊落，他本人喪生。其他一架叛軍駕駛的 T-28 戰機則飛到泰國曼谷以北 30 公里的亞洲工業學校的校園中，3 名駕駛者從飛機下來後就消失無蹤。[103] 9 月 14 日，寮國政府和寮共雙方最後達成協議，簽署「永珍議定書」，要點為：佛瑪仍任首相，副首相兩名，政府和寮共各派一名。內閣部長 12 名，其中國防、財政、教育、內政和衛生五部，由政府推派人選。外交、經濟計畫、公共工程、宗教、宣傳和新聞五部，由寮共推派人選。至於司法部和郵電部，則由社會中立人士出任。永珍和琅勃拉邦兩個城市保持中立化，組成新的全國政治協商會議以平等基礎分配內閣職務，每一位部長配屬一名不同政黨的副部長，副部長擁有否決權。此一協議讓寮共擁有杯葛內閣的權力。蘇法努旺不入閣，但出任「全國政治協商會議」主席。「全國政治協商會議」由 42 人組成，雙方各推派 16 人，另 10 人由雙方共同推派。該議定書也規定琅勃拉邦和永珍的駐軍和警力由雙方平等數量的人員組成，但並無王國軍隊進入寮共控制區的規定。雙方各派出 7 人組成「聯合中央執行協議委員會」（Joint Central Commission to Implement the Agreement），負責劃分各占領區及監督外國軍隊撤出。儘快舉行選舉，以產生新的國民議會。[104]

　　關於雙方在永珍和琅勃拉邦駐軍的問題，達成的協議是，雙方駐紮在永

102.「寮國政府傳與共黨達成軍政協議 以相等人數組聯合政府」，**中央日報**（臺灣），1973年 7 月 30 日，版 2。

103.「永珍昨敉平政變 流亡將領陶邁不滿寮對共黨讓步 自泰潛回舉事旋因座機中彈喪亡」，**中央日報**（臺灣），1973 年 8 月 21 日，版 2。

104. Martin Stuart-Fox, *A History of Laos*, p.157.

珍的軍隊總數是每方一個營的兵力（1,200 人），其中駐司令部有 200 人，維護執行安全者有 800 人，協助執行各項任務者 200 人。至於雙方的文員，雖不包括在上述的數額內，但人數應向對方報告。雙方在琅勃拉邦各駐兩個連共 600 人，駐在指揮部者 50 人，維護執行安全者有 450 人，協助執行各項任務者 50 人。至於雙方的文員，雖不包括在上述的數額內，但人數應向對方報告。最為特別的是，雙方的軍隊各自指揮。雙方軍隊可擁有同等的裝備，但不應有坦克和大砲等武器。武器若有損失時，亦有權補足原有的裝備。在平時，該兩城市的治安由聯合警察負責，聯合警察認為有必要時，才會請求雙方軍隊協助。禁止其他武裝力量靠近該兩城市 15 公里，禁止戰機在該兩城市上空盤旋飛行，亦禁止大砲砲彈和火箭飛越該兩城市。[105]

1974 年 4 月 5 日，成立寮國第三次的聯合政府「全國聯合臨時政府」（The Provisional Government of National Union, PGNU），內閣包括各自推派的一名副首相和 5 名部長、及雙方同意的兩名部長。每一位部長下有兩位副部長，分由各方推派一名。「全國政治協商會議」是由兩方各推派一定的議員組成。根據「永珍議定書」第 14 點，在組成「全國聯合臨時政府」後六十天內撤出所有外國軍隊，美國依據規定完成撤出 959 人，但北越 38,500 名軍隊則未撤出。其他規定包括換俘、組成聯合中央委員會執行協議、劃定停火線及永珍和琅勃拉邦兩個城市的中立化。

由於「巴特寮」之反對，1972 年選出的國民議會未能在 5 月 11 日開議，國王對此表示不滿。關於國民議會之解散或選舉，在永珍協議或其議定書中並無規定。「全國政治協商會議」由蘇法努旺擔任主席，該會議通過了 18 點政治綱領，其中之一是要求美國對寮國之戰爭損害給予賠償。

8 月，寮共攻擊軍力不振的萬寶軍隊。8 月 6 日，佛瑪患心臟病，前往法國治療，其職務由寮共總書記、外長佛米（Phoumi Vongvichit）代理。11

---

105. 參見盧偉林，「寮國兩都『中立化』」，**中央日報**（臺灣），1974 年 3 月 2 日，版 2。

月 1 日，佛瑪從法國返抵永珍，繼續療養身
體。12 月，在班會賽（Ban Houayxai）的猺
族特種部隊叛變，要求和平，廢止 1971 年禁
種鴉片的法令。此時經濟惡化，寮幣貶值。
佛瑪在 1975 年 2 月 24 日從療養期恢復上班，
在這段時間大權已落入蘇法努旺之手裡。

　　美國軍事支持減少，使得寮國王國軍隊
失去戰力，其與寮共在 1975 年 3 月 27 日在
永珍北部的沙拉普考恩（Sala Phou Khoun）
進行一次大規模戰爭，寮共獲得「越盟」之
支援，而佛瑪不願造成過大流血，拒絕萬寶
之請求空中轟炸支援，結果萬寶軍隊失利撤
退，永珍陷入危險。國王薩凡・瓦他納在 4
月 13 日宣布解散國民議會，但沒有宣布選舉
的日期。4 月 17 日，「紅色高棉」（Khmer

圖 4-1：佛瑪
資料來源："Souvanna Phouma,
"Wikipedia, https://en.wiki
pedia.org/wiki/Souvanna_
Phouma　2016 年 2 月 2 日
瀏覽。

Rouge）攻陷金邊，接著越南共黨軍隊在 4 月 30 日攻陷西貢，此一事態之
發展深深影響寮國政局。5 月 7 日，寮共沿著十三號公路攻占猛卡西，朝
琅勃拉邦前進。[106] 5 月 9 日，學生和工人組織「追求和平與國家協調」的
「21 個和平組織」（Twenty-one Organizations for Peace）舉行反美示威，
批評右派政治家族，包括札納尼空（Ngon Xananikon）、阿派（Khamphay
Aphai）、西索克，要求右派部長退出內閣，結果國防部長西索克、財政部
長札納尼空、公共衛生部長阿派和兩位副部長辭職，流亡海外，另由寮共
的寶帕將軍（General Kham Ouan Boupha）接任國防部長。歐膜親王（Prince
Bunum na Champassak, 又寫為 Prince Boun Oum）的弟弟布龍（Bunom）遭

---

106. 「共黨破壞停火協定寮國局勢惡化猛卡西失陷永珍皇都交通切斷」，**中國時報（臺灣）**，
　　1975 年 5 月 8 日，版 4。

暗殺。美國關閉設在永珍的美國國際開發總署寮國辦事處。左派分子在美國大使館前示威、丟石塊,衝進大使館庭院,並試圖扯下美國國旗。

反右派的示威分子要求免除第二軍區司令萬寶的職務,在此局勢惡化情況下,萬寶請求美國空運 5,000 人離開寮國前往泰國,美國駐烏隆他尼(Udon Thani)「中央情報局」站只允撤退主要官員的眷屬,5 月 10 日萬寶及 12 名蒙族領袖簽署協議,提醒美國對他們的保證,及他們同意離開寮國,不再返回。以後數天由美國志願者、蒙族和寮族飛行員駕駛飛機將數百名蒙族軍人和眷屬運送至泰國烏隆他尼的臨時居留地。萬寶在 5 月 14 日離開永珍。[107] 國王從永珍返回琅勃拉邦。

有一百多名右派軍人倒戈,他們屬於軍官訓練學校,在 5 月 11 日從永珍市郊的陸軍營區,移駐到約 4 英里外的永珍的公立技術學院,發表聲明說他們再也不能忍受第五軍區軍事人員的不當行為。[108]

在琅勃拉邦和素旺那曲的美國援助辦公室遭「人民革命委員會」的人占領,官員遭到軟禁。「人民革命委員會」是由當地左派分子組成,迅速接掌地方政府,歡迎「巴特寮」進城。5 月 14 日,約 3,000 名暴民搗毀美國國際開發總署寮國辦事處。5 月 19 日,寮共軍隊控制百細、素旺那曲、他曲。全寮國舉行反美示威,暴民占據在永珍和琅勃拉邦的美援機構,美國開始撤僑。5 月 27 日,美國駐寮國代辦查普曼及政治官員詹遜和寮國經濟部長蘇瑟、寮國學生、美國國際開發總署寮國籍職員的代表談判簽署一項八點協議,規定將學生占領的美國國際開發總署寮國辦事處歸還美國,並於 6 月 30 日前將該署所有美國及其他國籍的雇用人員送出寮國。[109] 隔天

107. "Lao People's Democratic Republic and Laos under the Pathet Lao after the Vietnam War," in *Facts and Details*.(http://factsanddetails.com/southeast-asia/Laos/sub5_3a/entry-2941.html 2016 年 2 月 20 日瀏覽。)

108.「右翼部隊倒戈 百人投向寮共」,**中國時報**(臺灣),1975 年 5 月 12 日,版 1。

109.「美與寮國達成八點協議 下月底前撤走美援機構由寮聯合政府接收開發署經費」,**中國時報**(臺灣),1975 年 5 月 28 日,版 4。

兩名美軍陸戰隊士官及一名平名工程師即獲釋放。6 月初，「巴特寮」進入琅勃拉邦。6 月 26 日，美國關閉在寮國的美援機構，援助官員離開永珍，有 800 名美國人陸續離開寮國。但寮國政府卻要求美國繼續提供援助，以免使經濟惡化，美國則宣布停止對寮國經濟援助。暴民攻擊及劫掠政府辦公大樓，警察袖手旁觀。

7 月底，警察武力被解散，另由寮共軍隊取代警察職務。軍隊營級以上軍官亦換成寮共軍官。8 月 18 日，「人民革命委員會」接管了琅勃拉邦的政府行政。各省及各縣市首長亦換成寮共人員。8 月 23 日，佛瑪知道無法獲得美國的援助，才沒有下令將軍出擊「巴特寮」，反而任命「巴特寮」的寶帕將軍接任國防部長，「巴特寮」軍隊就輕易的沒有遭到抵抗的進入永珍。當寮共軍隊進入琅勃拉邦和永珍時，寮共領袖和蘇法努旺飛往該兩城市，受到熱烈的歡迎。在永珍約有 20 萬群眾傾聽「巴特寮」領導的演講，有 50 名「巴特寮」女兵從桑怒飛到永珍，象徵解放永珍。群眾演講會以嘉年華的方式進行，一口裝有「美國帝國主義死者」之棺木在慶祝聲下被焚毀。在此之前，該兩城市的老百姓已有數萬人逃離，因此寮共入城並未發生像金邊和西貢一樣的流血衝突事件。

寮共進城接管政權後，市面上的商店都關門，寮幣兌美元貶值 80%，通貨膨脹達 50%，商店貨架是空的，人民囤積黃金，或將資金匯往國外。寮共政府禁止女孩穿美國牛仔褲，男孩禁止留長髮。個人行動受到限制，新聞需要檢查。經常有群眾集會批判前朝，或者解釋現在政府的政策。

寮共取得政權速度緩慢，主要原因是寮共當時控制的地區都屬於人口稀少的偏遠山區，大城市及人口較多的城鎮大部分土地還是國王控制區，若一下推翻君主制，會引發大規模的反抗風潮，因此，寮共先利用聯合政府，讓其勢力進入政府機構，建立其統治網絡，在統治初期仍須仰賴國王的支持。

由於美援停止，美國技術專家回國，寮國經濟出現困難，於是從蘇聯

引入 1,500 名技術專家和顧問。這些專家包括造橋、儲油設施、建造修車廠等。在寮共控制永珍時，大約有三萬多名難民和 12 名高級軍官和內閣閣員逃難進入泰國，泰國與美國協商讓這些寮國右派官員和軍官前往美國尋求政治庇護。

　　9 月，寮共利用人民法庭對前右派人物進行審判，對已逃亡的部長判處死刑，25 名領袖判處二十五年徒刑。一般下層公務員或軍人、警察則被送至「再教育營」改造或勞動營勞動，有少數人逃亡到泰國。11 月 26 日，「政治協商會議」和臨時政府召開聯合會議，決議廢除君主政體，改行共和。又透過一次群眾示威，要求解散第三次的聯合政府和廢除君主制。佛瑪和蘇法努旺飛到琅勃拉邦接受國王退位信函。12 月 1 日，國王薩凡・瓦他納之幼子曼卡拉王子及國王兩位同父異母兄弟逃往泰國。12 月 1–2 日，在永珍體育館舉行全國人民代表大會（National Congress of People's Repre-sentatives）會議，2 日，由王儲馮・薩凡（Crown Prince Vong Savang）宣讀他父親的退位聲明。國王將其皇家土地和王宮獻給國家，出任國家主席的顧問。會中同時宣布成立寮國人民民主共和國（Lao People's Democratic Republic），由蘇法努旺出任國家主席，寮國人民革命黨總書記馮維漢出任總理。佛瑪為特別顧問。禁止其他政黨的活動，成為一黨專政的國家。

表 4-1：寮國王國之國王世系

姓名	照片	出身	出生及出生地	死亡	繼承權
西薩凡馮（Sisavang Vong，在位期間：1946/4/23–1959/10/29）		寮國王室	1885/7/14（琅勃拉邦）	1959/10/29（琅勃拉邦）	札卡林（Zakarine）之子
薩凡・瓦他納（Savang Va-tthana，在位期間：1959/10/29–1975/12/2）		寮國王室	1907/11/13（琅勃拉邦）	1978 或 1984/5/13（桑怒）	西薩凡馮之子

資料來源：" List of monarchs of Laos," https://en.wikipedia.org/wiki/List_of_monarchs_of_
　　Laos 2015 年 12 月 12 日瀏覽。

第五章

寮國人民民主共和國

第一節　憲政制度

　　1975 年 12 月 2 日，寮國人民革命黨（以下簡稱寮共）的戰鬥組織「巴特寮」（即寮國之意）推翻薩凡・瓦他納國王，成立寮國人民民主共和國，薩凡・瓦他納國王宣布退位。[1] 雖然寮共採行人民民主政治，但傳統的政治和社會行為依舊。貴族家族的勢力消退，取而代之的是共黨領袖。亦有少數舊家族與新興革命分子結合，取得重要的權位和影響力。各地亦出現反對共黨政權的活動，越南派遣 3 萬軍隊駐紮寮國，協助鎮壓反抗活動。[2]

　　儘管寮共在取得政權之初，曾透過「研討營」（seminar camps，「再教育營」），將舊社會的官員、軍警和菁英進行再教育，教育內容是有關寮共之主張和政策、自我批評和批判前朝政府的錯誤。但因為有兩個因素，導致寮國無法促進經濟發展，這兩個因素是寮國的佛教和政府官僚無能執行社會主義主張和政策。因此，寮國的傳統政治、施恩受惠關係、再加上共產主義的思想，產生獨特的政治文化。[3] 這些「再教育營」設在寮國北部的川壙、華潘省及南部的阿塔坡省。幸好寮國沒有採取像柬埔寨和越南的殺害前領導人和無辜百姓的手段。估計在這些「再教育營」接受改造的人數約有 1–4 萬人。改造時間長短不一，有些甚至長期監禁而死於改造營。有許多人不能忍受共黨的統治方式，而紛紛流亡他國，例如截至 1980 年，

1. 前國王薩凡・瓦他納（Savang Vatthana）在 1977 年 3 月以前擔任蘇法努旺國家主席的私人顧問，寮共政權擔心他變成人民反抗政府的象徵，將他送至虛賓省，與王后坎伯伊（Queen Khamboui）和王儲馮・薩凡王子住在一起，關在第一號營（Camp 01）。王子死於 1978 年 5 月 2 日，11 天後，國王因飢餓逝世。王后在 1981 年 12 月 12 日逝世。王室家族成員都被埋在集中營附近的無名墓。官方沒有公布消息。1989 年 12 月，凱山・馮維漢訪問法國時，證實國王死於年老。（http://workmall.com/wfb2001/laos/laos_history_developments_in_the_lao_peoples_democratic_republic.html　2005 年 5 月 23 日瀏覽。）

2. Ronald Bruce St. John, *Revolution, Reform and Regionalism in Southeast Asia, Cambodia, Laos and Vietnam*, Routledge, New York, 2006, p.32. 關於越南派遣多少軍隊駐守寮國，報導不一，大約在 3–5 萬之間。

3. http://www.photius.com/countries/laos/government/laos_government_government_and_polit~9499.html　2005 年 5 月 23 日瀏覽。

約有 10% 的寮國人口的人逃亡他國謀生或成為難民。[4] 其中華人 1 萬人和越南人 15,000 人離開永珍，且帶走了很多黃金。[5] 1986 年，寮國政府宣布關閉所有的「再教育營」，但有少數人被關到 1989 年。被關在「第一號教育營」的人則一直沒有被釋放。國王薩凡・瓦他納、王后坎伯伊（Queen Khamboui）、王儲馮・薩凡在 1977 年 3 月 13 日因為涉嫌反動派的活動，而被關在「巴特寮」戰時的首都華潘省的永賽（Vieng Xai）的「第一號再教育營」，從事體力勞動。關在該營的人沒有一人存活，王儲馮・薩凡在 1978 年 5 月 2 日去世，國王在十一天後死於飢餓，王后死於 1981 年 12 月 12 日。其他如簽署「永珍協議」的彭沙萬（Pheng Phongsavan）、蒙族領袖萊馮（Touby Lyfoung）、曾任「自由寮」的秘書長韋類山（Soukhan Vilaysan）、以及馬克席帕拉克（Bounphone Maekthepharak）將軍和拉遜孔（Ouan Ratikoun）將軍，亦均死於該「再教育營」。前朝元老有些則被關十多年。佛瑪則被軟禁在永珍，直至 1984 年 1 月去世。[6]

第一屆最高人民議會（Supreme People's Assembly）是由全國人民代表大會在 1975 年 12 月 2 日任命產生，共有 45 名議員，其中包括王儲馮・薩凡，雖然每年開 2 次會，但很快就變成不重要。因為它不過是寮共的橡皮圖章。寮共政府在 1976 年 11 月舉行縣級和村鎮級選舉，年滿十八歲者強迫投票，所有候選人都是「巴特寮」分子。過去這類層級的首長都是任命，現在全改為民選產生。

寮共政權成立後，獲得不少東西方陣營國家之承認，包括美國，不過只允美國大使館派代辦層級。美國停止對寮國新政權之經濟援助。至 1992 年 8 月，美國和寮國才恢復大使級關係。

4. Grant Evans, *A Short History of Laos, The Land in Between*, p.178.

5. Martin Stuart-Fox, *A History of Laos*, p.172.

6. Jeffrey Hays, "Lao People's Democratic Republic and Laos Under the Pathet Lao After the Vietnam War," *Facts and Details*, May 2014.（http://factsanddetails.com/southeast-asia/Laos/sub5_3a/entry-2941.html 2015 年 12 月 23 日瀏覽。）

　　寮共政權對於國家符號亦進行改革，廢除君王體制，修訂新國旗和國歌，廢除舊鈔票，但保留舊郵票，跟柬埔寨和越南不同，寮共沒有修改主要城市的街道名稱。

　　寮共推動社會改造之機制是在 1979 年 2 月將「寮國愛國陣線」改名為「寮國國家改造陣線」（Lao Front for National Construction, Neo Lao Sang Xat, NLSX），其成員包括和尚、商人、少數民族、工會、青年和婦女等團體。初期寮共政權利用同情共黨的和尚宣傳佛教和社會主義是相同的思想主張，例如都同情窮人和被剝削者，都主張結束受苦難，主張恢復傳統的價值和道德觀。但逐漸將和尚納入黨的控制之下，以及禁止和尚參加宗教慶典儀式，認為是在浪費稀有經濟資源。寮共認為和尚不能再在早上沿門托缽，等候別人的施捨，而應該自食其力，參與社會的勞動，例如參與教育或傳統醫學，結果有許多和尚返俗。

　　為了消除文盲，寮共政府派遣識字的學生和和尚到偏遠鄉下任教，經過頭幾年的努力，寮國的文盲率已從全國 60% 下降為 40%。鼓勵學生前往社會主義國家學習，已經在西方國家留學者，則鼓勵他們早日返國服務。在反美帝的政策下，設在永珍的美國新聞處被關閉，美國出版的書籍都從圖書館中撤下，禁止美國音樂、舞蹈、電影、服飾和飲食。關閉西方的教堂，寮國人不可和外國人接觸。初期在永珍有少數夜總會和酒吧存在，主要是給予若干外國顧問使用。傳統寮國舞蹈蘭旺舞（lamvong）允許存在，是一種雙人舞蹈，著重手姿勢的擺動，成為寮國社交的一般舞蹈。

　　在經濟層面，跟其他社會主義國家一樣，寮共政府將各種商業公司和工業企業國有化，禁止私營公司，交通運輸由政府控制，外國石油公司被迫撤離。1986 年實施經濟改革開放，逐漸採取資本主義經濟制度和政策。

內政發展

　　最高人民議會在 1975 年草擬憲法草案，但並未完成。以後在東德顧問的協助下，由寮共政治局委員羅凡賽（Sisomphone Lovansai）負責憲法起草的工作。1984 年 5 月 22 日，最高人民議會常設委員會正式任命羅凡賽為 15 人憲法起草委員會主席。制憲之所以拖延時日，外人無法知曉原因。越南在 1980 年修改憲法，柬埔寨亦在驅逐「赤棉」（Khmer Rouge）後兩年，在 1981 年制定新憲。但寮國卻稽延憲法制訂，據信是寮共政治局成員對於憲法條文有歧見所致。

　　1989 年 3 月，新選出的最高人民議會正式任命 17 人組成憲法起草委員會。1990 年 4 月，憲法草案在獲得寮共政治局和書記處的同意後，最高人民議會公布憲法草案。1990 年 4 月 30 日，寮共黨中央委員會發布第 21 號令，呼籲各界對該憲法草案進行討論。[7] 1991 年 8 月 14 日，在寮共建國十六年後，最高人民議會通過憲法，由代理國家主席諾沙萬公布，隨後即辭職。該部新憲法將最高人民議會改名為國民議會。國民議會立即選舉馮維漢為國家主席兼黨主席，坎泰・西潘同為總理。該部憲法允許人民擁有私有財產和保障基本自由權。

　　1992 年 11 月，馮維漢去世，諾哈克・馮沙萬（Nouhak Phoumsavan，或寫為 Nuhak Phumsavan）繼任為國家主席，坎泰・西潘同繼任黨主席。此二人被認為是反對經濟自由化的人物。

　　憲法對於政權的性質做了清楚的規定，即是國會和所有其他國家組織都是建立在民主集中制（democratic centralism）的原則之上。（憲法第 5 條）其中一個條文可能係抄襲自越南的憲法，即寮國政府對於追求公道、自由、和平和科學等理由而受迫害的外國人，可給予政治庇護。（憲法第 38 條）

---

7. http://www.photius.com/countries/laos/government/laos_government_the_constitution.html 2005 年 5 月 23 日瀏覽。

對於像寮國這樣的共黨國家，訂定此一條文，是極為諷刺的。

2003 年，修改憲法，第 22 條規定教育之目標在培養良好公民，寮國公民應具有寮國國籍。在憲法前言中不再提社會主義是未來的目標，僅提及寮國是一個和平、獨立、民主、統一和繁榮的國家。憲法第 2 條規定寮國是一個人民民主國家；第 5 條規定其組織運作是根據「民主集中制」原則。

寮國是一黨制國家，人民自由權仍受到限制。受到經濟逐漸開放的影響，政府在 2009 年 4 月 29 日允許人民成立非政府組織。9 月，寮國政府批准了聯合國三項條約，包括公民與政治權利國際公約（International Covenant on Civil and Political Rights）、聯合國反貪污公約（U.N. Convention against Corruption）和殘障人士權利公約（Convention on the Rights of Persons with Disabilities）。政府並決定下放權力到地方政府，建立 e 政府，透過網路讓人民可以更便利獲取政府資訊。[8]

表 5-1：寮國人民民主共和國歷任國家主席

姓　　　名	在位期間	黨　　　籍
蘇法努旺 （Souphanouvong）	1975/12–1986/10	寮國人民革命黨
萬韋契特 （Phoumi Vongvichit）	1986/10–1991/8 （代理國家主席）	寮國人民革命黨
馮維漢 （Kaysone Phomvihane）	1991/8–1992/11	寮國人民革命黨
馮沙萬 （Nouhak Phoumsavanh）	1992/11–1998/2	寮國人民革命黨
西潘同 （Khamtai Siphandon）	1998/2–2006/6	寮國人民革命黨

8. Kristina Jönsson, "Laos in 2009: recession and Southeast Asian games," *Asian Survey*, Vol.50, No.1, January/February 2010, pp.241-246.

賽雅宋 （Choummaly Sayasone）	2006/6–2011/6/15 2011/6/15–2016/1/22	寮國人民革命黨
沃拉吉 （Bounnhang Vorachith）	2016/1/22–	寮國人民革命黨

資料來源：作者自製表。

寮國人民革命黨

　　寮國人民革命黨係源自 1930 年胡志明所建立的印度支那共產黨（Indo-chinese Communist Party, ICP），印支共黨在創立初期都是由越南人組成，在 1936 年組成寮國委員會或寮國小組（Lao section），唯有在 1940 年代中葉，越共曾甄選少數寮國人。1946 年或 1947 年初，馮維漢進入河內大學法律系就讀，諾哈克・馮沙萬在 1947 年就讀同一所大學運輸商業系。1951 年 2 月，印支共黨第二次黨大會決議解散，另組分別代表印支三國的三個政黨。但至 1955 年 3 月 22 日，寮國人民黨（Phak Pasason Lao, Lao People's Party—LPP）才正式召開第一次黨大會。在 1972 年第二次黨大會改名為寮國人民革命黨。從 1951 年到 1955 年，主要的以前參加印支共黨的寮國領袖後來成為寮國反政府的領袖。1956 年，寮國人民黨建立了「寮國愛國陣線」（Neo Lao Hak Xat, Lao Patriotic Front—LPF)，即「巴特寮」，扮演組織公共群眾的政治角色。寮國人民黨仍進行秘密活動，指導該陣線的活動。

　　越南共黨在革命期間，對寮國人民黨提供指導和支持，協助甄選寮國共產運動的領袖，寮國人民革命黨政治局是由與越南有密切關係的寮國人組成，越南人指導寮共高層領袖和整體寮共運動。越南派遣顧問參加寮共的活動，也派遣軍隊參加「寮國愛國陣線」。在北越的指導下，寮共成為馬列主義黨，其政治和群眾組織、軍隊和官僚組織皆模仿北越。寮共的領

導人，亦與越南有親戚關係，例如，凱山‧馮維漢的父親盧安‧馮維漢（Luan Phomvihan）為越南人，曾做過法國駐素旺那曲的駐紮官的秘書，1975 年第一任國家主席蘇法努旺和 1992 年繼蘇法努旺為第二任國家主席的馮沙萬都娶越南妻子。越南派了許多顧問在寮國的各級政府工作。[9] 寮共第二次黨大會在 1972 年 2 月召開，第三次黨大會在 1982 年 4 月召開。第四次黨大會在 1986 年 11 月召開，第五次黨大會在 1991 年 3 月召開。[10] 1996 年 3 月，召開第六次黨大會。2001 年 3 月 12–14 日，召開第七次黨大會。以後原則上黨大會是每四到五年召開一次。

　　當寮共在 1975 年掌權時，受馬列主義影響，意圖建立一個新的社會主義社會和新的社會主義人，宣稱要完成社會主義轉型。該黨宣稱已完成民族民主革命，驅逐法國殖民主義者和美國帝國主義者，推翻反動獨裁者、買辦資產階級、官僚、反動分子、封建主義者和黷武主義者。經由與工農聯盟，已贏得人民戰爭。它主張認同無產階級國際主義和印支團結的法律，同時將越南和蘇聯界定為朋友，美國為帝國主義者，中國為大國霸權主義，泰國黷武主義者為敵人。1980 年代末期，當蘇聯和東歐的共產主義國家進行激烈改革，凱山‧馮維漢及其政治局同志仍堅持馬列主義路線，但他們強調寮國應先經過「國家資本主義階段」。繼蘇聯戈巴契夫（Mikhail Gorbachev）的「新思惟」（perestroika）模式之後，凱山‧馮維漢在 1989 年宣布國家企業應與中央指令分開來，其財政應自主。他亦經常引用列寧的新經濟政策，來為他採取市場經濟、刺激私人創新的政策作辯護。

　　1991 年 3 月底舉行寮共第五屆黨大會，著重政治議題，包括新憲法之制定，黨章增加兩章，一是強調寮共之政治角色和地位；二是重申以黨領軍。廢除黨的秘書處，黨的日常業務由黨主席直接指揮。政治局有五人需

9. Grant Evans, *A Short History of Laos*, *The Land in Between*, pp.188-189.

10. http://www.photius.com/countries/laos/government/laos_government_origins_of_the_party. html　2005 年 5 月 23 日瀏覽。

補任，蘇法努旺、佛米和羅萬賽（Sisomphon Lovanxai）辭職，馮克漢紹（Sali Vongkhamxao）去世和克歐汶潘將軍（Sisavat Kaeobunphan）被撤換。增補委員包括國防部長坎泰‧西潘同，為黨內第三號人物，僅次於馮維漢和諾哈克‧馮沙萬。中央委員會中共有 55 名委員，4 名候補委員，其中軍人占了 14 人。在政治局中，軍人占了 3 人。

在 1990 年代初，寮共繼續採取更自由的市場經濟措施，更依賴資本主義國家和國際機構，以尋求投資和協助。寮國在各方面已逐漸減少依賴越南，以及降低與越南的特殊關係。[11] 1991 年公布的憲法，特別保障所有國家、集體和個人的所有權，以及私人所有資產和外國人在寮國的投資。（憲法第 14 條）

寮共的權力掌握在 49 人組成的中央委員會，以及由 9 人組成的政治局（Politburo）。寮國跟中國和越南一樣，都是以黨領政。1992 年 11 月，凱山‧馮維漢去世，由諾哈克‧馮沙萬繼任國家主席。1996 年 3 月 18–20 日，舉行第六屆黨大會，克歐布亞拉帕（Khamphuy Kaeobualapha）被免除副總理職務，同時也退出政治局和中央委員會。政治局 9 名委員中，6 名是將軍，1 名是曾任上校。諾哈克‧馮沙萬仍任國家主席，但因年紀大退出政治局。克歐汶潘將軍出任副國家主席。此一權力佈局是基於種族和區域平衡之考慮，新政治局委員有 3 位是少數民族，其中兩位是將軍。而新中央委員會委員是來自各省的代表。

1998 年 2 月，坎泰‧西潘同繼任國家主席。2001 年 3 月 12–14 日，第七次黨大會再度選舉坎泰‧西潘同為黨中央委員會主席，他曾在 1947 年加入反君主專制的游擊隊，1986 年曾率領軍隊和泰國進行一場邊界戰爭。坎泰‧西潘同亦出任寮國國家主席。2006 年 6 月，賽雅宋（Choummaly Sayasone）出任寮國國家主席。2011 年 6 月 15 日，賽雅宋續任國家主

---

11. http://www.photius.com/countries/laos/government/laos_government_ideology_of_the_lao_~9502html　2005 年 5 月 23 日瀏覽。

席。2016 年 1 月 22 日，人民革命黨選出國家副主席沃拉吉（Bounnhang
Vorachith）為新任總書記，並出任國家主席。沃拉吉已高齡七十八歲，屬
革命元老級人物，政治立場較傾向越南。

　　寮國人民革命黨是唯一合法政黨，不允許反對黨存在。寮國很貧窮、
人民受教育率低、有許多少數民族，若許可其他政黨存在，將可能重蹈革
命前的狀況，造成政局不穩。但一黨專政容易造成貪污腐化、沒有效率，
因此在堅持社會主義理想不變的情況下，一個可以模仿學習的對象就是越
南和中國，基於印度支那的情誼，在政治方面，越南成為寮國學習的較好
模式，而經濟改革方面，則以泰國為師。

國會選舉

　　為了使政府政策能獲得民意的支持，最高人民議會在 1988 年 4 月決議
舉辦選舉，採三階段進行，第一階段先在 1988 年 6 月 26 日舉行縣級人民
議會選舉，選出 2,410 席，共有 4,462 人參選，其中只有 360 席是同額競選，
沒有他人競爭。第二階段在同年 11 月 20 日舉行省級人民議會選舉，選出
651 席。第三階段在 1989 年 3 月 26 日，有 121 人參選最高人民議會（國會）
79 席，其中 65 席是人民革命黨黨員，另外 14 席不是人民革命黨黨員。其
中有 66 人是低地寮龍族人，有 5 人為女性。各級選舉的候選人，都須經寮
共的審查通過。[12]

　　在 1989 年選舉以前，寮國並無憲法，因此該新產生的國會之任務就是
制訂憲法，在 1991 年 8 月 14 日通過寮共政權第一部憲法，隔年 12 月 20
日即改選國會，由人民秘密投票選出 85 席議員，參選人數有一百六十多

---

12. "Laos development in the Lao People's Democratic Republic,"（http://workmall.com/wfb2001/
　　laos/laos_history_developments_in_the_lao_peoples_democratic_republic.html　2015 年 12 月
　　23 日瀏覽。）

位，大多數是人民革命黨員，亦有少數中立派候選人參選，不過都經過共黨的挑選。這次有比上屆選舉更多的婦女和少數民族參選。[13] 1993 年 3 月 25 日，通過特別的國會法（National Assembly Law），規定了五個國會委員會領域，包括：秘書處；法律；經濟計畫和財政；文化、社會和國籍；外交事務。[14] 1997 年選舉，議席增加到 99 席，其中 1 席是獨立人士代表；有 21 席是婦女代表。[15] 2002 年 2 月 24 日，舉行選舉，約有 250 萬合格選民，投票率 100%。議席增加到 109 席，都是由人民革命黨黨員當選。[16] 2006 年選舉，登記選民數有 282 萬，有 281 萬出席投票，投票率達 99.76%，共選出 115 席，人民革命黨獲 113 席，獨立人士 2 席。2011 年選舉，共選出 132 席，人民革命黨獲 128 席，獨立人士 4 席。[17] 寮國仍是一黨國家，獨立人士被選為議員只是點綴。2016 年 3 月 20 日舉行國會選舉，要選出 149 席。有 211 人參選，其中婦女有 50 人。選舉結果，人民革命黨員當選 144 人，獨立人士 5 席。登記選民數有 3,733,932 人，投票率為 97.94%。[18] 4 月 20 日，國會選舉沃拉吉（Bounnhang Vorachith）為國家主席，以取代賽雅宋（Choummaly Sayasone）；西梭里特（Thongloun Sisoulith）為總理，以取代坦瑪馮（Thongsing Thammavong）。

除非精神病或依法被剝奪公民權者之外，公民年滿十八歲有投票權，年滿二十一歲有被選舉權。（憲法第 23 條）

寮共政權自 1975 年建立以來，只有中央級選舉，並未舉行地方選舉。

13.「寮國舉行國會選舉」，**中央日報**（臺灣），1992 年 12 月 21 日，版 6。

14. "Laos Legislature,"（http://www.photius.com/countries/laos/government/laos_government_legislature.html　2015 年 12 月 23 日瀏覽。）

15. Ronald Bruce St. John, *op.cit.*, p.120.

16. *Keesing's Record of World Events*, Vol.48, No.3, 2002, p.44678.

17. "Laotian Parliamentary election, 2011,"（https://en.wikipedia.org/wiki/Laotian_parliamentary_election,_2011　2015 年 12 月 23 日瀏覽。）

18." Laotian parliamentary election, 2016," Wikipedia.（https://en.wikipedia.org/wiki/Laotian_parliamentary_election,_2016　2016 年 4 月 23 日瀏覽。）

直至 1988 年 6 月 26 日才首次舉行縣級人民議會選舉。2003 年 5 月，國會修改憲法，增訂市選舉條文，將在占巴寨、琅勃拉邦、甘蒙（Khammouane）和素旺那曲四個省份舉行市選舉。該條款也增加市政府的財政自主權。[19]

受教育程度低

寮國給予教育的預算還是偏低，占其國內生產總值 2.8%，在偏遠鄉間甚至沒有學校，若有學校，教師也沒有薪水，必須依賴其他方法謀生，聯合國估計寮國年滿十五歲到二十四歲者約有 21.5% 的人是文盲。整體寮國的識字率低於 70%。學校教師資格不符、缺乏教科書，在 2005 年小學入學率約 84%，中學入學率約 37%。其中女性就學率更低，輟學率很高。念到大專程度的學生約 8%。大專程度不高，缺乏資訊技術專家和會計專家。黨政高層官員的子女則到國外就讀。近年政府已注意教育改革，成立 6,000 萬美元的教改基金，其中 70% 基金是由外國援助。

人權與反政府活動

寮共取得政權後，將大批前朝遺老和平民送至勞改營（再教育營）改造，政治異議分子約有 30,000 人到 50,000 人在勞改營改造。1980 年代末，允許較多的人權，許多改造營關閉，一些人犯被送至勞改營附近的工地和集體農場工作。人民在國內的旅行以及越過湄公河到泰國或外國的限制也放寬了。1994 年 4 月，任何寮國人只要擁有身分證或外國人取得寮國的簽證，即可在寮國境內自由旅行，除了特定的限制地區之外。對佛教宗教活動的限制也放寬了，甚至高層政府官員也參加佛教活動。1991 年，釋放了

---

19. Martin Stuart-Fox, "Laos: the Chinese connection," *Southeast Asian Affairs*, 2009, pp. 141-169, at p.157.

自 1975 年以來被關在「再教育營」的 25 人。至 1993 年，還被關在「再教育營」的前政府官員和軍人的人數不到 12 人，寮國政府宣稱剩下的被拘捕者可以在他們被拘捕地的華潘省自由旅行。

　　儘管如此，許多自由仍受到限制，政府控制人民集會，除了宗教、體育和社區活動之外。政治示威、抗議遊行和其他顛覆活動嚴格受法律限制。憲法保障言論和出版自由，但都會受到政府的控制。

　　自 1975 年以來到 1990 年代初，寮國境內還存在著小股叛亂活動，但對政權的影響不大。這一小股叛軍從事怠工、爆破橋樑和公路等。「1976年 2 月出現有反寮共政權的活動，例如『21/18 寮國國家革命陣線』（Lao National Revolutionary Front 21/18），該組織要求嚴格遵守 1973 年 2 月 21日的『永珍協議』和第三次聯合政府同意的十八點計畫綱要。該組織之目的在號召中立派和右派，甚至『巴特寮』分子，主張維護君主政體、反對成立共黨政權。其引人注意的活動是爆破一座橋樑、對寮國國家電台建築物和蘇聯大使館廣場投擲手榴彈。」[20]

　　1978 年 8 月，寮國指控法國和美國「中央情報局」暗中陰謀發動政變，因此宣布和法國斷交，直至 1981 年 12 月 9 日才恢復邦交。[21]

　　大多數叛軍是屬於蒙族，他們過去是由美國「中央情報局」協助的前軍人所領導，他們在 1960 年代對抗「巴特寮」和北越軍隊。蒙族與以前的寮國王國關係密切，後來逃難到泰國境內，與當地泰國軍人合作，組成游擊隊，進行反寮共政府活動。至 1990 年代，泰國和寮國關係改善，泰國軍方對該蒙族游擊隊的支持逐漸減少。蒙族游擊隊宣稱他們的武器和經費主要是來自海外寮人，包括在美國的約 18 萬名寮國僑民。

　　寮國政府將蒙族視為與美帝合作者，因此不信任他們。蒙族和其他高地少數民族繼續對抗政府，寮國政府若無越南軍隊的協助，是難以平定這

---

20. Martin Stuart-Fox, *A History of Laos*, p.174.

21. "Laos posts," *The Canberra Times*, December 9, 1981, p.5.

些叛軍的。此外,這些少數民族叛軍常會躲入泰境尋求庇護,寮國政府軍很難清剿。[22]

從 1975 年到 1985 年,在寮共取得政權初期,約有 35 萬人越過湄公河逃到泰國境內,然後移徙到第三國。在 1980 年代末和 1990 年代初,難民潮下降。例如,在 1990 年,估計有 1,000 人到 2,000 人低地寮人、和 4,000 人到 5,000 人高地寮人非法進入泰境。泰國政府拒絕給這批難民移民許可。而隨著冷戰的結束,因為受共黨迫害的理由而遷移到第三國的作法亦漸難以執行。此外,寮國亦已開放允許人民自由出國,很難再以難民身分而要求第三國接納。

在 1990 年代初,已有許多寮國難民返國。至 1993 年底,聯合國難民高級專員公署(United Nations High Commissioner for Refugees, UNHCR)已遣返 19,000 人返回寮國,另估計有 3 萬人自行返回寮國,未經過聯合國難民高級專員公署的安排,自行返國者大都為低地寮人。[23]

1998 年 1 月 30 日,有 44 名基督教友在永珍基督教堂集會,遭警方以擾亂社會秩序罪名逮捕,外國人均遭驅逐出境,10 名寮國人則分別被判處一到三年不等徒刑。永珍約有 20 人計畫在 1999 年 10 月 6 日佛教齋戒節後舉行示威,要求民主,結果均遭逮捕。[24]

2000 年初,在川壙的蒙族和寮族為了土地分配問題而爆發衝突,有 5 人死亡,14 人受傷,多間房屋被燒毀,據稱寮國還招請越南派軍隊鎮壓。[25]

7 月 3 日,寮國反政府軍一百多人攻擊寮、泰邊境的移民和海關辦事處,占領海關大樓,降下寮國國旗,升上自己的旗幟。寮國軍隊發動攻擊,

22. "Laos insurgents,"(http://www.photius.com/countries/laos/government/laos_government_insurgents.html 2015 年 12 月 23 日瀏覽。)
23. "Laos refugees,"(http://www.photius.com/countries/laos/government/laos_government_refugees.html 2015 年 12 月 23 日瀏覽。)
24. Grant Evans, *A Short History of Laos, The Land in Between*, p.222.
25. Grant Evans, *A Short History of Laos, The Land in Between*, p.223.

導致 5 名叛軍喪生，26 名叛軍逃入泰境，另有七十多人逃走。泰國警方在沖梅山口逮捕 26 名寮國叛軍，查獲他們攜帶的武器，包括火箭炮發射器、AK-47 衝鋒槍和手榴彈。[26] 據信這些叛軍可能是寮北的蒙族的反共軍，他們在寮、泰邊境活動。[27]

2003 年 10 月 31 日，有自稱寮國自由民主人民政府（Free Democratic People's Government of Laos, FDPGL）的團體在永珍幹下爆炸案，但無人傷亡。該一組織自承從 2000 年以來已幹下十四起爆炸案，造成 4 人死亡，數十人受傷。該一組織可能有不滿現在政府的退伍軍人參加，其目的在推翻現任寮共政府，驅逐仍駐留寮國的越南軍隊。分析家認為這起爆炸案可能是蒙族叛軍所為。[28]

在 2006–2007 年間，有數千名蒙族游擊隊向政府自首，但游擊戰還在進行。2007 年 5 月，還有謠傳流亡美國的萬寶要返回寮國，他陰謀購買 1,000 萬美元的軍火運至寮國。此一訊息顯示蒙族仍存在著與寮族不同的國族認同。

第二節　經濟自由化

寮共政權在 1976 年 6 月廢除舊貨幣，以舊幣 20 元基普（kip）兌換新幣〔解放幣（Liberation kip）〕1 元基普。10 月，採用累進稅，對稻米生產課徵 30% 的稅。對非稻米的穀物課徵 8% 的稅。寮共政權之所以採用此高額稅率，以及以低於市價購買稻米之政策，主要原因是已沒有美國經援來挹注財政預算。在 1978 年 3 月，推動一項臨時的三年發展計畫，以配合越

---

26. 南洋星洲聯合早報（新加坡），2000 年 7 月 4 日，版 20。
27. Seth Mydans, "Laos uneasy amid echoes of Indochina war," *Taipei Times*, July 22, 2000, p.4.
28. *Keesing's Record of World Events*, Vol.49, No.11, 2003, p.45700.

南和東歐共黨國家的五年發展計畫。該項發展計畫之目標預定在 1980 年達成糧食自足，政府增加工業和製造業經費以增加農業產量及木材的產量。[29]

「寮國在 1978 年 6 月進行農業合作社運動，採取漸進方式，理論上農民可自由選擇是否加入農業合作社，土地和基本生產工具（如耕牛和犁）可納入集體合作社的財產，但家用物品仍屬私人所有。實際上，官員會迫使農民參加農業合作社。10 月，政府宣布有 800 個農業合作社成立；12 月，有 1,600 個農業合作社成立；1979 年增加到 2,800 個農業合作社。」[30] 農業合作社約占農村農民家庭的 25%。[31] 寮國所以未能採取全面的農業合作社，最主要原因是缺乏可用的幹部以及缺乏資金和技術來協助農民改善其農業生產技能。也有農民抵制，毀壞農作物，屠殺耕牛以免被納入合作社所有，或者逃亡到泰國，或跑到政府控制力薄弱的偏遠鄉間墾荒。1979 年 7 月，寮國政府在經過評估以及蘇聯顧問的建議後，突然宣布停止農業合作社計畫，已加入者，可自由選擇退出。

在貿易方面，寮國也採取國家控制貿易和行銷，造成私人貿易網絡崩潰，在過去一般的小生意都是由婦女擔任，國有化後改由國家經營商業，同時也由缺乏行銷經驗的男性負責貿易工作。此一嚴格控制市場和政治、社會生活之政策，導致 30 萬人，占人口的十分之一，流亡到泰國的難民營或美國、法國或其他西方國家。過去跟美國關係良好的蒙族，亦為了身家性命安全而逃離寮國。[32]

寮國跟越南不同，並沒有實施徹底的社會主義政策，馮維漢在 1979 年 12 月最高人民議會主導通過第七項決議，採取市場社會主義政策，取消對

29. Ronald Bruce St. John, *op.cit.*, pp.33-34.

30. Martin Stuart-Fox, *A History of Laos*, p.179.

31. Ronald Bruce St John, *op.cit.*, p.36.

32. W. Randall Ireson, "Evolving village-state relations in the Lao PDR: time, space, and ethnicity," in Jacqueline Butler-Diaz, ed., *New Laos, New Challenges*, Arizona State University, 1998, pp.41-71, at pp.49-50.

於小型的私人企業公司的限制，允許商品交易時使用市場價格機制；減少對稻米的課稅；以銀行幣（Bank kip）取代解放幣，將寮國幣兌美元匯率貶低 60%。[33] 但建立農業合作社之目標並未放棄，只是調整其進度而已。寮國人民革命黨認為現代農產品的進出口、有效的行銷機制、提供商品和供應品給農民等很重要。為達此目的，組成貿易合作社很是重要，它需要國家提供貿易服務。當寮國人民革命黨在 1980 年代中葉推動更為開放的市場經濟時，合作社的重要性就遞減。至 1990 年，寮國已廢止此類的合作社。

　　1981 年，寮國推動其第一個五年經濟發展計畫，「由於該項計畫過於依賴外國協助，以及缺乏有訓練的人力資源，技術人員和公務員繼續尋求泰國的政治庇護，他們之所以要離開寮國，經濟因素高於政治因素，以及再加上他們在美國、澳洲、法國之親友的召喚。寮國政府為了提升人力素質，在 1976–81 年間派遣了 1 萬名學生和工人到越南學習，越南並非工業高科技的國家，到越南學習顯然是個錯誤，以至於有很多人半途返國。此外，寮國政府仍採取高度中央化決策模式，很難提升創造力及主動工作的熱誠。寮國缺乏技術人員及行政機構的缺點，最後導致該項計畫未能達到預期目標。」[34]

　　寮國共黨總書記馮維漢於 1985 年 1 月在最高人民議會上演講時即提到寮國面臨社會主義和資本主義兩線鬥爭，顯示寮國內部從該一時間起就有調整社會主義制度轉向資本主義發展的爭論。馮維漢想向右走，採取資本主義路線以改革經濟，使更具效率和增加生產力，但諾哈克‧馮沙萬代表保守派，反對走資本主義路線。結果馮維漢獲得軍方坎泰‧西潘同將軍和克歐汶潘將軍之支持。馮維漢給予軍方有關木材合約和貿易權利，作為交換的代價。此一路線之爭，使得第四屆黨大會從 1986 年 4 月延後到 11 月

33. Ronald Bruce St. John, *op.cit.*, p.39.
34. Martin Stuart-Fox, *A History of Laos*, p.185.

召開，俾能順利制訂 1986–1990 年的第二個五年經濟發展計畫。[35] 越南在同年 12 月 15–18 日，召開第六屆黨大會，通過「革新」（doimoi）政策，開始放開腳步走資本主義路線，此給予馮維漢更大的鼓舞。

寮國推動經改的時間比越南早，原因是從 1979 年起就實施局部市場機制，而該開放步伐過小，成效有限，所以才會在 1986 年 11 月寮共第四屆黨大會通過「新經濟機制」（gongai setakit maj, New Economic Mechanism, NEM），決定採取大幅度的開放政策，開放國內和國際貿易、投資和生產，包括三大要素：

第一，開放經濟、歡迎國際投資和開發援助；

第二，鼓勵私有化、發揮市場機制；

第三，提高與改善公部門的效率。[36]

農業合作社正式被宣布結束，集體所有的稻田將每隔三年逐步分給個別家庭耕種，按家庭大小分配土地面積，此一改革使得農業生產重新恢復生氣，農村勞工出現換工流動。由於受到交通因素之阻礙，城鄉在自由化之速度不同，靠近永珍等大城市的鄉下地區受惠新政策較大，偏遠地區之自由經濟活動還是不活潑，甚至到 1993 年東北部偏遠地區沒有政府官員，也收不到稻米稅。[37]

寮國在 1986 年就將四家國營企業採用新的會計制度，擁有更大的自主權，可自行決定生產目標及價格、投資和工資，這四家國營企業包括寮國電力公司、啤酒公司、寮國香菸公司、寮國柚木公司。但此一改革並未十分成功，缺乏管理的技術和經驗，不僅管理出現問題，還有資本流失的現象。

1988 年 2 月最高人民議會宣布將開始進行經濟改革，權力下放，鼓勵

---

35. Martin Stuart-Fox, *A History of Laos*, p.195.

36. Gerald W. Fry, "The future of the Lao RDR: relations with Thailand and alternative paths to internationalization," in Jacqueline Butler-Diaz(ed.), *op.cit.*, pp.147-179, at p.158.

37. W. Randall Ireson, *op.cit.*, pp.53-54,57.

私人企業，廢除兩價制，採單一價格制，允許國營企業自訂產品價格、自訂生產目標、自負盈虧，以及民營化。3月，進行國營銀行之改革，中央銀行只負責金融功能，至於外匯及商業和發展金融業務，則交由其他銀行負責。1990年年中，通過國家銀行法，設立國家銀行。1992年1月，通過新法令規範商業銀行及其他金融機構，將國營商業銀行予以民營化。

　　1988年6月，最高人民議會通過「第六號決議」，實施「小商品經濟」，即鼓勵農民將剩餘的產品拿到市場銷售，同時給予農民長期財產權，可將其土地移轉給其子女或買賣。該項政策是繼1987年底之改革而來，該項改革包括廢除國內農產品交易之限制，及取消各類穀物之最低交易價格。[38]

　　7月，通過外國人可擁有百分之百股權之外人投資法，鼓勵聯營企業（外資股權最低占30%）以及開放觀光。該外人投資法保障外資之安全，不得被攫奪或國有化、可自由匯回利潤和薪水、享有稅假期。1994年5月，廢止該1988年外資法，另立新外資法，廢除對聯營企業之限制、降低公司稅、開放外商投資領域、透過外商投資管理委員會提供一站式服務。[39]寮國有260家國營企業，至1991–92年間將37家國營企業民營化，改革緩慢的主因是缺乏民營化的經營人才、法律制度不良、缺乏會計和銀行人才、資本市場不足，還有公務員反對民營化。農業部亦將22家國營企業民營化。[40]

　　對於私產和外資保護，在1991年憲法有所規定。另通過新法令規定商業糾紛、破產和清算之處理程序。

　　在1988–2001年期間，除了1997年發生金融危機之外，經濟改革出現成效，平均經濟成長率為7%。2003年，國內生產成長率為5.7%；每人平均國內生產總值為1,700美元。儘管如此，寮國的基礎設施還是嚴重不足，沒有鐵路和充足的公路，有限的對內和對外通訊系統。在少數都市地區，有

38. Ronald Bruce St. John, *op.cit.*, p.85.

39. Ronald Bruce St. John, *op.cit.*, p.113.

40. Ronald Bruce St. John, *op.cit.*, pp.84-85.

電力設施，大部分鄉下地區缺乏電力。2001 年，農業生產占國內生產總值 53%，農業勞動力則占 80%。工業占 23%；服務業占 24%。2002 年，生活在貧窮線下的人數占全部人口 40%。2001 年積欠外債 24 億 9,000 萬美元。經濟依賴國際貨幣基金組織和其他國際機構的援助以及外國在糧食加工和礦物生產的投資。在 1979 年，寮國的主要外援國是蘇聯，占寮國總外來援助的 60%。蘇聯也派了約 1,500 名專家，包括經濟顧問、教授、醫生和機械專家到寮國工作。如將東歐和古巴的專家顧問合計，在寮國的外國顧問將近 4,000 人。以後隨著 1991 年蘇聯的垮台，進入後冷戰時期，寮國改向西歐國家和國際組織尋求援助。[41] 2001 年，獲得外國援助 2 億 4,300 萬美元。[42]

　　寮國在 1989 年和世界銀行與國際貨幣基金組織達成協議，進行進一步的改革，包括財政和金融改革、促進私人企業、外來投資、國營企業民營化、強化銀行體系、維持浮動匯率、降低關稅、簡化貿易規章手續、制訂較自由化的外人投資法。寮國政府分別在 1995 年和 2002 年通過智慧財產權法令。

　　1990 年，聯合國發展計畫（United Nations Development Programme, UNDP）協調各個聯合國金融和發展機構提供寮國 1,230 萬美元經濟援助，另外協調十三個國際政府組織援助寮國 410 萬美元。其中最為積極的是聯合國難民高級專員公署、聯合國兒童基金會（the United Nations Children's Fund)、聯合國毒品控制計畫（UN Drug Control Program）、聯合國糧農組織（Food and Agriculture Organization）。1992 年 3 月，舉行雙邊援助寮國圓桌會議，保證由國際政府組織提供寮國計畫援助 4 億 7,200 萬美元。在 1992 年和 1993 年，亞洲開發銀行（Asian Development Bank）亦提供有關道路建設、水力發電和水供應的貸款援助。

---

41. Grant Evans, *A Short History of Laos, The Land in Between*, pp.189-190.
42. http://www.StudentsoftheWorld.info　2005 年 5 月 23 日瀏覽。

　　國際非政府組織亦提供寮國援助，有二十二個非政府組織在 1990 年提供援助 325 萬 9,000 美元，其中「美國之友服務委員會」（American Friends Service Committee , Quakers）和「門諾中央委員會」（Mennonite Central Committee, Mennonites）分別提供援寮總數 15% 和 10% 的援助，他們的援助重點在衛生和農業計畫。從 1990 年到 1993 年，「美國之友服務委員會」對寮國提供援助 230 萬美元，主要從事小規模灌溉和稻田整合農地系統計畫、婦女發展、獸醫接種疫苗計畫、緊急救濟計畫（包括協助國內遷移居民）。「門諾中央委員會」在 1990–93 年提供援助 120 萬美元，從事農業和整合發展、緊急協助、教育、衛生、社會服務、經濟和技術協助等計畫。[43]

　　寮國人民革命黨在 1991 年 3 月的第五屆黨大會上通過 1991–5 年期中經濟戰略計畫，強調經改之方向在追求經濟自足、基礎建設發展、永續林業、發展中小企業、增加生產消費商品和基本商品、改善教育和健康。11 月，通過第三個五年經濟發展計畫。1993 年 2 月，第五屆黨中央委員會第六次全會通過了長期社會經濟計畫（1993–2000），強調將優先發展交通運輸、郵政、建設等領域將占國家投資額 47%；工業和手工業占 19%；農業和林業占 15%；農村發展占 9%；教育占 7%；公共衛生占 2%；資訊和文化占 1%。後來該項計畫在與捐款國於 1994 年 6 月在日內瓦的圓桌會議上以兩項文件呈現，即「1994–2000 年公共投資計畫大綱」（Outline Public Investment Program, 1994–2000）和「社會經濟發展策略」（Social-Economic Development Strategies）。[44]

　　1994 年 4 月，寮國政府廢除了境內跨縣市移動的禁令，只要持身分證即可自由旅行，無須申請主管機關首長的許可。外國人持有效簽證亦享有

---

43. http://www.photius.com/countries/laos/government/laos_government_multilateral_donors.html 2005 年 5 月 23 日瀏覽。

44. Ronald Bruce St. John, *op.cit.*, p.113.

在寮國境內自由旅行之權利。

　　寮國經濟和泰國過於密切，以至於當 1997 年泰國爆發金融危機時，寮國亦受到波及，寮幣貶值，物價飛漲，通貨膨脹率 1998 年為 90%，1999 年為 130%，導致出口萎縮，外資大幅減少。面對此一金融危機，寮國派遣代表前往中國和越南尋求解決之道。寮國採取控制財政政策及貨幣政策，減少公共支出、增加稅收，限制國營商業銀行的信用貸款政策，這些政策措施有助於減少預算赤字，至 2000 年總體經濟出現好轉，進出口增幅 5.5%，通膨率下降至 23%，2003 年更降為 15.5%。[45]

　　2001 年 3 月 12 日，寮國人民革命黨召開五年一次的黨大會，黨主席兼國家主席西潘同誓言：「將繼續執行寮國民主政權邁向 2020 年的發展目標，……以便使國家擺脫貧困狀態，……享有政治穩定、和平及良好的社會秩序。」他強調寮國只有搞工業化和現代化，才能改變目前落後的生活方式。[46] 寮國是一個內陸封閉的國家，它的經改政策除非能吸引大批外國投資，否則要進行現代化，困難重重。

　　在國際壓力下，寮國政府在 2003 年同意在 2005 年以前禁止鴉片罌粟之種植。種植鴉片者主要是住在山地的蒙族和阿卡族，一旦限制種植鴉片，將影響他們的生計。若將他們從山地遷徙到河谷地帶，他們可能容易感染瘧疾和痢疾，亦難以謀生。政府稱已做好準備，表示至 2004 年已減少鴉片種植面積 4,300 公頃。聯合國亦稱自 1998 年以來寮國鴉片種植面積已減少 75%。[47]

　　寮國雖從 1986 年進行經濟改革，但一直未能建立股票市場，後來在南韓協助下，雙方在 2010 年簽署聯營協議，由南韓協助寮國建立股票市場，

---

45. Ronald Bruce St. John, *op.cit.*, p.157.

46. 南洋星洲聯合早報（新加坡），2001 年 3 月 13 日，版 33。

47. Dean Forbes and Cecile Cutler, "Laos in 2004: political stability, economic opening," *Asian Survey*, Vol.45, No.1, January/ February 2005, pp.161-165, at pp.163-164.

寮國資本占 51%，其餘為南韓，南韓投資資金為 980 萬美元。股票交易所在 2011 年 1 月開辦。[48]

在經過一番努力後，寮國經濟成長率亮眼，2007–2008 年平均為 7.9%，2008 年工業部門成長率為 15%，占其國內生產總值 27%。農業和觀光業為寮國經濟的主要部門，分別占其國內生產總值 34%。[49] 2008–2009 年平均經濟成長率 7.6%，比預期的 8% 稍低。2008 年受金融海嘯影響，2009 年經濟成長率稍降，2011 年恢復活力，經濟成長率達 8%，但通膨率高達 7.6%，兩相抵銷，成長紅利有限。2014 年，經濟成長率 7.4%，以寮國之經濟規模，有此成績表示經改相當具有成效。

表 5-2：寮國國內生產毛額成長率（2003–2015）

2003	2004	2005	2006	2007	2008	2009	2010
6.2%	7%	6.8%	8.6%	7.8%	7.8%	7.5%	8.1%
2011	**2012**	**2013**	**2014***	**2015***			
8.0%	7.9%	8.0%	7.4%	7.2%			

資料來源："Laos GDP and Economic Data," in *Global Finance*, https://www.gfmag.com/global-data/country-data/laos-gdp-country-report 2016 年 1 月 26 日瀏覽。
說明：＊號為預估值。

表 5-3：寮國通膨率（2011–2015）

2011	2012	2013	2014*	2015*
7.6%	4.3%	6.4%	5.5%	5.3%

資料來源："Laos GDP and Economic Data," in *Global Finance*.（https://www.gfmag.com/global-data/country-data/laos-gdp-country-report 2016 年 1 月 26 日瀏覽。）
說明：＊號為預估值。

---

48. "Laos stock market opens to boost economy," *BBC News*, January 11, 2011.（http://www.bbc.com/news/business-12160402 2016 年 1 月 27 日瀏覽。）

49. Kristina Jönsson, "Laos in 2008: hydropower and flooding (or business as usual)," *Asian Survey*, Vol.XLIX, No.1, January/February 2009, pp.200-205.

　　寮國之所以能從中央計畫經濟走向自由市場經濟，有許多原因促成，第一，農業部門並未全面實施社會主義化，若干實施中央計畫的農地，時間也很短就廢除了中央控制，分給農民按其意願自由種植。第二，寮國靠近泰國，易受到泰國開放經濟之影響，因為泰國是寮國之主要外來投資國。第三，寮國是一黨專政體制，可從上而下貫徹黨的決議，推動市場經濟，就跟中國和越南一樣。儘管寮國邁向自由市場經濟，仍是一個貧窮國家，全國有 30% 的人生活在貧窮線下，在 600 萬人口中有 80% 的人住在鄉下地區，而這些鄉下地區大都是貧瘠的山地，而且在越戰時遭到嚴重轟炸，至今仍有許多未爆彈，威脅鄉下人的生命。[50]

第三節　對外關係

與越南之關係

　　越南共黨總書記黎筍、總理范文同、副國防部長朱費曼、越共政治局第四號人物范雄在 1977 年 7 月 17–19 日訪問寮國，雙方簽署聯合公報、為期二十五年的友好合作條約、邊界條約、1978–1980 年間提供寮國貸款及援助協議，[51] 寮國成為越南建立「印度支那聯邦」的一根柱子。兩國保證加強防衛能力進行密切的合作，以對抗帝國主義和外國反動勢力。雙方進行軍事合作、幹部訓練、科學、技術和文化交流關係。該條約有三項秘密的議定書，內容包括聯合防衛安排、劃分兩國邊界協議和越南在 1978–80 年經濟援助寮國及提供越南顧問。以後數年，雙方又陸續簽署有關財政援

---

50. William Case, "Laos in 2010: political stasis, rabid development, and regional counter-weighting," *Asian Survey*, Vol.51, No.1, January/February 2011, pp.202-207.

51.「越共加強控制寮國 雙方簽訂合作條約」，**中國時報**（臺灣），1977 年 7 月 19 日，版 4。

助、交通和運輸、農業、教育和情報交換等協議。越南透過這些協議將其影響力滲透入寮國各個生活層面。[52] 自 1975 年起越南在寮國境內有 5–6 萬名軍人，直至 1988 年底才撤出。寮國政府希望藉此吸引流亡在外的寮國人回國投資，不用擔心遭到越南的控制。

　　1979 年 1 月 7 日，越南軍隊控制柬埔寨金邊，1 月 10 日成立柬埔寨人民共和國，寮國是第一個承認該政權的國家。2 月 17 日，中國發動懲越戰爭，寮國站在越南一邊，譴責中國。3 月，寮國與越南簽署劃分疆界條約，先劃分十九區段邊界；其他區段則分別在 1979 年 7 月和 1984 年 8 月完成簽約劃界。在 1997 年爆發東南亞金融危機時，寮國尋求越南之指導和協助。2001 年 5 月，寮國和越南簽署協議，寮國派遣 1,300–1,450 名學生到越南的大學和專業機構學習，特別是河內的胡志明政治科學學院學習。[53] 2002 年中，川壙省的蒙族叛軍日益升高叛亂活動時，寮國政府請求越南出兵鎮壓。河內的胡志明國家政治學院也提供進修課程給寮國官員，這些課程包括馬列主義、胡志明思想、黨政社會主義革新和實地實習。越南除了增加對寮國的農業加工、建築、林業和交通的投資外，也提供經濟援助。[54]

　　坎泰・西潘同國家主席在 2002 年 5 月訪問河內時，重申繼續加強柬埔寨、寮國和越南發展三角合作，這是他們三國在 1999 年達成的協議。雙方亦重申將加強次區域的基礎建設發展，例如連接寮國、緬甸、泰國和越南的「東西發展走廊」（East-West Development Corridor）。兩國在 2004 年 11 月簽署保護野生動物協議，目的在保護兩國邊界的野生動物。2008 年，寮國水災，越南提供 10 萬美元援助，及供做 2009 年東南亞運動會建設訓練中心之用。2008 年 8 月，完成越、柬和寮三國界碑設置工作，發展三國邊界地區經濟是三國優先考慮之重點，尤其是防止邊境走私、盜伐林木、野生動

52. Martin Stuart-Fox, *A History of Laos*, p.177.

53. Vatthana Pholsena and Ruth Banomyong, *op.cit.*, p.55.

54. Ronald Bruce St. John, *op.cit.*, p.166.

物保護。儘管三國從 1999 年起禁止砍伐林木，但林木走私依然猖獗。[55]

2011 年，越南取代中國成為寮國第一位外來投資國，雙方簽署優惠稅協議，預期在 2015 年時雙邊貿易達到 20 億美元。越南亦在琅勃拉邦建立一所政治與公共行政學院，以訓練寮國公務員。4 月，越南向寮國抗議其在湄公河上興建水力發電廠之計畫，至 12 月湄公河委員會（Mekong River Commission）上，寮國同意終止該項計畫。[56]越南提供給寮國的援助是多方面的，包括媒體、教育、農業、黨務、安全和軍事。

與蘇聯（俄羅斯）之關係

在 1975 年後寮國和蘇聯也維持密切關係，一千多名蘇聯專家進入寮國，取代以前美國人的地位，雙方在黨政軍層面進行交流。1976 年蘇聯協助寮國建設一座空軍基地，並派遣專家監督安裝基地設備。蘇聯在該一基地派駐五小隊米格 21 戰鬥機。[57]1976 年 5 月 7 日馮維漢總理訪問莫斯科，雙方簽署貿易、文化和科學合作協議。蘇聯提供金錢援助，占寮國 1988年接受外援總數的一半，協助寮國政府的預算和在永珍建設通訊設施、基礎建設和醫院。蘇聯對寮國的軍事援助主要在空軍，派遣駕駛員協助寮國開運輸機和直昇機，以及援助其陸軍的重型武器和通訊設備。蘇聯在 1991年改革開放後，與寮國的關係趨於平淡。2004 年寮國與俄羅斯雙方簽署旅遊協議。

---

55. Martin Stuart-Fox, "Laos: the Chinese connection," *Southeast Asian Affairs*, 2009, pp. 141-169, at pp.150-151.

56. Christopher B. Roberts, "Laos: a more mature and robust state?," *Southeast Asian Affairs*, 2012, pp.153-168, at p.161.

57. 「俄航艦將在遠東部署 寮國將成俄前進基地」，**中國時報**（臺灣），1977 年 10 月 14 日，版 4。

與中國之關係

　　中國長期以來對寮國提供援助，有數千名工人建造從烏多姆塞省（Ou-domxai，或寫為 Udomxai）到琅勃拉邦的公路，對寮國提供免利息的貸款，以舒緩其對進口產品的需求。中國在烏多姆塞省開設一所領事館，並建設一家紡織廠。但 1978 年，馮維漢站在越南一邊批評中國是國際反動派，要求中國從烏多姆塞省撤出人員，故中國停止對寮國之援助。很少寮國人前往中國學習。1979 年 2 月，中國出兵懲罰越南，教訓其出兵攻擊柬埔寨，寮國在 3 月批評中國，和中國關係出現緊張。寮國批評中國陳兵在中、寮邊境，要求中國終止所有援助，要求中國駐寮國使館人員減少到 12 人，跟美國駐寮國之外交人員人數一樣。8 月 16 日，寮國內部出現親中派和親越南派之衝突，一名寮國人民革命黨中央委員會委員及其 4 名助理叛逃至中國，尋求政治庇護。據傳越南派遣八百多名間諜進入寮國永珍，對寮國人民革命黨內的親中派進行整肅，另外還派了 4 萬名軍隊進入寮國監控。[58]

　　寮國官員批評中國支持萬寶將軍的殘餘的蒙族軍隊，及將寮國難民安置在雲南省；1979 年 12 月以「銀行幣」更換「解放幣」就是擔心中國偽造「解放幣」，會擾亂寮國經濟。[59] 中國對寮國不友好行為提出警告，據傳中國在背後支持「寮國社會主義黨」，意圖推翻寮共政權。因此寮國人民革命黨開始整肅親中派，導致有不少官員叛逃至中國。[60] 1983 年，中國開始考慮要支持「寮國社會主義黨」及寮國內部的反對勢力，等待時機利用國際壓力削減越南在印支的霸權地位。

　　至 1988 年 5 月，寮國和中國的緊張關係才逐漸趨緩，雙方恢復外交和商業關係，互相派遣大使。1989 年 10 月，馮維漢率團訪問北京；中國總理

58.「寮國領導階層內鬨 傳重要人員已投匪」，**中國時報**（臺灣），1979 年 8 月 17 日，版 5。
59. Ronald Bruce St. John, *op.cit.*, p.40.
60. Martin Stuart-Fox, *A History of Laos*, p.181.

李鵬在 1990 年 12 月訪問永珍，雙方簽署貿易和邊境協議。1997 年 10 月，中國同意貸款 1,200 萬美元給寮國，作為建設一家水泥廠及修建道路之用。1999 年中國又貸款 1,200 萬美元給寮國，建設一座寮國國家文化館、重修南掌大街和帕多賽（Patouxai）紀念碑。2000 年 11 月，江澤民訪問寮國。2001 年，寮國總理沃拉吉（Bounnhang Vorachit）訪問北京，獲得中國 3,500 萬美元貸款。寮國政府在 2002 年 5 月宣布將開闢三條公路連接永珍到中國南部的城市。2003 年 6 月，寮國國家主席坎泰‧西潘同訪問北京。中國副總理吳儀亦於 2004 年 3 月訪問永珍，簽署十一項有關農業、化學製造和水力發電之協議。

2006 年 5 月，中國和寮國簽署建設南里克 1–2 號（Nam Lik 1–2）水力發電站貸款協議。10 月，中國人民解放軍總參謀長梁光烈訪問寮國，11 月中旬，國家主席胡錦濤亦訪問寮國。[61] 2007 年，中國成為寮國第六大援助國，也是重要的投資國，占該年寮國外資 11 億美元的 41%，約有 4.5 億美元。其中 32% 是投資在水力發電，其他為礦物、橡膠種植、電訊、建築、旅館、飯店。[62] 2008 年中國在寮國之投資額為 35 億美元。[63] 在該年興建一條從中、寮邊境的保登（Boten）跨過湄公河到寮國的會賽（Huayxai）的國道三號公路，與泰國的清森（Chiang Saen）相對，預定在 2011 年建一條橋。[64] 2011 年，中國貸款給寮國 2,430 萬美元興建永珍國際機場，7,009 萬美元興建會議中心，以備 2012 年亞歐高峰會（Asia-Europe Meeting, ASEM Summit）之用。[65]

61. Geoffrey C. Gunn, "Laos in 2006: changing of the guard," *Asian Survey*, Vol.47, No.1, January/February 2007, pp.183-188, at p.187.

62. Geoffrey C. Gunn, "Laos in 2007: regional integration and international fallout," *Asian Survey*, Vol.VIII, No.1, January/February 2008, pp.62-68, at p.66.

63. Kristina Jönsson, "Laos in 2008: hydropower and flooding (or business as usual)," *Asian Survey*, Vol.XLIX, No.1, January/February 2009, pp.203-204.

64. Martin Stuart-Fox, "Laos: the Chinese connection," *Southeast Asian Affairs*, 2009, pp. 141-169, at p.146.

65. Christopher B. Roberts, *op.cit.*, p.161.

從 1999 年起，中國提供獎學金名額每年約 55 人給寮國學生至中國學習，中國亦派遣顧問協助寮國，中國派遣中文教師至寮國任教六個月、各項運動教練和醫護人員至寮國協助。寮國政府和人民革命黨亦派官員至中國接受訓練，包括年輕軍官的軍事訓練。[66]

2010 年 4 月，寮國與中國達成協議，將以合資公司方式建造一條連接中國昆明與永珍的高速鐵路，將連接到新加坡，總長度將達 3,900 公里。2010 年 12 月 23 日，寮國第六屆國會第十次會議批准該項計畫，惟因資金問題而延宕未能動工。

中國長征三號乙型運載火箭於 2015 年 11 月 21 日在西昌成功將「寮國一號」通信衛星發射升空，可為寮國近 700 萬人口提供優質的衛星廣播電視和應急通信服務，並和巴基斯坦 1R 通信衛星、亞太九號通信衛星一起，共同織密「太空絲路」的資訊網。該一衛星之營運由雙方出資，寮國政府占 45%、中國亞太公司（APMT）35%、中國科學技術部 15%、亞太衛星（APST）5%，總資金為 1,500 萬美元。[67]

與泰國之關係

由於泰國在 1970 年代和 1980 年代是由軍人執政，外交立場偏向西方國家，對內採取剿滅泰國共黨之政策，因此對於 1975 年成立的寮共政權並不友好，採取貿易限制措施，關閉邊界。寮國遂未能從泰國取得其必須的二百七十三項戰略商品，包括飛機燃油、水泥、腳踏車、藥品，而需仰賴空中運輸和從越南一方經由公路運輸。1976 年寮國發生旱災，糧食不足，寮國政府向聯合國請求捐助稻米 10 萬公噸以應急。1978 年 3 月，寮國和泰

---

66. Martin Stuart-Fox, "Laos: the Chinese connection," *Southeast Asian Affairs*, 2009, p. 146.
67. 「寮國：首枚通信衛星發射成功，中國太空技術輸出」，The News Lens 關鍵評論，（http://www.thenewslens.com/post/251835/ 2016 年 3 月 25 日瀏覽。）

國重申他們在 1976 年 8 月所承諾的改善兩國關係，使湄公河成為和平和友好的河流。但 1978 年底越南出兵控制柬埔寨，1980 年初越南軍隊還越界進入泰國境內，更引發泰國的緊張，6 月 15 日，寮國軍隊攻擊一艘在湄公河航行的泰國巡邏艇，導致兩名泰國海軍軍官死亡和兩人受重傷，泰國利用該一射擊事件而宣布關閉泰、寮邊境從廊開到烏汶的所有口岸。泰國政府認為在寮國境內有 5 萬名越南軍隊，約有四個師駐紮在寮境的湄公河沿岸，此次寮軍射擊泰國巡邏艇事件，跟越南軍隊在 6 月 23 日自柬埔寨越界進入泰國之行動有關。[68] 8 月 1 日，兩艘泰國巡邏艇在東北部湄公河巡邏時，遭到寮軍的射擊，沒有人傷亡。

寮國政府決定開闢從素旺那曲到越南峴港的公路，同時修築輸油管線，以備未來泰國若封鎖雙方運輸線時之用。但兩個月後，泰國重開與永珍之間的兩個口岸。2006 年 12 月，連接寮國素旺那曲和泰國的木克達漢（Mukdahan）之間的湄公河第二條橋開通。泰國和中國亦在 2008 年完成湄公河第三座橋，連接泰國清萊省清康縣（Chiang Kong District）與寮國伯基歐（Bokeo）和鑾南塔（Luang Namtha）兩省，再連接到中國昆明。[69] 從泰國廊開到永珍的火車在 2009 年 3 月正式行駛，此將構成東協鐵路網之一部分。另外亦計畫修建從他曲到越南峴港以及從中國到寮國永珍到柬埔寨的鐵路。

1987 年 8 月，在沙耶武里省邊境發生非法盜伐柚木事件，引發泰、寮之間的衝突。11 月，泰軍欲驅逐入侵的寮國軍隊而爆發槍戰，至 1988 年 2 月 19 日達成停火協議。泰國陸軍總司令查瓦利（Chavalit Yongchaiyudh）邀請寮國人民軍參謀長克歐汶潘訪問曼谷，雙方關係日益回溫，泰國首相察猜（Chatichai Choonhaven）繼之訪問永珍，兩國始恢復關係，雙方同意成立泰、寮邊界委員會，以促進邊界的貿易發展。1989 年 3 月，寮、泰兩

68.「泰國採取強硬立場 關閉接壤寮國邊界傳越軍正沿湄公河岸擴充力量」，中國時報（臺灣），1980 年 7 月 7 日，版 5。
69. Geoffrey C. Gunn, "Laos in 2007: regional integration and international fallout," *op.cit*, p.63.

國成立經濟、文化、科學和技術合作委員會，推動湄公河兩岸的各項合作。同年 11 月，泰國取消了對寮國戰略物資出口限制，總共有三百六十三項商品開放出口到寮國。

寮國和泰國在 2001 年 6 月宣布將建立雙邊旅遊網絡，連接泰國四個省份和寮國兩個省份的旅遊活動。同年 8 月，兩國成立仲裁委員會，以解決商業和投資糾紛。2003 年 10 月，兩國簽署十八點邊界安全合作協議。至該年底，陸地邊界有 670 公里已確定，尚有 32 公里有待確定。2004 年 3 月，兩國同意取消旅遊簽證，以方便兩國人民旅遊。2009 年，寮國和泰國、法國聯合投資建立南修安二號水壩（Nam Theun 2 Dam），生產的電力 95%將賣給泰國。該水電站已在 2010 年完成。至 2010 年，寮國在湄公河上的水力發電站總數有 14 座，預定增加到 55 座。

澳洲在 1991 年設計和貸款 4,200 萬澳元（約合 3,000 萬美元）建造跨越泰國廊開到寮國永珍的鐵公路兩用的友誼橋，1994 年 4 月落成。[70] 泰王蒲美蓬（King Bhumipol）利用這次友誼橋剪綵典禮之便越過該橋到寮國訪問，此應是泰王蒲美蓬在 1963 年訪問臺灣以來的首次出國訪問。隔年，寮國國家主席諾哈克‧馮沙萬訪問曼谷。泰國女王儲詩琳通公主（Princess Maha Chakri Sirindhorn）亦分別在 1990 年 3 月、1994、1995、1996、[71] 2001 年 5 月和 2002 年 11 月訪問永珍。

澳洲於 2006 年在西朋（Sepone）投資生產銅礦和金礦，其出產占寮國所有出口的一半，其利潤稅和特許權使用費占寮國總稅入預算的 20%。目前西朋的金產量減少，而銅產量有增加。此外，澳洲亦在永珍東北部的普比雅（Phu Bia）投產銅礦和金礦。[72]

---

70. "The first Thai-Laos friendship bridge,"（http://thailand.embassy.gov.au/bkok/FunRun_Bridge_History.html　2015 年 11 月 20 日瀏覽。）

71. Gerald W. Fry, *op.cit.*, p.160.

72. Martin Stuart-Fox, "Laos: the Chinese connection," *Southeast Asian Affairs*, 2009, p. 155.

與柬埔寨之關係

1977 年，越南和柬埔寨為了邊界領土問題發生衝突，導致雙方斷交，蘇法努旺在該年 12 月訪問金邊，試圖調解柬埔寨和越南之間的糾紛，但沒有成功。「紅色高棉」領袖指控寮國讓其領土給越南軍隊使用以攻擊柬埔寨。永珍加以否認。1978 年 12 月 25 日，越南軍隊入侵柬埔寨，在隔年 1 月 6 日在金邊扶植成立柬埔寨人民共和國，寮國立即給予外交承認。3 月，蘇法努旺訪問金邊，雙方簽署友好合作條約。

與美國之關係

寮國與美國的關係在 1980 年代下半葉主要集中於搜尋越戰中失蹤美軍、毒品走私和政治犯問題上，為回報寮國在搜尋越戰中失蹤美軍的努力，美國國會在 1985 年 12 月取消十年之久對寮國直接援助之禁令。美國國務院在 1988 年 5 月發表一篇報告，指稱寮國仍暗中從事國際毒品走私。雖然寮國政府極力否認，但後來有直接證據指出有數人在寮國北部的烏多姆賽（Oudomxay）省從事非法海洛因製造。為阻止種植罌粟，美國在 1990 年對寮國提供穀物替代種植計畫援助。至於政治犯問題，寮國政府關閉政治「再教育營」，鼓勵流亡在外的寮國人返國。[73]

寮共政權在 1975 年建立後，美國在永珍僅維持代辦，1991 年 11 月升格為大使級外交關係。1992 年 8 月，雙方恢復互派大使。1995 年 5 月，美國取消對寮國禁止經援之命令。1997 年 8 月，美國和寮國草簽貿易和投資協議。同年 11 月，美國副國務卿塔爾伯特（Strobe Talbott）訪問寮國，是美國自 1975 年以來訪問寮國之最高層級官員。由美國國會支持、政府出資

---

73. Ronald Bruce St. John, *op.cit.*, p.88.

的「自由亞洲電台」（Radio of Free Asia）亦開始進行寮語廣播，但寮國政府對此有所批評。[74] 2003 年初，美國政府提出了一項與寮國發展正常貿易關係的協議，但國會至 2004 年 11 月才通過。此時美國也接受在泰國難民營內的 15,000 名寮國蒙族難民。2005 年 1 月，寮國與美國貿易協議正式生效。

與日本之關係

日本是寮國的主要捐款國，當寮國在 2000 年 9 月遭遇嚴重的經濟危機時，日本宣布減除寮國的欠債；2001 年 12 月，日本貸款給寮國 6,200 萬美元，以興建跨過湄公河的第二座橋樑。隨後日本註銷寮國建造南俄水壩（Nam Ngum Dam）向日本借之貸款。2007 年 11 月，日本和寮國簽署貸款興建阿塔坡省連接越南和柬埔寨公路計畫瞭解備忘錄。

除了經援外，日本亦對寮國提供各種教育、人力資源和技術協助的合作計畫，包括：2005 年的「第二階段農業改善和延伸計畫」（Aquaculture Improvement and Extension Project Phase II），目的在改善農村地帶小農的生計；2007 年的「第一階段支援社區倡議基礎教育發展計畫」（Supporting Community Initiatives for Primary Education Development Phase I, CIED I）；2010 年的「永珍首都都市發展首要計畫研究」（The Project for Urban Development Master Plan Study in Vientiane Capital）；從 2010 年到 2013 年的「改善在職教師科學和數學教育訓練計畫」（The Project for Improving In-service Teacher Training For Science and Mathematics Education, ITSME）；2010–2014 年的「透過寮國與日本人力發展研究中心提升商業人才能力計畫」（Project for the Capacity Development of Business Persons through Laos-Japan Human Resource Development Institute）；2011 年的「第二階段支援社區倡議基

---

74. Ronald Bruce St. John, *op.cit.*, p.122.

礎教育發展計畫」（Supporting Community Initiatives for Primary Education Development Phase II, CIED II）；2012 年的「改善供水機關管理能力發展計畫」（The Capacity Development Project for Improvement of Management Ability of Water Supply Authorities）；2008–2011 年的「加強績效改善管理能力計畫」（The Project for Enhancing Capacity in PIP Management, PCAP2）；2008 年的「寮國國立大學資訊產業人力資源發展計畫」（Human Resource Development in IT Service Industry at NUOL）；2008–2011 年的「素旺那曲和沙拉灣省一區一產品先驅計畫」（The One District One Product Pilot Project in Savannakhet and Saravanh Provinces）；2009 年的「寮國減少毀林之參與土地和林地管理計畫」（Participatory Land and Forest Management Project for Reducing Deforestation in Lao PDR, PAREDD）；2010 年的「寮國南部山地和高原地帶生計改善計畫」（Livelihood Improvement Project for Southern Mountainous and Plateau Areas, LIPS）；2014 年的「支持減少毀林、森林退化、森林復育和永續管理計畫」（Sustainable Forest Management and REDD+ Support Project）；2014 年的「第二階段河岸保護工程計畫」（The Project on Riverbank Protection Works Phase II）。[75]

與東協之關係

寮國在 1992 年簽署東南亞友好合作條約（Treaty of Amity and Cooperation in Southeast Asia），成為東協觀察國。1993 年 7 月，與汶萊建交。1997 年 7 月加入東協，入會費是 1 百萬美元，以後年費是 70 萬美元，對於像寮國這樣的窮國是一項負擔，它應是獲得捐助國之贊助才能繳交這一筆鉅款。為應付東協每年約 200 場以上會議所需的英語人才，是由澳洲和新加坡

---

75. "Laos: Technical cooperation projects by Japan International Cooperation Agency,"（https://www.jica.go.jp/project/english/area/asia/024_1.html 2017 年 3 月 17 日瀏覽。）

提供給寮國官員英語訓練。[76] 2016 年，寮國擔任東協各項會議之東道國。

小結

自從寮國加入東協後，接觸面更廣了，東協和歐盟及拉丁美洲均有定期雙邊會議，寮國不再是一個孤立的山國。為了解決孤立的環境，開闢對外交通成為寮國政府施政的主要方針之一，寮國參加了湄公河次區域計畫（Greater Mekong Sub-region, GMS），有泰國、柬埔寨、緬甸、越南和中國參加，共同致力於開發湄公河流域的天然資源和基礎建設，包括公路、鐵路和水力發電。在亞洲開發銀行之計畫下，與寮國有關的公路建設有五條：包括 (1) 泰一寮一越東西走廊計畫；(2) 清萊和昆明經由緬甸和寮國的道路改善計畫；(3) 寮國南部到施亞努港公路改善計畫；(4) 雲南南部到泰國北部、寮國北部、越南北部公路改善計畫；(5) 泰國東北部到寮國南部、柬埔寨東北部、越南中部走廊計畫，是從泰國的烏汶（Ubon Ratchathani）、百細經柬埔寨的上丁（Strung Treng）到越南的歸仁（Quy Nhon）、峴港（Da Nang）的公路計畫。[77]

1995 年 4 月，寮國、泰國、柬埔寨和越南四國在泰北的清萊簽署「湄公河盆地永續發展合作協議」（Cooperation for the Sustainable Development of the Mekong River Basin），設立湄公河委員會（Mekong River Commission），以取代 1958 年成立的「湄公河秘書處」（Mekong Secretariat），該委員會總部從曼谷遷到永珍。

在 1990 年代以前的冷戰時期，寮國的主要外交國家是蘇聯、東德、捷

---

76. Joseph J. Zasloff, "The foreign policy of Laos in the 1990s," in Jacqueline Butler-Dias(ed.), *op.cit*, 127-145, at p.135.

77. Randi Jerndal and Jonathan Rigg, "From buffer state to crossroads state, spaces of human activity and integration in the Lao PDR," in Grant Evans, *Laos, Culture and Society*, Silkworm Books, Chiang Mai, Thailand, 1999, p.52.

克、波蘭、保加利亞、蒙古、古巴和越南。1990 年代以後則改變外交路線，
與經濟援助國的日本、澳洲、法國、挪威、瑞典、瑞士、美國和泰國則發
展密切關係。基本上寮國的外交政策仍承襲以前的中立主義路線，其「風
下之竹的外交」（Bamboo diplomacy）相當成功，不遜於泰國，它是世上
少數同時與南、北韓有外交關係、及同時與以色列和巴勒斯坦維持友好的
國家之一。[78] 跟 1960 年代寮國想同時與南、北越以及中華民國和中華人民
共和國建交以失敗收場相比，顯見冷戰、越共和中國因素是決定寮國中立
主義外交能否成功的關鍵因素。

---

78. Gerald W. Fry, *op.cit.*, pp.149-150.

第六章

寮國的文化

第一節　文字和文學

　　寮語屬於泰語語系，二者有密切關連性，有相同的文法和語音，由於寮文字是按照發音來拼寫字母的，因此它比泰文文字有更多的同音字。寮語和泰語的某些語詞在發音上稍有不同，表現出國家之間的差別。[1] 使用寮語的地方還有泰國東北部的伊山（Isan）。寮國並未選擇哪個地方的寮語為國語，因此習慣上是以永珍地方講的寮語為官方寮語。

　　在二十世紀初，泰文的字母和拼寫逐漸定型。在蒙固特（Mongkut）國王統治時期，他特別對於國王詔書使用的字詞給予特別的定義，以後拼寫的字體就定型下來。二十世紀初，泰國教育部出版泰文字典。1920 年代，教科書局（Department of Texts）對泰文拼字進行標準化，並以巴利－梵文（Sanskrit）創造的新語詞來取代從英文借用來的語詞。1928 年，將這些新增的語詞納入新編的泰文字典。

　　相較而言，泰文較為發展和精緻，而寮文更為原始和基本，[2] 寮國的文字系統較不複雜，但有些字詞需放在前後文中才能知道意思。寮國的第一部寮文和法文字典出現在法國統治寮國之初期。1904 年，法國傳教士邱雅茲（J. Cuaz）出版了寮文字典，他稱寮語為泰語的地方方言，否定它的獨立語文地位，他出版的寮文和法文字典是他較早前出版的泰文和法文字典的補充。他說寮文和泰文在字的形式上有所不同，在寮國的貴族要學習泰文。[3] 但法國傳教士基格納德（Théodore Guignard）所出版的**寮法字典**，則沒有上述的寮語居於泰語從屬地位的說法，他認為寮語和泰語是整體泰語

---

1. Søren Ivarsson, "Towards a new Laos, Lao Nhay and the campaign for a national 'Reawakening' in Laos 1941-45," in Grant Evans, *Laos, Culture and Society*, pp.61-78, at p.69.

2. Søren Ivarsson, "Towards a new Laos, Lao Nhay and the campaign for a national 'Reawakening' in Laos 1941-45," p.70.

3. Søren Ivarsson, *Creating Laos, The Making of a Law Space between Indochina and Siam, 1860-1945*, pp.129-130.

系下的平行的兩種方言。他說寮語共有六個音，而泰語只有五個音，就此
而言，寮語是一個獨立的語言系統。寮語有其自己的標準化文法。[4]

　　永珍佛教學院在 1935 年出版第一部寮語文法書，由馬哈西拉（Maha
Sila Viravong）編纂。該文法書主張寮文使用兩種字母，一種是一般的字
母，使用在一般的文書上，另一種是檀字母（Tham），使用在書寫巴利文
佛教經典上，馬哈西拉企圖利用該種書寫方式建立寮國宗教的文本傳統。
這一點跟泰國的文字不同，泰國只使用一種字母。但該文法書並未獲得寮
國官方的承認，未成為寮語標準化的主調。主要原因是要考慮讓非寮語之
語詞能納入寮語內，如巴利—梵文的語詞；二是力求簡單書寫，使之符合
現在寮國學校使用的課本。在 1938–39 年間官方寮語文書寫和拼寫法委員
會（Commission for the Fixing of Official Lao Writing and Orthography）討論
寮語文標準化時，基於實用以及政治意識型態之考慮，捨棄馬哈西拉發展
的字母和文法書。而以泰文為模子，將之寮國化。儘管如此，馬哈西拉發
明的字母尚且用於永珍佛教學院和巴利文學校的佛經書寫上。而琅勃拉邦
的佛教學院則仍使用檀文字。從而可知，在 1930 年代末，寮國使用三種字
母、兩種拼寫法。[5] 雖有若干和尚想建立寮國自己的語言文字和文法，最後
還是採用泰文作為範本，然後改良成為寮國語言文字。它借用早期的梵文
和巴利文字母。

　　Good morning, afternoon, evening : Sabaïdee　早安，午安，晚安。
ສະບາຍດີ

　　How are you ? How do you do ? Tjao sabaidee bo ?　你好嗎？
ເຈົ້າສະບາຍດີບໍ່?

---

4. Søren Ivarsson, *Creating Laos, The Making of a Law Space between Indochina and Siam, 1860-1945*, p.130.

5. Søren Ivarsson, *Creating Laos, The Making of a Law Space between Indochina and Siam, 1860-1945*, pp.134-135.

I'm fine, thanks : Khoj sabaidee, khop chai　我很好，謝謝。

ເຈົ້າສະບາຍດີບໍ່?

圖 6-1：寮國文字
資料來源：http://www.luangprabang-laos.com/Example-of-Lao-words
說明：第一行左邊是英語，右邊是英文字母的寮語拼音，第二行楔形文
　　字是寮文字母。

　　在二戰期間，泰國和法國對立，法國買通寮國的封建和資產階級的
上層階級，推動一項「大寮國」（Lao Nhay, Greater Laos）的民族主義運
動，其目的在對抗由日本法西斯主義者在背後操縱的「大泰國」（Greater
Thailand）政策，法國並出版第一份寮國的報紙**大寮國**，作為宣傳的工具。[6]
1942 年中，推動寮國民族主義運動的「大寮國」之倡議者沙梭里特（Katay
Don Sasorith）積極主張使用羅馬字母書寫寮文。柬埔寨也在同一個時候推
動羅馬字母書寫柬埔寨文，並在 1943 年公布標準化羅馬字母柬埔寨文字的
法令。但寮國該項倡議遭到皮查拉特親王、王儲薩凡・瓦他納和國王西薩
凡馮的反對，1945 年 3 月 9 日日本占領寮國後，羅馬化寮文字的主張遂束
諸高閣。[7]

文學

　　寮國受早期印度文化之影響，其傳統藝術之文化基石是**帕拉克帕蘭**
（*Pha Lak Pha Lam, Pharak Pharam*），它是寮國版的印度史詩**拉瑪耶那**
（*Ramayana*），約發展自第十四世紀，從泰國和柬埔寨傳過去，含有泰國

6. Søren Ivarsson, *Creating Laos, The Making of a Law Space between Indochina and Siam, 1860-1945*, p.16.
7. Søren Ivarsson, *Creating Laos, The Making of a Law Space between Indochina and Siam, 1860-1945*, p.198.

和柬埔寨的文化色彩，影響到寮國的傳統文學、雕刻、舞蹈、音樂和藝術表現。不過，它對菁英階層的影響大於對於一般普羅大眾的影響。[8]

另一部文學著作是**本生故事集**（*Jataka Tales*，是記載佛陀還未成佛前的故事），它蒐集以前佛陀生活上的五百四十七個故事，其他還有各種民俗故事。跟其他國家一樣，也有許多神話故事，最有名的是**天賜大葫蘆瓜**（*Great Gourd from Heaven*），它描述寮國人的起源，由天（Thaen）神所創造，及塵世的倫村寨（Muang Lum）。其故事說天神創造世界，有許多人居住，有三個國王統治，天神遣使告知世人要崇拜天神。但人們不聽，天神第二次遣使告知，人們還是不聽，到第三次還是不聽，於是天神發怒，發大洪水淹沒倫村寨。世間的三個國王造竹筏，躲過洪水，以後就崇拜天神。人們獲准回到原來居住的地方，天神還送給他們一隻美麗的水牛。當水牛死後，從鼻孔長出了藤，藤又長出了三顆大葫蘆瓜。一位國王用一支鐵棍刺穿一個葫蘆瓜一小孔，黑皮膚的人類爭相從該小孔爬出來。第二個國王使用斧頭也在第二顆葫蘆瓜開了一個孔，較前者白和乾淨的人類從該孔爬出來。第三個國王也在第三顆葫蘆瓜上開個孔，跑出來許多動物、森林、湖泊、河流和珠寶。三個國王分配了這些東西，告訴其人民如何生活、結婚及尊重長者，以及葬禮。由於人口增加、發生衝突，國王請求天神協助，天神就派昆‧波隆（Khun Bulomrachathirat，或寫為 Khun Bulom）帶了許多顧問下凡，他們還是不能解決問題，於是天神又派耕種者、織布者、工匠、手工藝者協助人們。天神由於不想再被國王打擾，就切斷了倫村寨和上天的橋樑，以後人類就不能到天上去了。昆‧波隆成為人類的國王，他將王國分由七個兒子管理，成為七個城市的統治者，他告訴七個兒子要和平、友愛、互助，以確保王國的存在，此成為以後的**昆‧波隆法典**。[9]

---

8. Arne Kislenko, *op.cit*., pp.66-67.

9. Arne Kislenko, *op.cit*., pp.69-70.

前述故事影射了寮國之國情,有兩種人從葫蘆瓜孔中出來,皮膚黑色者指寮順族,較白者為泰族,屬於寮龍族,他們視黑皮膚的寮順族為卡族,意指奴隸。

另一個神話故事是帕丹國王與艾克亨公主(Phadaen Nang Ai, King Phadaen and Princess Aikham),故事中說柬埔寨公主艾克亨和寮國國王帕丹相戀,但該一戀情是單相思,因為公主的父親要求帕丹和雨神競賽,以解除旱象。在競賽期間,蛇王子潘基(Phangkhi)想追求公主,便化身成一隻白松鼠,項下繫有鈴鐺,公主命獵人捕獲該隻松鼠,作為公主的寵物,但獵人卻將松鼠射死了。潘基在臨死前請求神將他的肉分給王國的每個人,約有八牛車的肉足夠大家食用,吃過我的肉的人將會像我一樣死亡。除了寡婦外,公主將肉分給每一個人。當蛇王子的父親蘇守(Suttho)國王知道自己的兒子死了,就下令殺死柬埔寨國內吃過其兒子肉的人。國王帕丹想去救其愛人艾克亨公主,但蘇守國王抓到她,國王帕丹非常沮喪,就自殺了,變成鬼國王,號令其鬼軍隊對抗蘇守國王。此一史詩般的戰爭,因為殷德拉(Indra)神的干預而停止了,命令他們等候下一個佛陀的轉世。[10]

有關法律的文獻是由和尚寫在棕櫚葉上,編成**皇家資治通鑑**(*khamphi phra thammasat luang, Royal Ruling Scriptures*)以及**古代皇家資治通鑑**(*phra phra thammasat buhan lao, Ancient Royal Ruling Scriptures*)。歷史編年史的文獻有**勃拉邦傳奇**(*Tamnan Phrabang, The Legend of the Phrabang*)、**古代寮國史**(*Prawatsat Lao Buhan Sikhotabong, Ancient Lao History*)。方言故事有**祖父給孩童教諭**(*Puu Son Laan, Grandfather Teaches the Children*)。書信體歷史書,例如**希望之訊息**(*Saan Som Thi Khud, The Message of Wishes*)、**愛之訊息**(*Saan Rak Samoenet, The Message of Love*)。**遮蔽太陽之啟示**(*The Sun-Blocking Message*)一書描述一隻巨大老鷹遮蔽太陽和月亮。老鷹代表

---

10. Arne Kislenko, *op.cit.*, pp.70-71.

暹羅，月亮和保護的蛇代表寮國，表示在暹羅帝國內寮國的孤立。[11]

寮國的第一部現代小說是恩基恩（Somchine Nginn）在 1944 年出版的*神聖佛陀影像*（*Phra Phoutthahoup Saksit, The Sacred Buddha Image*）。此時也有若干篇短篇小說，其寫作風格受到法國之影響。

寮國第一家通訊社是在 1940 年代初成立的「寮國新聞社」（Agence Lao Presse）。第一家寮語報紙*大寮國*（*Lao Nhay, Great Lao*）在 1941 年創刊，由法屬寮國政府成立，是雙週刊的報紙，目的在推行寮國民族主義，只存在五年即停刊。

寮共掌握政權後，文風也隨之改變，出現許多歌頌革命或革命人物的作品，例如寶恩那萬（Outhine Bounavong）在 1982 年編的*革命英雄之學說的迴響*（*Sieng Kong Khong Latthi Vilason Pativat, The Echoing Sound of the Doctrine of Revolutionary Heroes*）。他也編寫兒童小說，例如羅帕（Pa Kho Lopha）所寫的*貪婪帶狀的蛇頭魚*（*The Greedy, Striped, Snake-Headed Fish*），目的在推動社會主義的道德。他亦寫寮國環境惡化及傳統習俗流失的小說，如 1980 年的*素馨花*（*Frangipani*），1990 年的*裹灰喜悅*（*Wrapped Ash Delight*）。他的遺孀也是寮國有名的女作家韋拉萬（Duangdueane Viravong）編輯了傳統民俗故事集*孤兒與靈魂*（*Kam Pha Phi Noi, The Little Orphan and the Spirit*）。寮國作家協會主席丟安沙凡（Chanthy Deuansavanh）是一家期刊的主編，經常為共產主義辯護。他的小說*在森林深處過夜*（*Khang Khun Thi Pa Leuk, Overnight in the Deep Forest*）曾獲得 1999 年東南亞作家獎。年輕的作家之一普逖生（Thongbay Photisane）在 2004 年的小說*奶牛與車*（*Ngua Kap Kien, Cows and Carts*）也獲得東南亞作家獎。由於共黨統治有政治審查之限制，所以有些作家就使用假名在泰國出版他們的作品。[12]

---

11. Arne Kislenko, *op.cit.*, p.71.
12. Arne Kislenko, *op.cit.*, pp.76-77.

第二節　建築

　　寮國建築深受暹羅、印度、柬埔寨和中國之影響，特別是其宮殿和寺廟。琅勃拉邦的琅勃拉邦王宮（Haw Pha Bang）是在 1904 年由法國建造，供國王西薩凡馮及其眷屬居住，寮共在 1975 年取得政權後，將之改為博物館。

　　寮國寺廟之建築跟泰國很像，只是屋脊之飛簷沒有泰國的尖翹，而較短，寺廟也跟泰國一樣有界碑，即在寺廟四周有四塊石碑矗立在地上，以示該寺廟的範圍。寺廟的佛塔形狀有實心錐形、鈴形或蓮花形，象徵宗教的力量。大的寺廟有和尚住的房子、鐘塔和鼓樓，也有可供孩童讀書的學校、社區中心和醫療所。

圖 6-2：琅勃拉邦王宮正面
資料來源："Haw Kham palace (August 2009)" by Allie Caulfield. –http://www.flickr.com/photos/wm_archiv/3923595428/in/set-72157622393374604/. Licensed under CC BY 2.0 via Commons –https://commons.wikimedia.org/wiki/File:Haw_Kham_palace_(August_2009).jpg#/media/File:Haw_Kham_palace_(August_2009).jpg　2016 年 2 月 5 日瀏覽。

圖 6-3：琅勃拉邦王宮側面
資料來源：https://commons.wikimedia.org/wiki/File:Luang_Prabang_Museum.jpg　2016
年 2 月 5 日瀏覽。

　　寮國的寺廟獨具特色，沒有一間寺廟的樣式相同，都有其獨特性。最
重要的寺廟是塔鑾（Wat Pha That Luang），意即「偉大神聖的佛塔」，現
在寮國國旗上的佛塔即是塔鑾。第二間重要的寺廟是香通寺（Wat Xiang
Thong），是神都的寺廟，為第十六世紀中葉西塔西拉特國王（King Setha-
thirat）所建。

　　各地寺廟之建築樣式各有特色，例如永珍的佛寺有多重屋簷，象徵佛
教宇宙論的多層次論點，屋簷較高，屋脊向外飛伸，指向天際。琅勃拉邦
的寺廟受到北方蘭那的影響，屋頂則較低平，香通寺是一個代表。川壙的
寺廟也是一樣低平，但較寬闊，沒有多重屋簷和裝飾，可惜該類寺廟在越
南戰爭時遭炸毀，只有在寮國北方還可以看得到。[13]

---

13. Arne Kislenko, *op.cit.*, pp.99-100.

圖 6-4：香通寺

資料來源：https://en.wikipedia.org/wiki/Wat_Xieng_Thong#/media/File:Wat_Xieng_Thon
g_Laos_I.jpg　2016 年 2 月 5 日瀏覽。

　　寮國人一般住家是高腳屋，以避開雨季時的大水。房子大都使用木頭或
竹子建造，屋頂有用茅草或鐵皮。為了通風，屋頂較高。屋內有些沒有床，
只有墊子，供睡覺之用。鄉下地區還有人家沒有電力，晚上使用煤油燈。起
造房子通常會請教星象家占卜，詢問房子起造時間、方位及使用的材料，以
防鬼魅騷擾，保家人平安。特別是注重睡覺的方位，忌腳部朝向別人的頭部，
因為腳部是不高貴的。對於死人，其腳部需面對屋內山牆（指連著屋頂的牆
面），用一個特別的階梯從高處往低處移動，以確保其靈魂（phi）不會再
回來。多數寮國人家庭中都設有神壇，以祭拜佛陀和靈魂。[14]

---

14. Arne Kislenko, *op.cit.*, p.102.

第三節　政治文化

寮國文化的演進，可分辨為不同的官僚行為的層次。傳統皇家習慣和佛教實踐是最底層。其次為從 1890 年到 1954 年從法國引進的文化。在此一期間，數代的寮國官僚是受法國引進越南文官的訓練以及在越南官員之下工作。官員使用法語以及依循法國殖民行政的實踐。從 1954 年到 1975 年，寮國受美國文化的影響，美國提供寮國官員訓練和教育機會以及在美國機關的就業機會。因為美國在寮國的外交關係時間短暫，其文化的衝擊比不上法國。

當寮共在 1975 年掌權，出現新的官僚階層，他們強烈受北越和蘇聯的影響。許多受法國訓練和美國影響的官員逃難到湄公河以西的泰國，約有 10,000 到 15,000 人被送到「再教育營」接受改造。少數西化的官員擁有法語和英語的能力者，成為與西方捐款國打交道以及經濟發展所需的人才。

寮國官員缺乏自主活力，不鼓勵官員創新，採取非正統立場的作法，被認為是危險的。被懷疑貪污的或意識型態與共黨有差別者，例如在 1975 年到 1990 年代初「親中」者都遭到逮捕。由於缺乏法律體系的保障，也造成官員不願冒險創新，以免遭到牢獄之災。[15]

在寮王國時期，是以菁英和王族建構起寮國的民族主義，而且也是以低地寮族的觀念和文化為基礎，從王國時期起寮國就無同化山地部落的政策，法國統治時期也是一樣，因此山地少數民族一直能保留其生活習慣和傳統文化。

「在 1960 年代中葉，寮國逐漸出現知識分子和中產階級的人們，他們有不少是留學回國，從事各種文化和教育活動。1967 年，出現一份新雜誌

---

15. http://www.photius.com/countries/laos/government/laos_government_government_structure.
　　html　2005 年 5 月 23 日瀏覽。

米塔松（*Mittasonr*），討論寮國政治、經濟、社會、文化等議題。1960 年代末到 1970 年代初，出現了各種前所未見的知識活動。1948 年成立的寮國文學委員會的出版計畫，在 1960 年代要出版傳統寮國文學作品。1970 年，該委員會改組成立『皇家學院』（Royal Academy），繼續前述的出版計畫，及現代化寮國語言，增加在法律、經濟和科學領域的語彙。1970 年出版**美國寮國之友公報**（*Bulletin des Amis du Royaume Laos*），討論文化議題，1973 年有寮國佛教的專號。1972 年 6 月，出版有關文學和歷史的雜誌**派南**（*Phay Nam*），闡揚寮國民族主義及鼓吹現代寮國文學。1972 年 11 月，第一本女性雜誌**蘭**（*Nang*）問世。1971 年 10 月，第一份英語週刊**永珍新聞**（*Vientiane News*）出版。此時第一部寮語影片問世。」[16]

　　寮國的貪污之風跟泰國一樣，主要來自兩方面的誘因，一是美國提供的軍經援助，被高層官員從中貪污；另一個是華人的賄賂，華人在百細和素旺那曲開設有半合法的賭館，歐膜親王（Prince Boun Oum）與華商勾結，從賭館抽取利潤，然後將這些資金投資成立寮國航空公司（Lao Airlines），該公司即是由寮國南部的菁英出資成立的。歐膜親王的表弟昭殷（Chao Ieng）控制寮國和泰國之間的 10 號公路的貿易，他利用暴徒獨占該條公路的貿易。西索克（Sisouk Na Champasak）的家族與軍方勾結，從事非法走私和盜伐木材。[17] 寮國政府為嚴懲貪污，在 1993 年 3 月成立反貪污委員會，直接向總理負責。政府致力於控制非法盜伐林木和木材走私，限制木材出口的數額。2005 年通過反貪污法，但貪污難以禁絕，主因是它無所不在，且是高層黨政官員貪污，政府只懲辦小官，不及大官。在寮王國時期，高階官員都貪污成風，逃稅、收賄賂和回扣。在寮共執政期間，此一貪污風氣難以根絕。

---

16. Grant Evans, *A Short History of Laos*, *The Land in Between*, pp.151-152.
17. Grant Evans, *A Short History of Laos*, *The Land in Between*, p.159.

寮國人對於民主一詞沒有認識，以為是經濟自由化以及有賺錢之機會。省縣級的地方官員為其私人利益而給予商業申請案許可，他們可能藉機參股或從中獲取佣金回扣。「佣金」一詞約在 1994 年中至 1996 年底成為城市內寮語語彙。政府首長的稱呼也回到革命前的用語，如使用省長（chao khoueng）、縣長（chao muang）和村長（nai baan），而非革命政府使用的中性的省、縣和村的主席（pathaan, president）。[18]

第四節　佛教信仰

佛教約在第七世紀傳入寮國，第十一和第十二世紀成為寮國的主要宗教，十六世紀初成為南掌的國教。

「在 1828 年以前，永珍是佛教研究中心，附近各地的和尚都在該城市學習佛法。在該年被暹羅占領及摧毀後，該城市已非佛教傳播中心，即使法國占領後也沒有恢復。1909 年，在永珍成立訓練和尚的學校，才逐漸成為佛教傳播的中心以及和尚學習一般世俗課程之教育場所。1930 年代初，在寺廟接受世俗教育的學生數量超過政府學校的學生數量。在琅勃拉邦也成立類似的寺廟學校，但在百細和素旺那曲卻未能成立。在永珍成立的這類以寺廟作為世俗教育之學校，跟傳統的以宗教內容為主的寺廟教育不同。」[19]

「在印度支那地區，曼谷仍是佛教傳播中心，寮國和柬埔寨的和尚都希望到曼谷學習佛教經典，因此當永珍被摧毀後，寮國的和尚就流亡到泰國曼谷。由於擔心泰國的政治透過佛教活動影響到周邊國家，柬埔寨在金

---

18. W. Randall Ireson, *op.cit.*, p.63.
19. Søren Ivarsson, *Creating Laos, The Making of a Law Space between Indochina and Siam, 1860-1945*, p.120.

邊成立皇家圖書館（Royal Library），負責翻印佛經，傳送給柬埔寨人民。在永珍也成立皇家圖書館，一樣將寮國的佛經傳送給寮國人民，以免除來自泰國佛經的影響。特別是寮國與泰國關係密切，語言可通，更易受到泰國的影響，因此，為了防止泰化佛教經典和精神對寮國人民的影響，必須復興寮國佛教，故修建沙格寺（Wat Sisaket）變成當時的重要議題。法國駐寮國高級駐紮官有意將該寺廟改建為博物館，但遭到反對，有 57 名和尚和官員，包括皮查拉特親王連署，建議將該廟變成為寮國和尚和俗人舉行佛教慶典儀式的場所。沙格寺遂成為寮國的佛教大寺廟，及藝術、文化和藝術復興的中心，寮國人民精神的復興基地。暹羅曾派遣沙格寺僧院院長在曼谷做官的親戚遊說該院長離開永珍，前往曼谷定居，意圖削減該寺廟的地位，結果並未如願。」[20]

　　寮國為了阻止和尚前往泰國學習佛法，在百細設立巴利文學校。儘管如此，寮國南部的和尚還是要到金邊學習更高級的佛法。「柬埔寨在 1909 年在吾哥（Angkor）成立巴利文學校，目的在重建學習佛教經典的傳統，改善柬埔寨和尚的教育水準。柬埔寨國王在同年下令禁止和尚前往泰國學習，目的在區別柬埔寨和泰國之文化疆界。但吾哥巴利文學校在 1910 年關閉。1914 年在金邊設立巴利文學校，1925 年在金邊設立皇家圖書館，目的都在使柬埔寨的佛教和泰國的佛教脫勾。寮國到了 1928 年才有和尚開始倡議復興佛教，時間還是比柬埔寨晚。柬埔寨在 1930 年於金邊設立佛教學院，永珍是在 1931 年 1 月設立佛教學院，主席為皮查拉特親王，琅勃拉邦是在 1933 年設立佛教學院。寮國設立佛教學院之目的在保衛寮國本地宗教的傳統，以及終止過去寮國和泰國緊密的佛教關係，然後轉而強化寮國和柬埔寨的佛教關係。永珍佛教學院開始蒐集舊的寮國佛教經文，並撰寫新的經

20. Søren Ivarsson, *Creating Laos, The Making of a Law Space between Indochina and Siam, 1860-1945*, pp.122-123.

文，以擺脫泰國佛教的影響。永珍佛教學院也從柬埔寨翻譯兩部高棉文佛教經典作為學習的材料。此顯示寮國佛教的位階還是次於柬埔寨，對於寮國的佛教發展未見有利，直至永珍佛教學院秘書馬哈西拉撰寫寮國的佛教經典，才展現寮國佛教的知識傳統，以別於柬埔寨。」[21]

　　琅勃拉邦的佛教學院也進行一項大計畫，將巴利文的**三藏經**（*Tripitaka*）譯為寮文，1939 年出版第一卷。由於翻譯者和主編帕勒（Maha Phal）退休，找不到繼任者，此一翻譯工作遂告停止。

　　革命對佛教的影響，相當全面，佛教不再是寮國的官方宗教，僧伽不過是眾多組織之一，以符合社會主義主張的方式來解釋佛教學說，去壓制與封建迷信有關的信仰和實踐。在地方階層，如何解釋「迷信」，有很大的混亂，佛教和地方精靈崇拜二者有重疊，很難區別。寮共初建立政權時灌輸人民一種看法，佛教和社會主義的基本理念相同，都是主張人人平等，目標都在消除人間的痛苦以追求幸福。和尚被賦予從事教育人民有關社會主義計畫之任務。但寮國沒有像緬甸一樣推動佛教社會主義，緬甸推崇佛教及採行局部社會主義，而寮國則是壓制佛教，1976 年成立「寮國佛教聯合會」（Lao United Buddhist Association）控制和尚，規範信仰的儀式，推行更多的社會主義制度。

　　「小乘佛教仰賴僧伽和俗人之間的互賴關係，俗人透過供養來支持僧伽，和尚將此支持轉換成給俗人的功德。在寮共掌權初期，經濟崩潰和政治專制已減弱該種關係。經濟崩潰指的是俗人已無多餘的資金來支持和尚、建造及翻新廟宇。將資源給予廟宇，以取得功德，被寮共政權解釋為經濟的浪費，應以經濟資源來建設社會主義。奢侈的供養和節慶是讓人看不慣

---

21. Søren Ivarsson, *Creating Laos, The Making of a Law Space between Indochina and Siam, 1860-1945*, pp.123-127. 馬哈西拉在 1905 年生於泰國東北部的 Roi Et，在佛寺受教育，後來到曼谷受教育。1930 年前往永珍，將泰國所學的佛教教義轉化成寮國的佛教教義，致力於發揚寮國的文化傳統，二戰期間他流亡泰國，並撰寫第一部寮國歷史。他將許多巴利文佛經譯為寮文佛經，將佛教聖歌改為標準音的寮語聖歌。

的。革命後，年輕人要到廟裡出家，需經地方官員之許可，以免浪費人力在不事生產的廟裡。尤其在 1976–7 年間糧食不足，政府還要求和尚在其寺廟的庭院種植蔬菜。住在低地的寮族人對於此一限制感到不滿，認為是壓制佛教。」[22] 寮國僧王高齡八十七歲的檀馬耶諾（Thammayano）不堪政府禁止其講經，將他軟禁在琅勃拉邦的僧院內，他在 1979 年 3 月搭乘充氣橡皮船偷渡過湄公河到泰國。[23]

「根據官方資料，寮國有 2,812 間佛寺，其中有 373 間是在 1975 年後改建或新建，和尚總人數有 7,000 名，另有 9,000 名以上的小和尚。1991 年和尚人數增加至 30,000 人。顯示在寮共政權建立後，佛教已從被打壓情況下獲得舒緩，逐漸復興，最重要者，衪已簡單化及合理化，消除迷信部分。新佛教以三項教理教示眾人，這三項教理是：戒除罪惡、積功德、淨心。和尚被迫要學習馬列主義思想，俾能瞭解政府的政策。」[24]

至 1990 年代，人民革命黨開始提升佛教之地位，因為社會主義經濟失敗，需要重新建構意識型態，黨領導人及其夫人經常參加佛教慶典、鑄造佛像和給廟宇供奉品，佛教的各種慶典也相繼恢復。也允許寮共黨員短期出家。「1991 年為了慶祝新憲法之頒布，永珍的大金塔（即塔鑾）取代了斧頭和鎌刀，成為國家符號的核心，以大金塔的圖案來裝飾政府大樓、官方文件、鈔票和郵票。人們對於政府致力於慶祝 12 月 2 日的國慶日，缺乏自動的熱誠，遠不及人們對於早數週舉行的慶祝大金塔節那樣熱中程度。長期以來人們將該節慶視為全國慶祝的文化活動，因此以大金塔作為官方的國家符號，可用來限制國家推動的民族主義的霸道符號。」[25]

相較而言，寮國對於和尚之控制遠大於泰國，寮國和尚和人民革命黨

22. Grant Evans, *A Short History of Laos, The Land in Between*, pp.202-203.
23. Jeffrey Hays, *op.cit.*,（http://factsanddetails.com/southeast-asia/Laos/sub5_3a/entry-2941.html 2015 年 12 月 23 日瀏覽。）
24. Martin Stuart-Fox, *A History of Laos*, p.194.

關係密切，在寮共統治下佛教被賦予新的政治角色，惟隨著改革開放，此種關係將會逐漸淡化減弱。

第五節　生活習慣

飲食習慣

寮國食物很像泰國，但也有主要差別，差別在食米，寮國米較黏、短粒，通常是和肉球包起來用手放入嘴裡。長粒米也普遍使用，但還是以黏米為大宗。寮松族和寮順族是以食用長粒米為主。寮人每餐都食米飯。傳統上米飯使用竹容器盛著。一般認為丟掉竹器鍋蓋會帶來衰運，甚至認為是離婚的徵兆或者帶來家庭的飢餓。有時會使用小型竹籃子裝飯菜，上工時當作午餐。吃黏米飯時，會使用手，吃長粒米則使用湯匙，很少使用筷子。華人和越南人則使用筷子。配菜有蔬菜、豬肉和魚。

寮國和泰國一樣都食魚露，差別在於泰國使用鹹水魚，而寮國使用淡水魚。魚露是伴著飯菜一起吃。另外也喜歡吃辣椒、芫荽、薄荷、茴香、香茅、高良薑、薑、羅望子、芝麻子、花生、醬油、酸橙汁、蝦乾、醋、大蒜等。不過寮國比泰國更常使用茴香、薄荷、高良薑。

服飾

寮國並無國服，各民族各有其服飾。女性穿著圍裙的沙龍，稱為 sin 或 sinh。男性則用圍布包住腰部穿過腿部，在後背打結，稱為 sampot。這兩

---

25. Grant Evans, *A Short History of Laos, The Land in Between*, pp.204-205.

種穿法都源自柬埔寨,至今還是柬埔寨的正式服飾。一般民族服飾都是黑色,在袖口有黃色裝飾。拉胡族婦女穿著黑長褲,白邊,袖口裝飾紅色和藍色條狀滾邊。阿卡族婦女穿著綁腿,短黑色襯衫,攜帶有串珠的背袋,寬鬆黑色夾克,有袖口和翻領。她們戴黑帽,上鑲有銀幣。里蘇族(Lisu)則穿著綠色和藍色的長袍,在袖口和肩膀繡有紅、黃、藍色條狀滾邊。她們都喜歡使用銀作為裝飾。

法國統治時期,寮國服飾只有上階層的菁英穿著西服,一般平民的服飾沒有多大改變。1960 年代後,受到全球化之影響,西式服飾也開始在寮國流行,簡便的 T 衫和褲子普遍被接受。但寮共在 1975 年統治後,對服飾加了限制,禁穿牛仔褲和西服、西式服裝和多種顏色的沙龍。男性禁留長髮、女性禁留短髮。黑色和素色的長褲和襯衫是官方認可的服飾。自 1990 年代寮國開放觀光後,服飾也開始有些變化,逐漸接受西式服裝。

生活習慣

以前人與人之間使用的敬語,在革命後都被稱為封建用語,而使用「同志」(sahai)一詞相稱。從 1980 年代末開始,尊敬的用語「先生」(than)一詞,恢復使用。1990 年代,「sahai」一詞在公共場合不再使用,而僅使用在黨內場合。在身體語言方面,革命後大都流行握手禮,傳統的合掌禮(nop)漸被取代,但同樣地在 1990 年代後,年輕人又被教導恢復使用合掌禮。在學校教育中,逐漸放入維護傳統文化的內容。

寮國仍是一個社會主義國家,對於社會各個層面都受政府控制,外來的資訊、書籍和雜誌都受到管控,1980 年代中葉才逐漸開放,與性關係有關的產業還沒有開放,外國人很難接觸當地人,地方警察及安全人員監控嚴厲。自 1975 年以來第一份英語週刊**永珍時報**(*Vientiane Times*)在 1994 年創刊,這是為了迎合外國人增加的需求。

　　永珍市長在 1994 年下令加強寮國文化，在適當場合應穿著相應的服裝，例如男性應穿著西服、民族服裝或其他服裝；女性應穿著寮國傳統裙裝（sinh），頭髮為繫髮髻或其他合宜的髮型；結婚時禁唱外國歌曲，外國人例外；外國歌曲和舞蹈需經永珍市政府文化局之許可、登記和審查。五光十色的酒吧在 1975 年以前就被禁止，革命以後也沒有恢復。寮國沒有公營的妓院，因此想多賺錢的女孩，都跑到泰國工作。[26]

　　寮國跟其他共黨國家一樣，都搞個人崇拜，凱山・馮維漢在 1992 年 11 月去世後，其葬禮規格跟越南胡志明的一樣。有高僧念誦佛經，還有新國家主席諾哈克・馮沙萬（Nouhak Phoumsavan）的精神講話和勸勉，永懷凱山・馮維漢的訓示。報章雜誌有許多歌頌紀念文章出現，政府也在 2000 年花了 800 萬美元修建了凱山紀念博物館，在館前豎立了一尊凱山的雕像，全國到處豎立凱山・馮維漢的半身像。但全寮國並無一座蘇法努旺的雕像。年輕人對於過多的雕像感到反感，他們認為寮國需要學校、醫院和道路，應將這些建雕像的錢用在這一方面。

　　在 1975 年，全寮國讀完小學六年級的學生數為 22.5%，鄉下地區普遍較低，文盲率高達 85%。[27] 在 1960 年代，在高等教育方面，還教授法語。但至 1970 年代，有美元援助，開辦法昂寮語中學（Fa Ngum Laolanguage secondary school），所以寮語開始抬頭。畢業學生有到法國、美國和澳洲留學者。在 1970 年代初，將各間大學學院合併入西薩凡馮大學（Sisavangvong University），惟該大學在 1975 年被關閉。1996 年，重設立一所寮國國立大學（National University of Laos），但水準不高，有過多的政治控制。寮國尋求西方國家援助提升其高等教育體系。有不少學生前往美國、澳洲和泰國留學。

---

26. Grant Evans, *A Short History of Laos, The Land in Between*, pp.207-208.
27. Gerald W. Fry, *op.cit.*, p.153.

　　寮國人生性保守、重精神、愛宗教，穿著不暴露，在公開場合不願與人爭執和發怒，愛面子，對長者和有權者恭敬。拍打別人的背部或摸頭，是不禮貌行為。在贈禮者面前打開禮物，不能顯露過於高興，會表示自己的貪婪和期待。回贈厚禮給送禮者，對雙方都會感到不自在，對受禮者會變成一種負擔。同樣地，寮人也不認為談話中一定要回話，有時沉默是表示尊重及傾聽對方的說話。[28]

　　寮人處事喜歡慢慢來（koi koi bai），悠閒的過生活，生活步調較其他地方緩慢。外國人覺得寮人不願努力工作。寮人不太在意高薪工作，或接受高等教育，常常抱持「沒有問題」、「不要在意」、「想太多」等觀念，有強烈的宿命論。

　　跟泰國的習慣一樣，合掌禮（稱 nop）雙手高度對長者、和尚和高地位者要高過肩膀，頭要微低，表示尊敬，對平輩，則與肩膀同高，頭部不用低下。不可摸小孩的頭，此一行為被認為有優越感。用手指著別人，是種侮辱。遞東西給別人時，使用雙手。左手為穢，用來擦屁股。腳被認為是髒的，不可用腳碰觸別人。不可用腳指東西。坐下時，不可使腳交叉盤坐或伸直腳，習慣將腳朝後擺，毋使指向別人。亦不可將腳擱在桌椅上。進入別人家裡或寺廟，要脫鞋。交談時，儘量避免眼睛對看，否則會被認為有侵略性。

　　許多寮族人和少數民族都認為婦女的位置不可高過男性，晾衣服時女性衣服不可高過男性。一般而言，寮國跟泰國的習俗一樣，女性不可碰觸和尚及其袈裟，在給和尚施捨時，不可碰觸和尚。當女性遞東西給和尚時，需由男性代轉。但在川壙首府豐沙灣（Phonesavane）附近的班那奴（Baan Naa Nuu）村，一間佛廟慶祝完工典禮，和尚們在寺廟四周遊行慶祝的隊伍中，母親以左手緊抓著其出家兒子的袈裟的一角，在隊伍中行進。在寮國尚存在著和尚和婦女需要男性中間人傳遞物品、不可同坐在同一條椅子上、及彼此

---

28. Arne Kislenko, *op.cit.*, pp.163-167. 該一部分的資料都取材自該書。

碰觸身體之禁忌。一旦婦女將布料捐贈給和尚製作袈裟，該名婦女將不得再觸摸該袈裟。除非該袈裟被拋棄，就可拿來當抹布。班那奴村之母親可抓住其和尚兒子的袈裟，據稱原因是母親可藉由其和尚兒子之袈裟而獲得功德，即可再生；母親是被動的客體，需依賴其和尚兒子的功德，才能改善其地位而得以再生。從該實例中亦可解釋，母親之地位在其和尚兒子之下，她可透過其和尚兒子的袈裟而與她兒子有所接觸。[29] 在寮國東北部，贈送袈裟給和尚的儀式（Bun Buat Naak）中，可由婦女（特別是母親）將新袈裟給和尚，也可藉此維持母子之關係，她捨棄其子給佛，以獲得功德。[30]

　　用手觸摸佛陀雕像是不敬的，亦不可用手指著佛陀雕像。不可碰觸寮松族和寮順族的圖騰、靈屋或門，亦不可拍照。這些少數民族還認為照相會攝走他們的靈魂，不太喜歡拍照。

　　對於婦女懷胎，寮人不願談論，以免惡靈傷害小孩，因為寮國醫療設備不足，嬰兒死亡率高，所以有此禁忌。小孩出生前，不命名和給予禮物。蒙族在小孩出生時，會在門口放置一片樹葉，他人進入屋內需拿下帽子。巫師會舉行招魂儀式，以確保該新生兒有正確的精靈，不讓惡靈進入他的身體。新生兒出生後三天才取名。通常將胎盤埋在自家地下。若是女生，則胎盤埋在父母床下；若是男生，則埋在主樑柱下。習慣上，等他或她去世後，會將胎盤掘出和他或她一起埋葬。

　　對於死者，會致贈奠儀。弔唁時，一般都保持沉默，不發慰問言語。屍體火葬後，會舉行餐聚、聊天和歡笑，目的在將歡樂帶回家裡來。

　　寮國各族對於顏色有不同喜好，蒙族認為紅色代表死亡，只有在葬禮時穿紅色衣服；黑色代表快樂和健康。民恩族（Mien）認為紅色代表生命和喜氣，跟華人相同；黑色則代表死亡。里蘇族和阿卡族認為白色和黑色

---

29. H. Leedom Lefferts, JR., "Women's power and Theravada Buddhism, a paradox from Xieng Khouang," in Grant Evans, *Laos, Culture and Society*, pp.214-225, at pp.215,217,219-220.

30. *Ibid.*, p.221.

是不好的,故皆不喜歡這兩種顏色。

蘭旺舞

蘭旺舞(lamvong)是寮國傳統的民族舞蹈,二人對舞,男女舞伴若即若離,身體互不接觸。在聯歡會、慶祝舞會、迎賓舞會上,男女舞者圍坐在長方形或圓形舞場四周,當主持人宣布,這一圈舞為某人(多按客人身分高低順序)舉行,並指定一位女子作為他的舞伴帶頭,該名女子走到他的面前,雙手合十恭請,他要起立雙手合十答禮,然後一同走到舞場中央。待樂曲(或歌聲)聲起,二人先起舞。接著在場其他女子走到男子面前(男子也可主動邀請女子)以同樣的禮節找到舞伴,成雙結對走到舞場中間,形成一個圓圈,按反時針方向起舞。通常男子走內圈,女子走外圈,隨著樂曲節拍徐步向前。男子先走左腳,女子先走右腳,四步一停,相互照面一次。女子雙手舉至胸前,男子雙手舉至兩肋前,上下左右翻翻舞動。約十分鐘(一般不超過十五分鐘),樂曲(或歌)聲止,各對舞伴雙手合十相互致謝,返回座位,等候主持人組織下一圈舞。[31]

31.「南旺舞:最具代表性的老撾民間舞蹈」,人民網,2014 年 4 月 30 日。(http://gx.people.com.cn/BIG5/n/2014/0430/c346519-21111014.html 2016 年 4 月 30 日瀏覽。)

第七章

結　論

一、快樂的山間小國

　　寮國是一個小國，周邊有中國、越南、緬甸和泰國，在傳統歷史和當代歷史都不是一個受世人關注的山國，它也因此默默地存在。由於山區交通不便，對外聯繫受到許多限制，最早在中國文獻中被記載為哀牢族，將之視同中國西南邊區的少數沒有開化的蠻族。在漢武帝時期，開通西南夷，哀牢族的青銅編鐘、絲竹音樂傳至中國，因此中國對於哀牢族及哀牢國開始有所認識。東晉**華陽國志・永昌郡**說，「永昌郡，古哀牢國。」**雲南別錄**記載：「哀牢夷地東南接交趾，西北接吐蕃。」**保山縣志**記載：「哀牢疆域東西三千里，南北四千六百里，應包括滇南、緬甸北部、瀾滄江以西廣大地區。」根據申旭之研究，西元第六世紀，在寮國出現哀牢之記載，此較滇緬出現哀牢國晚了五個多世紀，老撾哀牢國是滇西哀牢人南遷其地建立的國家。[1]

　　在第六世紀以後很長一段時間，在中國文獻中幾乎很少提及寮國，1275 年，藍甘亨（Ramkhamhaeng）繼承素可泰（Sukhothai）王國（中國稱為暹國）王位。琅勃拉邦、永珍是素可泰王國之藩屬國，他們有其自己的統治者，但須定期向素可泰國王進貢貢品和「金銀花（Bunga Mas）」（泰語為 Dokmai Thong），在戰時還需派兵助戰。永珍跟琅勃拉邦一樣是個古老城寨國，最早住民可能是孟族，永珍原稱為昌達武里（Chandapuri），巴利語意指「月亮之城市」。

　　1317 年，藍甘亨去世後，素可泰王國的屬國紛紛脫離，琅勃拉邦、永珍等也都宣告脫離素可泰王國。1353 年法昂繼任成為琅勃拉邦的國王，他是偉大的建國者，逐一征服周邊的各個部落，在香東香通（Xiang Dong Xiang Thong）建都，宣布成立南掌王國。1356 年，南掌出兵攻占永珍，成

---

1. 參見耿德銘，「古籍中的哀牢國」，**雲南民族學院學報（哲學社會科學版）**，第 19 卷第 6 期，2002 年 11 月，頁 70-74。

為寮北地區最大的國家。老撾一名最早出現在中國文獻是在 1383 年，它與中國有來往，其國王被明太祖封為宣慰。1403 年 10 月，中國在老撾設宣慰司，成為中國名分上的藩屬國。

法昂在 1416 年去世，傳位給其次子蘭坎登（Lan Kham Deng）。當時越南黎利正在進行驅逐中國勢力的復國運動，蘭坎登支持安南黎利對抗中國。但因為南掌內部有親中國勢力，有部分軍隊投靠中國，引發安南在此後五十年干涉南掌內部事務。安南在 1479 年攻打占城，接著 1480 年進攻老撾，攻取老撾二十餘寨，殺二萬餘人，包括宣慰刀板雅蘭掌父子三人，進兵八百媳婦國（即清邁），失敗後才退回安南。

二、緬甸的威脅

緬甸軍隊在 1556 年 4 月滅了清邁王朝，對南掌形成威脅，西塔西拉特基於政治、經濟和戰略的考慮在 1560 年將首都從香東香通搬遷到永珍，前後花了四年時間營建新都。香東香通則交由和尚領袖管理。1563 年將香東香通改名為琅勃拉邦。

1564 年，緬軍入侵永珍，國王賈吉塔逃入森林躲藏，緬軍擄走賈吉塔的弟弟督撫大臣（或大將軍）塔修雅及眾妻妾，包括卻克拉帕的女兒至勃固。

1570 年，緬軍第二度出兵占領永珍，寮族人撤出永珍，成為空城，緬軍無法取得糧食，寮軍進行游擊戰，緬軍在疾病和糧食不足之情況下最後只好在同年 4 月退兵。緬甸軍隊趁永珍王位繼承衝突之機會在 1575 年第三度進占永珍，蘇林特及庫曼王子被俘虜至緬甸。緬甸以十年前在緬甸當人質的寮國王子塔修雅為琅勃拉邦國王，並派駐軍隊在永珍維持秩序，規定南掌每年向緬甸進貢 10 隻象和 1 萬單位的黃金。南掌成為緬甸的藩屬國。

琅勃拉邦前任國王賈吉塔的兒子庫曼王子被俘至緬甸，經過十六年，

於 1591 年被釋放回琅勃拉邦，出任國王。他重新控制琅勃拉邦和川壙，並宣布脫離緬甸的統治。

南掌國王普拉旺沙在 1622 年為其子歐帕諾瓦拉特謀殺，不及一年，歐帕諾瓦拉特被暗殺。以後十五年南掌陷於王位繼承危機，暗殺政變頻繁，直至 1637 年蘇林耶萬沙出任國王，到他 1694 年去世為止，王權之爭才稍告緩和。在他任內，與越南達成劃界協議。他娶了越南的公主。蘇林耶萬沙去世後，再度爆發王位繼承衝突，導致南掌分裂為永珍和琅勃拉邦兩個國家。

蘇林耶萬沙的弟弟召松普被流放至越南順化，其子賽翁惠在越南出生。賽翁惠獲得越南軍隊支持，於 1696 年 9 月回到永珍登基為王。此為越南干涉永珍王位繼承問題之開始。

三、落入暹羅的藩屬

1700 年，賽翁惠派軍占領琅勃拉邦，當時琅勃拉邦是由蘇林耶萬沙的兩個孫子金吉查拉特和英塔松控制。1706 年，賽翁惠遣使進貢安南，安南將公主嫁給他。金吉查拉特和英塔松逃至他們的母親的故鄉西雙版納，獲得西雙版納傣仂（Tai Lü）王朝軍隊之協助，1707 年重新奪回琅勃拉邦，賽翁惠請求暹羅出兵協助，暹羅則促成雙方和解，各占領其目前的領土。金吉查拉特在琅勃拉邦登基為王，宣布領有寮國北部領土，放棄南方領土，永珍則由賽翁惠控制。南掌王朝正式分裂為琅勃拉邦、永珍和占巴塞三個王朝，各有外來勢力之支持，彼此爭戰。1720 年代，暹羅勢力擴張，寮國三個小王國成為暹羅的藩屬國。

在十八世紀，越南分裂為南北兩個政權，在順化的廣南國，忙於在南方勢力的擴張，在嘉定建立新據點，開始移民、拓殖、收稅，無暇顧及西邊山間的蠻族國家，所以對於永珍和琅勃拉邦僅維持微弱的和親關係。對於以後暹羅和緬甸勢力介入永珍和琅勃拉邦事務，都未能採取立即的反應。

　　1759–60 年，緬甸攻擊暹羅，永珍尋求和緬軍合作，進攻琅勃拉邦。緬甸於 1763 年 7 月攻陷清邁，派遣坎迷尼將軍為清邁總督。隨後緬軍控制琅勃拉邦。

　　1767 年緬甸滅暹羅大城王朝，鄭信在吞武里重建新王朝，永珍國王斯里汶耶善為了與緬甸維持和平，於 1769 年 7 月將其女兒嫁給緬甸國王孟駁，並贈送豐厚的嫁妝。斯里汶耶善見到鄭信的勢力逐漸鞏固，乃於 1770 年致函鄭信，欲建立聯盟關係。鄭信立即邀他一起對抗緬甸，但斯里汶耶善仍與緬甸維持關係，此引起鄭信不滿。因為當蘇里亞旺（中國文獻稱為召翁）在登基為琅勃拉邦國王後，為了報復永珍，即出兵包圍永珍，永珍尋求在清邁的緬軍協助。緬軍出兵攻擊琅勃拉邦，迫使琅勃拉邦從永珍撤兵，經過十五天的戰鬥，琅勃拉邦接受緬甸為宗主國。

　　鄭信於 1778 年派遣大將軍昭披耶卻克里出兵 2 萬經由柯叻高地攻打占巴寨，另一支軍隊由昭披耶卻克里的弟弟蘇拉西經由柬埔寨到占巴寨，國王庫曼逃逸，1779 年被逮捕後送至暹羅的吞武里。一年後被釋放回占巴寨，重新擔任國王，此後占巴寨成為暹羅的藩屬國。暹羅軍隊繼續北上，占領那空拍儂、廊開，包圍永珍四個月才攻下，國王斯里汶耶善逃逸，王室人員和將軍等人、玉佛寺的玉佛和琅勃拉邦佛陀雕像（鍍金的站立佛陀）被俘虜至暹羅的吞武里。

　　1797 年和 1802 年，緬甸分別出兵攻打暹羅，暹羅獲得永珍及北方公國之援助，擊退緬軍。永珍也協助暹羅控制西雙朱泰，特別是奠邊府地區。在這些戰役中，安努馮出力甚多，贏得將軍名號。為加強永珍和暹羅之關係，英塔馮將其女兒嫁給拉瑪一世。

四、在暹羅和越南間求生存

　　越南在 1771 年爆發西山三兄弟阮文岳（或寫為阮岳）、阮文侶（或寫

為阮侶）和阮文惠反抗順化王朝事件，1788 年控制整個越南並稱帝。廣南王後裔阮福映從嘉定反攻，和西山軍進行戰爭，暹羅還命令安努馮協助阮福映。此乃由於阮福映在 1782 年曾派遣朱文接前往暹羅求援。1784 年夏天，阮福映前往暹羅曼谷，獲拉瑪一世（Rama I）允諾援助，派兵 2 萬，戰船 300 艘。10 月，暹羅兵分水路兩路進攻柴棍（西貢），水路沿著越南南部的迪石前進到嘉定登陸。另外派遣 2 萬軍隊從柬埔寨陸路進入越南，結果被阮文惠擊敗，只餘 2,000 人從陸路繞經柬埔寨逃回暹羅。阮福映也隨暹羅敗軍逃往暹羅。因為有這層歷史關係，故暹羅才會要求永珍協助阮福映。阮福映得以在 1802 年在順化建立新王朝。在安努馮執政期間，永珍從 1806 年到 1821 年向越南順化王朝朝貢。從 1821 年起到 1833 年，琅勃拉邦同時要向越南和暹羅朝貢。

1826 年底，永珍國王安努馮召開大臣及其所屬的七十九個公國的領袖會議，決議聯合琅勃拉邦、清邁和越南叛離暹羅，宣布獨立，但琅勃拉邦不想與暹羅為敵，國王召蟒塔度臘暗中派遣其兒子梭卡軒到曼谷通風報信，拉瑪三世忽略此一訊息，沒有採取應變措施。1827 年 2 月，安努馮率軍 8,000 人進入暹羅境內，藉口協助暹羅對抗入侵緬甸的英國，入侵柯叻高原，5 月 13 日，暹羅軍隊擊退永珍軍隊，安努馮逃至越南順化，請求援兵意圖恢復永珍，結果安努馮戰敗，永珍城市被燒毀，人民被擄往暹羅東北部的伊山，王室成員則被分散遷移至羅斛、沙拉武里、素攀武里和那空猜西（Nakhon Chaisi），那空拍儂的人民則被送至帕那特尼空（Phanat Nikhom）。5 月底，暹羅軍隊再控制占巴寨。8 月 1 日，安努馮在 1,000 名越南軍隊護衛下返抵永珍，暹羅再度出兵永珍，雙方戰鬥僵持不下。越南國王明命在 9 月代表安努馮向暹羅拉瑪三世道歉，請拉瑪三世允許安努馮親自到曼谷道歉，但不為拉瑪三世接受。

儘管越南和暹羅為了永珍的事務而發生衝突，然而雙方還是互派使節以維持友好關係。

　　由於永珍反抗暹羅而被夷為平地，故琅勃拉邦國王召蟒塔度臘對於暹羅之威脅深感憂心，於是分別在 1828、1830 和 1833 年遣使越南進貢，以尋求越南的援助。

　　暹羅在 1829 年將寮國分為三個行政區，第一個是琅勃拉邦，暹羅僅派少數軍隊駐紮，該行政區包括琅勃拉邦、南塔（Namtha）、西雙版納、西雙朱泰、華潘（今天之桑怒）。第二個是以前的永珍王國，包括廊開、川壙、波里肯、那空拍儂，南邊到占巴寨北部。第三個是占巴寨，東邊到越南邊界、南邊到柬埔寨北部，西邊到柯叻高地。

　　1832 年，越南占領普安（川壙），設立鎮寧府。越南強迫當地人穿越南服裝、說越南語、接受越南習俗。1834 年，川壙人民起來反抗越南統治，遭越南嚴酷鎮壓，暹羅允許寮族人避難到湄公河右岸。暹羅為了不讓普安的人民受到越南的衣著文化影響，將他們遷徙到柯叻高原和川壙城鎮周邊的平原地帶。在該年暹羅因為援助川壙，導致越南和暹羅斷絕關係。

　　在 1870 年代，暹羅採取傳統的方法對付周邊的不安分的朝貢國，就是派遣臨時組成的農民軍前往鎮壓，但效果不佳。對付普安地區的動亂，則採取遷徙人民的政策，以拔除傳統統治者的基礎。此一方法導致普安地區的領導人尋求越南的保護，因為越南不採取此一政策。暹羅為了鎮壓普安地區的動亂，於 1882 年派遣軍隊駐守普安。

五、法國勢力入侵

　　法國在 1870 年代將其勢力延伸至越南東京地區，意圖從該處滲透進入中國雲南，遂占領河內及附近城市。1883 年，法國和越南簽訂何羅芒條約（Harmand Convention）將東京地區變成法國的保護地。中國出兵協助越南抗禦法國之入侵。從 1883 年到 1884 年雙方進行了陸戰和海戰，最後在 1885 年簽署「中法會訂越南條約」，中國承認越南為法國保護國而結束戰

爭。暹羅面對此一局勢，為加強其對寮國東部華潘各城鎮之控制，1885 年在琅勃拉邦封贈給華潘省各城鎮領袖王權標記。但各領袖仍保留有越南給的官職頭銜，以應付華人的「黑旗軍」和法國人。暹羅只好採用賄賂和強迫手段將他們納入控制。

暹羅人一聽說法國控制猛天寨（奠邊府），立即派遣軍隊前往交涉。1888 年 12 月，暹羅與法軍交戰，暹羅戰敗，法軍控制西雙朱泰，包括奠邊府，法國將之納入東京地區。

1893 年 4 月，法國派軍隊進入湄公河東岸，占領寮國的司敦特巒、素旺那曲和他曲，儘管暹羅認為這些領土屬於暹羅所有。暹羅被迫在 10 月 3 日和法國簽訂和平條約，主要內容為：(1) 暹羅割讓湄公河左岸地區以及河中的島嶼，即琅勃拉邦一部分土地給法國。(2) 暹羅政府同意不在湄公河右岸建設軍事據點和設施（成立 25 公里寬非軍事區）。(3) 暹羅政府同意法國認為在適合地點設立領事館，可能的地點在拉傑西馬和南城。(4) 暹羅向法國賠償 3 百萬法郎。此外，還簽署一項協議，規定暹羅軍隊從湄公河左岸撤退、懲罰暹羅有罪的官員，法國臨時占領尖竹汶，直至暹羅履行法、暹條約的規定。琅勃拉邦的其他土地亦在 1907 年割讓給法國。法國在 1887 年將交趾支那、安南、柬埔寨和東京合併成立印度支那聯邦，1893 年併吞寮國後，亦將寮國併入「印度支那聯邦」。

占巴寨在 1778 年到 1893 年之間是暹羅的藩屬國。1893 年，法國控制占巴寨王國的阿塔坡和沙拉灣，在其控制區也實施禁止奴隸買賣和擴大增稅，但沒有禁止鴉片，反而利用鴉片買賣增進財政稅收。1889 年，暹羅東北部由和尚佛米寶恩領導的叛亂蔓延到占巴寨。召坎梭克於 1899 年去世，由召諾伊繼位。1904 年，法國將該王國降至省級地位，不承認召諾伊為國王，給予占巴寨總督頭銜。

法國在 1941 年被德國占領，暹羅利用此一機會占領占巴寨及湄公河右岸的土地，直至 1945 年二戰結束。同年，召諾伊去世，由其兒子歐膜繼任，

占巴塞再由法國統治。1946 年，占巴塞併入半獨立的寮國。

　　從 1941 年到 1945 年，泰國從法國手中拿回占巴塞以及湄公河右岸的其他寮國領土。1946 年，法國又取回占巴塞，歐膜為了寮國之統一，而放棄主張占巴塞獨立。因此，在 1946–75 年間，以琅勃拉邦一系王朝為主成立寮國王國。

　　法國在寮國王國派駐高級駐紮官，省以下再派駐法國官員。寮國是農業國家，沒有工業，法國也不想發展工業。因此在法國治下的寮國社會結構缺乏中產階級，只有兩個社會階層，上層的法國人、寮國貴族、官員、知識分子和地主，以及下層的農民。從事行政工作者大多數是越南人。經濟權力是掌控在法國人、華人和越南人的手裡。

　　法國統治寮國初期，為彌補行政人員不足，大部分的行政人員是從越南派來，為了開礦及種植經濟作物之需要，也鼓勵越南人移入寮國。少數寮國菁英、擔任法國駐永珍總駐紮官的翻譯者和顧問對此感到不滿，所以法國在 1928 年設立一所訓練學校，專門訓練寮國公務員。至 1937 年，除了琅勃拉邦王國外，越南人占居寮國上層行政官員的 46%。1937 年 10 月，法國駐永珍高級駐紮官優特羅普哀嘆寮國受過教育者很少進入「法律與管理學院」受訓。

　　在高山地區，法國則採取跨族群的間接統治方式，利用傳統的族群層級制度進行統治。殖民制度最受批評的是通事和收稅人。通事是由寮族人擔任，他們擔任寮族人和山地民族之間的通事，法國利用他們將法國命令傳達給山地民族。他們則利用此一地位濫用權力而被山地民族所批評。收稅人在地方負責收稅，也有權要求從事服勞役，常因濫權而受批評。這些公務員在地方上作威作福而受鄙視。

　　傳統上，寮國跟暹羅一樣，只有寺院教育，小孩要識字讀書，只有到寺廟，由和尚教導。寺廟教的大都是佛經和道德的內容。1905 年，在少數省城設立小學，開始教法文。初期教法文者，是由越南人任教。1907 年，

全寮國只有 4 名法國人教師。至 1917 年，才有完整六年的基礎法語教育。1921 年，在永珍設立第一所初級中學帕維中學。1923 年，在永珍設立一所技術訓練學校，專門訓練木匠和泥水匠。1928 年 7 月 10 日，設立法律和行政學院，訓練寮國公務員。法國統治期間，寮國沒有設立大學，寮國人很少上大學，1939 年，只有 7 名寮國人到越南上大學。

寮國菁英大部分是貴族，他們在法國、河內、西貢接受教育，但這類教育很少教他們有關寮國之知識，對自己國家和民族之認識有限。

在法國統治印度支那國家中，以寮國反抗法國的事件最少。法國剛進入寮國時，還受到歡迎，以為是解放暹羅統治的新勢力。

法國對寮國的統治不重視產業發展，沒有工業、醫院設施、賺錢的投資，不重視寮國這塊殖民地，即使派駐的官員也很少，1940 年住在寮國的法國人只有 600 人。儘管如此，法國對寮國的統治，刺激了寮國的民族主義，使其菁英接受法國教育。法國有意將寮國越南化，故引入越南人從事商業和出任官員，引起寮國人不滿，激起其民族主義。法國亦鼓舞寮國人和泰國切割，阻止其泰國化，透過國旗、國歌和政治儀式，鼓勵寮國成為一個獨立實體；透過媒體、教育和修改歷史著作，形塑寮國的族國觀念，以別於泰國。

二戰期間，日軍控制寮國，西薩凡馮國王在日軍的壓力下於 1945 年 4 月 8 日宣布寮國獨立。9 月中旬，在英國的協助下，法國重回百細。

六、二戰後爭取獨立

日本是在 8 月 15 日投降，10 月 4 日，中國第一方面軍第 93 師進抵老撾（寮國）永珍。11 月 6 日，完成在寮國的解除日軍武裝，及接收工作。中國軍隊禁止法軍的活動，解除在琅勃拉邦法軍的武裝。在永珍，皮查拉特以「自由寮人」的名義歡迎中國軍隊。他曲和素旺那曲由小股「自由寮

人」和越南人軍隊控制，表面上仍由中國軍隊控制。法軍只控制南部的沙拉灣和百細。

西薩凡馮國王在 10 月 10 日罷黜皮查拉特首相和大都督職務。10 月 12 日，皮查拉特在永珍召開人民委員會，通過臨時憲法，成立「巴特寮」（寮國土地）臨時政府，堅持寮國已在 4 月獨立。該臨時政府任命 45 人組成臨時國民議會。國王宣布該一臨時政府為非法，邀請皮查拉特到琅勃拉邦會談，遭拒絕。10 月 20 日，「巴特寮」臨時國民議會通過決議罷黜國王。11 月 10 日，沙留姆沙克親王和寶格那瓦特親王率領 30 名武裝人員發動政變，將國王及其眷屬軟禁，意圖迫其退位。幸獲蒙族軍隊拯救，才免於難。此時寮國面臨內部的親泰國、親越南、親法國等派系的傾軋，而使政局陷入混沌不清。

1946 年 2 月 28 日，法國和中國簽署重慶協議，中國決定撤出越南和寮國，4 月 24 日，中國軍隊從寮國撤出，法軍重新占領永珍。5 月 11 日，寮國頒布憲法，成為君主立憲國家。5 月中旬，法軍進入琅勃拉邦，「巴特寮」政府領袖包括皮查拉特的弟弟蘇法努旺和佛瑪、支持者及其眷屬約二千多人流亡到泰國，成立流亡政府。西薩凡馮國王宣布感謝法國，任命金達馮親王（為皮查拉特的同父異母弟）為臨時首相。8 月 27 日，法國和寮國簽署協議，寮國成為在「法國聯邦」內的一個立憲君主國，由法國負責其國防、外交、海關、郵政、氣象、礦產，寮國政府只負責公共工程、教育、農業和衛生。

1953 年初，北越軍隊在豐沙里、華潘和川壙三省進行反法活動。4 月，「巴特寮」獲得「越盟」的支持，蘇法努旺在桑怒建立正式的「抵抗政府」。10 月 22 日，法國與寮王國簽署友好與加盟條約（Treaty of Friendship and Association），法國承認寮國是法國聯邦內的獨立國家，法國派駐永珍由高級代表取代高級專員，由寮國人取代法國公務員。在附帶的軍事條約中，亦規定為保障寮國邊境的安全，允許法國軍隊在與寮國軍隊合作下可在寮

國領土內自由移動;仍由法國負責寮國的防衛計畫。

七、 內戰

依據 1954 年日內瓦和會之設計,寮國將成為中立國家,外國軍隊必須撤出寮國,寮國不參與任何軍事同盟,寮國再度成為泰國和越南之間的緩衝國地位,惟實際上,寮國距離實質的中立地位仍有一段距離,因為寮國境內並無泰國軍隊,而有「越盟」軍隊,此成為以後寮國陷入政局不穩和內戰之主因。之所以造成此一困局,乃因為日內瓦和約沒有解決寮國境內外軍之問題以及缺乏有效的拘束力。

寮國內部存在著三個派系,一是親西方的右派,二是親越共的左派,三是主張中立的中立派。為建立一個左右共治的聯合政府,曾先後組織三次的聯合政府。1956 年 12 月,中立派的佛瑪與左派的蘇法努旺再度協商,同意在選舉前先組織聯合政府,「寮國愛國陣線」成為合法政黨。此為第一次的聯合政府。1958 年 8 月,佛瑪在未獲美國支持下,只好下台,由佛伊組織右派政府。佛伊第一個政策就是宣布戒嚴、停止國民議會,清除左派閣員,蘇法努旺和其他「巴特寮」領袖被逮捕,佛瑪被派出任駐法大使,此一新政策獲得國防部長諾沙萬之支持。在美國有效的杯葛下,佛瑪的中立的、民族和解的政策宣告結束。

1960 年 8 月 9 日清晨,時年僅二十六歲的康黎上尉率領第二傘兵營發動政變,他要求重新任命佛瑪為首相,佛瑪意圖使該次政變取得合法性,國民議會在 8 月 13 日通過一項對宋沙尼斯政府的不信任動議,宋沙尼斯遂下台,由佛瑪出組政府。佛瑪在美國新大使之支持下,開始與左派和右派談判。10 月,美國停止對寮國佛瑪政府之經濟援助,並派遣前任駐寮國大使、現任遠東事務助理國務卿帕森斯(J. Graham Parsons)前往寮國,帕森斯堅持寮國政府與「巴特寮」停止談判,但為寮國政府所拒。

12 月初，在美國和泰國之支持下，諾沙萬的軍隊開進永珍，雙方發生激烈戰鬥，佛瑪請求蘇聯從河內起飛飛機空投作戰物資，在兩週內，死了600 名軍人，永珍也成為廢墟。12 月 9 日，佛瑪及其內閣成員流亡到柬埔寨。12 月 10 日，左派內閣部長波爾西納飛往河內，請求蘇聯空投武器和補給品給反抗諾沙萬的軍隊，蘇聯飛機空投三門 105 厘米榴彈砲、三門迫擊砲和若干彈藥，根本無法和諾沙萬的軍力對抗。中立派分子則處於下風，康黎的軍隊撤退至琅勃拉邦，在石罐平原落腳，並與「巴特寮」軍隊合作。12 月 11 日，國民議會 38 名議員在素旺那曲召開，對佛瑪政府投以不信任票，由歐膜親王出任臨時政府首相，立即獲得美國和泰國之承認。流亡在金邊的佛瑪嚴厲批評帕森斯的政策錯誤，導致寮國共產主義勢力擴大。

1962 年 6 月初，寮國三派再度在石罐平原談判，簽署協議，將成立一個「全國聯盟臨時政府」，由 17 名中立派、4 名右派和 4 名左派組成第二次聯合政府。左右兩派仍繼續管轄其各自控制地區。雖說越南 1 萬名軍隊撤出「寮國愛國陣線」控制區，但無法證實。在國際監督下，美軍和泰國軍隊從寮國撤出。

7 月 2 日，包括中國、蘇聯、法國、英國、印度、波蘭、南越、北越、泰國、寮國、柬埔寨、緬甸、加拿大和美國等國在日內瓦參加「14 國解決寮國問題國際會議」，寮國外長波爾西納代表寮國出席。7 月 23 日簽署「寮國中立地位宣言」，重申寮國之中立地位，以及保證寮國中立的二十條議定書。該協議強調寮國將遵守和平共存五原則、不參加和承認軍事結盟（包括東南亞公約組織）的保護、不允許外國干預其內政、所有外國軍隊和軍事人員必須撤出寮國、接受不附加條件的任何國家的援助、所有參加並簽署該協議之國家保證尊重這些條件，不能訴諸於任何手段破壞寮國王國之和平、不能引進外國軍隊進入寮國或設立軍事基地、不能利用寮國領土干預他國內政。

1963 年 4 月 1 日，中立和左派的外長波爾西納陪伴國王出訪回國後被

其保鏢所暗殺,原因是其保鏢為了報復馮蘇萬上校被暗殺。接著中立派的永珍警察首長遭右派暗殺,為了安全起見,蘇法努旺和諾沙萬暫離開永珍,前往康街。在石罐平原,「寮國愛國陣線」和中立派的丟恩上校領導的軍隊聯合攻擊康黎的軍隊,將之驅離至石罐平原的西部邊緣。中立派武裝力量被剷除,佛瑪所預期的中立主義政府亦告結束。第二次聯合政府宣告結束。

　　1973 年 2 月 21 日,寮國政府和寮共達成「恢復寮國和平與和解協議」,在簽署協議後 30 天內成立「全國聯盟臨時政府」以及成立「全國政治協商會議」。1974 年 4 月 5 日,成立寮國第三次的聯合政府「全國聯合臨時政府」,內閣包括各自推派的一名副首相和 5 名部長、及雙方同意的兩名部長。每一位部長下有兩位副部長,分由各方推派一名。「全國政治協商會議」是由兩方各推派一定的議員組成。

　　然而,寮共的活動隨著美軍在 1973 年中退出印度支那後逐漸升高,幾乎是跟「越盟」的行動同步,「越盟」越過北緯 17 度線攻擊南越政府控制區,而寮共也對寮王國政府控制區進行猛烈的攻擊,寮王國軍隊逐漸失去戰力,雙方於 1975 年 3 月底在永珍北部的沙拉普考恩進行一次大規模戰爭,結果萬寶軍隊失利撤退,永珍陷入危險。國王薩凡・瓦他納在 4 月 13 日宣布解散國民議會,但沒有宣布選舉的日期。8 月 23 日,寮共宣布解放永珍。當寮共軍隊進入琅勃拉邦和永珍時,寮共領袖和蘇法努旺飛往該兩城市,受到熱烈的歡迎。在此之前,該兩城市的老百姓已有數萬人逃離,因此寮共入城並未發生像金邊和西貢一樣的流血衝突事件。

八、改革開放的共黨政權

　　寮共取得政權速度緩慢,主要原因是寮共當時控制的地區是位在偏遠人口稀少的山地,人口較多的城鎮地區大部分還是國王控制區,若一下推翻君主制,會引發大規模的反抗風潮,因此,寮共先利用聯合政府,讓其

勢力進入政府機構，建立其統治網絡，在統治初期仍須仰賴國王的支持。寮共政權跟越南共黨政權一樣，禁止其他政黨的活動，成為一黨專政的國家。

儘管寮共在取得政權之初，曾透過「研討營」（seminar camps，「再教育營」），將舊社會的官員、軍警和菁英進行再教育，教育內容是有關寮共之主張和政策、自我批評和批判前政府的錯誤。但因為有兩個因素，導致寮國無法促進經濟，這兩個因素是寮國的佛教和政府官僚無能執行社會主義主張和政策。因此，寮國的傳統政治、施恩受惠關係、再加上共產主義的思想，產生獨特的政治文化。

在經濟層面，跟其他社會主義國家一樣，寮共政府將各種商業公司和工業企業國有化，禁止私營公司，交通運輸由政府控制，外國石油公司被迫撤離。1986 年實施經濟改革開放，逐漸採取資本主義經濟制度和政策。

寮國在 1978 年 6 月進行農業合作社運動，採取漸進方式，理論上農民可自由選擇是否加入農業合作社，土地和基本生產工具（如耕牛和犁）可納入集體合作社的財產，但家用物品仍屬私人所有。實際上，官員會迫使農民參加農業合作社。

寮國所以未能採取全面的農業合作社，最主要原因是缺乏可用的幹部以及缺乏資金和技術來協助農民改善其農業生產技能。也有農民抵制，毀壞農作物，屠殺耕牛以免被納入合作社所有，或者逃亡到泰國，或跑到政府控制力薄弱的偏遠鄉間墾荒。1979 年 7 月，寮國政府在經過評估以及蘇聯顧問的建議後，突然宣布停止農業合作社計畫，已加入者，可自由選擇退出。

寮國跟越南不同，並沒有實施徹底的社會主義政策，馮維漢在 1979 年 12 月最高人民議會主導通過第七項決議，採取市場社會主義政策，取消對於小型的私人企業公司的限制，允許商品交易時使用市場價格機制；減少對稻米的課稅；以「銀行幣」（Bank kip）取代「解放幣」，將寮國幣兌美

元匯率貶低 60%。

　　1986 年 11 月召開寮共第四屆黨大會，制訂 1986-1990 年的第二個五年經濟發展計畫。寮國推動經改的時間比越南早，原因是從 1979 年起就實施局部市場機制，而該開放步伐過小，成效有限，所以才會在 1986 年 11 月寮共第四屆黨大會通過「新經濟機制」，決定採取大幅度的開放政策，開放國內和國際貿易、投資和生產。農業合作社正式被宣布結束，集體所有的稻田將每隔三年逐步分給個別家庭耕種，按家庭大小分配土地面積，此一改革使得農業生產重新恢復生氣，農村勞工出現換工流動。

　　1988 年 2 月最高人民議會宣布將開始進行經濟改革，權力下放，鼓勵私人企業，廢除兩價制，採單一價格制，允許國營企業自訂產品價格、自訂生產目標、自負盈虧，以及民營化。3 月，進行國營銀行之改革，中央銀行只負責金融功能，至於外匯及商業和發展金融業務，則交由其他銀行負責。1990 年年中，通過國家銀行法，設立國家銀行。1992 年 1 月，通過新法令規範商業銀行及其他金融機構，將國營商業銀行予以民營化。1991 年 8 月 14 日，在寮共建國十六年後，最高人民議會通過憲法，該部憲法允許人民擁有私有財產和保障基本自由權。這一點也比越南早，越南是在 1991 年 12 月公布修憲草案，尋求民意。經再度修改後，將該修憲案送國會討論，於 1992 年 4 月 15 日通過，4 月 18 日公布。

　　寮國之所以能從中央計畫經濟走向自由市場經濟，有許多原因促成，第一，農業部門並未全面實施社會主義化，若干實施中央計畫的農地，時間也很短就廢除了中央控制，分給農民按其意願自由種植。第二，寮國靠近泰國，易受到泰國開放經濟之影響，因為泰國是寮國之主要外來投資國。第三，寮國是一黨專政體制，可從上而下貫徹黨的決議，推動市場經濟，就跟中國和越南一樣。儘管寮國邁向自由市場經濟，仍是一個貧窮國家，全國有 30% 的人生活在貧窮線下，在 700 萬人口中有 80% 的人住在鄉下地區，而這些鄉下地區大都是貧瘠的山地，而且在越戰時遭到嚴重轟炸，至

今仍有許多未爆彈，威脅鄉下人的生命。

九、歷史經驗與反省

　　寮國位在印度支那的山區，在法國來到之前，寮國應是一個世外桃源的小山國，人民過著農耕的日出而作、日落而息的生活，戰爭亂動僅限於爭奪王位，以及偶爾來自越南、緬甸和泰國的入侵。但自從法國勢力進入該山國後，情勢有了很大的改變，法國將寮國帶入印度支那半島的權力關係結構內，法國引入東邊越南的勢力進入寮國，西邊與泰國形成對峙，憑靠法國的勢力將分裂的永珍、琅勃拉邦和占巴賽三個王國統合在單一的法國的寮國殖民地體系，同時也擴張了其領土範圍。在法國殖民統治下，並沒有帶給寮國多大的現代化進步，無論在學校、官僚機構和經濟生產，寮國還是一個落後的地區，遠不如越南和泰國。

　　在二戰結束後，寮國的菁英分子因為意識型態的差別，而分裂為親西方的右派、親越共的左派，以及在左右派間移動的中立派，分析寮國現代史，可以歸納以下幾個特點：

　　第一，從 1940–70 年代，在寮國政壇翻滾的政治人物，大多數是王族成員，例如，皮查拉特親王，為琅勃拉邦副王崩克洪（Viceroy Oupahat Bounkhong）之子，他在 1941 年成為副王，被稱為「永珍國王」。皮查拉特、佛瑪、蘇法努旺、金達馮親王（Prince Kindavong）為同父異母兄弟，他們都是國王西薩凡馮的侄子。宋沙尼斯親王是佛瑪表弟。歐膜親王是占巴賽最後一任國王拉查丹內（King Ratsadanay）的兒子。馮科特拉塔納親王（Prince Somsanit Vongkotrattana）的母親是崩克洪親王（Prince Bounkhong）的女兒。這些王族成員、上層貴族和資產階級早期很多都參加「自由寮」。在這一歷史階段的政治特色，是以王族政治為核心所形成的政治結構和文化，非王族人士很難掌握政權。

第二，在法國殖民統治期間，寮國菁英分子分裂為親法派、親越派、親泰派，由王族領導各派人馬，相互傾軋，而使政局陷入混沌不清。

第三，在寮國獨立後，內部形成佛瑪和蘇法努旺兩大勢力，佛瑪屬中立派，其實是中間偏左，主要依賴美國和泰國的支持和援助，經常觀察風向而在左、中、右三派中遊走，以至於能長期立於不敗之地。蘇法努旺是完全的左派，曾加入「越盟」，依賴北越、蘇聯和中國的支持和援助。

第四，除了寮共控制的豐沙里和華潘兩省外，其他省分的軍人，基本上是右派，接受美援薪水、軍事裝備和訓練。軍方將領大都出身平民，不具王族血統，即使政變，諸如康黎、諾沙萬等，也很難在王族政治氛圍下掌握政權，經常為效忠王族的軍隊加以鎮壓。

第五，寮國在印度支那本不具戰略重要性，對美國和蘇聯都是偏遠的蕞爾窮國，對中國還具有南疆屏障的重要性，但寮國之高山峻嶺深墊，歷史上就不構成對中國的威脅。在這樣的地緣背景下，竟然在寮國爆發將近三十年的慘烈戰爭。究實而言，寮國戰爭的情況跟越南戰爭一樣，是美國和蘇聯、中國的代理人戰爭，大國在印度支那半島角力，寮國內部分裂為親美、親蘇、親中、親越派系，各援引外來勢力爭奪政權以致最後捲入戰爭漩渦。

第六，寮國夾在越南和泰國之間，當這兩國國力增強時，會往寮國延伸勢力，因此寮國從第十八世紀以來就陷入該兩國之政治競爭中。在二戰結束後，寮國試圖維持中立地位以保生存，但該種中立地位非常薄弱，禁不起共黨越南之入侵和滲透，而促致內亂不已。美國為了維持寮國的中立地位，給予寮國政府經濟和軍事援助，但美國不像在越南的作戰方式，在寮國只做空中轟炸，避免大規模陸地作戰，最後還是不能挽救寮國的中立政府，而被寮共顛覆。寮國不如柬埔寨幸運，柬埔寨在內戰後在聯合國扶植及保護下擺脫了泰國和越南之糾纏，而成為獨立國家，寮國則缺乏聯合國的扶植及保護，至今只能仰賴中國和越南之保護而生存。

在寮國內戰期間，泰國扮演的角色跟十八世紀不同，不再直接派兵進入寮國作戰，而是協同美國，在美國之支援下，培訓寮族志願軍，然後送回寮國協助萬寶的軍隊作戰。當寮國的右派失敗後，泰國成為右派領袖和難民流亡地。

第七，像寮國這樣的小國能維持中立外交嗎？1962 年，主張中立主義的寮國政府試圖和中華民國與中華人民共和國、南越與北越同時建立外交關係，其解決的辦法是一國在永珍設立大使館，另一國在琅勃拉邦設立大使館，這樣兩個敵對的政權的外交人員就不會見面。然而，這樣的設想，並沒有被當時的中華民國、中華人民共和國、南越和北越所接受，這些國家堅持本身政權的合法性，反對兩個政權並存，寮國的設想遂告失敗。不僅當時的分裂國家難以接受寮國的主張，就連寮國本身也因為這種不切實際的聯合政府實驗而引發長期內戰，生命財產損失無以計數，最後還是左派的寮共取得政權，右派全被關入大牢、勞改，不然就流亡海外。

寮國在 1960 年 10 月 7 日與蘇聯建立外交關係，但初期未互派大使，而是由蘇聯駐柬埔寨大使兼管寮國事務，寮國駐巴黎大使兼管蘇聯事務。1962 年 9 月 5 日與北越建立外交關係，南越政府召回駐永珍的大使，宣布斷交。寮國在 1958 年和德國聯邦共和國（西德）建交，1975–1990 年與德國民主共和國（東德）建交，而與西德斷交。寮國在 1974 年 6 月 22 日與南韓建交，6 月 24 日與北韓建交，但在 1975 年 7 月 24 日與南韓斷交，至 1995 年 10 月 25 日恢復與南韓邦交，而仍繼續維持和北韓的邦交。從以上的發展可知，在 1960–90 年代寮國所主張的中立外交並未實現，直至 1995 年後才實現其中立外交，此實乃國際社會進入後冷戰時代有以致此，而非像寮國這樣的小國可以自行決定。

第八，寮共產生的背景跟其他東南亞國家的共黨不同，早期的寮共領袖，像蘇法努旺、馮維漢、馮沙萬、坎泰‧西潘同等都是參加印度支那共產黨或「越盟」，他們跟蘇聯共產黨或中國共產黨沒有關連，因此，可以

說寮共是越共卵翼的共產黨。此外，這些寮共領袖跟越南人有血緣關係，例如蘇法努旺之妻子是越南人、馮維漢之父為越南人，或留學關係，例如蘇法努旺在河內求學。基於此一歷史關連性，寮共在長期內戰期間，接受越共的軍經援助和戰略指導，甚至「越共」派軍參戰。當寮共第一代領導人逐漸凋零後，它才逐漸轉向，為了獲取經濟援助，大概在 1988 年後恢復與中國的關係。

第九，寮共跟蘇聯共黨、越南共黨一樣，當權後就廢掉君王政體，將國王薩凡・瓦他納幽囚致死，差別在於蘇聯共黨殺害俄羅斯皇帝尼古拉二世（Nicola II），越共則保存越南國王保大之生命，讓他出任臨時政府高級顧問。保大在 1949 年復辟成為越南國國王。1955 年吳廷琰首相以公投方式廢掉君王政體，保大再度被廢黜。柬埔寨共黨在 1975 年取得政權時，也沒有恢復 1970 年遭龍諾廢除的君王政體，施亞努遭軟禁，後流亡到北京。幸運地，柬埔寨在 1993 年獲得聯合國保護，重新恢復施亞努王位，柬埔寨才得以維持君主立憲體制。

考察寮國歷史，其王朝遞嬗演變，跟柬埔寨很相像，均遭逢泰國和越南兩個外敵威脅，進而法國入侵，內部因親西方、親越南、維持中立等不同立場而陷入內戰。寮共當權後，走有限的社會主義路線，沒有陷入困境太深，就趕快脫身，恢復資本主義路線。寮國已在 1997 年加入東協，依賴東協保護而能維持其中立地位，以及擺脫周鄰強國的覬覦，這樣或許能恢復其世外桃源的山間小國的快樂國家地位。

徵引書目

一、中華民國官方檔案

國立故宮博物院藏，**清代宮中檔奏摺及軍機處檔摺件**，文獻類名：軍機處檔摺件，文獻編號：011572，事由：擬檄南掌國王文稿。乾隆 34 年 12 月。

二、中文專書

[元] 周致中撰，**異域志**，卷下潦查條和紅夷條，收錄在諸子百家中國哲學書電子化計畫。

[民國] 趙爾巽等撰，**清史稿**，中華書局，北京市，1977 年。

[宋] 王溥撰，**唐會要**，臺灣商務印書館，台北市，1968 年。

[宋] 宋祁撰，**唐書**，收錄在**欽定四庫全書**。

[宋] 歐陽修、宋祁撰，楊家駱主編，**新校本新唐書附索引**，鼎文書局，台北市，1998 年。

[明] 李賢撰，**大明一統志**，天順五年萬壽堂刊，諸子百家中國哲學書電子化計畫網路線上版。

[明] 柯邵忞撰，**新元史**，成文出版社，台北市，1971 年。

[明] 楊士奇等纂修，**太宗文皇帝實錄**；楊士奇等纂修，**宣宗章皇帝實錄**；劉吉等纂修，**憲宗純皇帝實錄**，江蘇國學圖書館藏嘉業堂明實錄傳鈔本，中央研究院歷史語言研究所校印，台北市，1984。

[清]文慶等撰，**大清文宗顯（咸豐）皇帝實錄**（三），華聯出版社，台北市，1964 年。

[清]文慶等撰，**大清宣宗成（道光）皇帝實錄**（八），華聯出版社，台北市，1964 年。

[清]文慶等撰，**大清宣宗成（道光）皇帝實錄**（十），華聯出版社，台北市，1964 年。

[清]毛奇齡撰，**蠻司合誌**，莊嚴文化事業公司，台南縣，1997 年。

[清]李傳熊編修，**皇朝通典卷**，收錄在**欽定四庫全書**，景印文淵閣四庫全書，第 643 冊，臺灣商務印書館，台北市，1986 年。

[清]岑毓英、陳燦纂修，（**光緒**）**雲南通志**，收錄在諸子百家中國哲學書電子化計畫網路版。

[清]清高宗敕撰，**清朝文獻通考**，新興書局，台北市，1963 年重印。

[清]張廷玉等撰，**明史**，中華書局，北京市，1974 年。

[清]鄂爾泰、福敏、張廷玉、徐本、三泰等撰，**大清世宗憲（雍正）皇帝實錄**（二），華文書局，台北市，1964 年。

[清]戴均元等撰，**大清仁宗睿（嘉慶）皇帝實錄**（五），華聯出版社，台北市，1964 年。

[清]羅倫、李文淵纂修，**康熙永昌府志**，載於北京圖書館古籍珍本叢刊，45 冊，書目文獻出版社，北京市，1988 年。

[清]顧炎武撰，**天下郡國利病書**，原編第三十二冊，雲貴交阯，「緬甸始末」，四部叢刊，臺灣商務印書館印行，台北市，1980 年。

[越]明崢著，范宏科、呂谷譯，**越南史略**，生活、讀書、新知三聯書店出版，北京市，1960 年。

[越]柔遠，**欽定大南會典事例**，第一冊，禮部柔遠，Bo Van-Hoa Giao-Duc, Saigon, 1965。

[越]柔遠，**欽定大南會典事例**，第二冊，Bo Van-Hoa Giao-Duc, Saigon,

1965。

[越] 陳文為纂修，**欽定越史通鑑綱目**，正編卷之三十四，黎熙宗正和十七
　　年，中越文化經濟協會，台北市，1969 年重印。

[越] 陳文為纂修，**欽定越史通鑑綱目**，正編卷之二十三，黎聖宗洪德十年。

[越] 陳文為纂修，**欽定越史通鑑綱目**，正編卷之三十五。

[越] 陳重金，**越南通史**，商務印書館，北京市，1992 年。

王頲著，**西域南海史地研究**，上海古籍出版社，上海，2005 年。

吳迪著，陳禮頌譯，**暹羅史**，臺灣商務印書館，台北市，1988 年修訂重排
　　初版。

清史稿校註編纂小組編纂，**清史稿校註**，國史館印行，台北市，1986 年。

郭鳳明主編，謝培屏編輯，中華民國史事紀要（初稿）- 民國 51 年 7 至 9
　　月份，國史館出版，台北市，民國 91 年 9 月。

陳佳榮、謝方、陸峻嶺編，**古代南海地名匯釋**，中華書局，北京，1986。

越南社會科學委員會編著，**越南歷史**，人民出版社，北京市，1977 年。

景振國主編，**中國古籍中有關老撾資料匯編**，河南人民出版社，中國，
　　1985。

趙爾巽編，**新校本清史稿**，緬甸，中央研究院漢籍電子文獻。

蔡文星編著，**泰國近代史略**，正中書局，1946 年滬一版。

三、英文專書

Briggs, Lawrence Palmer, *The Ancient Khmer Empire*, The American
　　Philosophical Society, Philadelphia, 1951.

Butler-Diaz, Jacqueline, ed., *New Laos, New Challenges*, Arizona State
　　University, 1998.

Chandler, David P., *A History of Cambodia*, O. S. Printing House, Bangkok, Thailand, 1993.

Coedès, G., *The Making of Southeast Asia*, University of California Press, Berkeley and Los Angeles, 1969.

Dommen, Arthur J., *Conflict in Laos, The Politics of Neutralization*, Praeger Publishers, New York, 1971.

Evans, Grant, *A Short History of Laos, The Land in Between*, Allen & Unwin, Australia, 2002.

Hammer, Ellen J., *The Struggle for Indochina 1940-1955, Vietnam and the French Experience*, Stanford University Press, California, 1968.

Hoontrakui, Likhit, *The Historical Records of the Siamese-Chinese Relations*, Debsriharis, Bangkok, 1967.

Ivarsson, Søren, *Creating Laos, The Making of a Law Space between Indochina and Siam, 1860-1945*, Nordic Institute of Asian Studies, Copenhagen, Denmark, 2008.

John, Ronald Bruce St., *Revolution, Reform and Regionalism in Southeast Asia, Cambodia, Laos and Vietnam*, Routledge, New York, 2006.

Kislenko, Arne, *Culture and Customs of Laos*, Greenwood Press, London, 2009.

Lee, Mai Na M., *Dreams of the Hmong Kingdom: The Quest for Legitimation in French Indochina*, 1850-1960, University of Wisconsin Press, Wisconsin, 2015.

Penth, Hans, *A Brief History of Lan Na, Civilizations of North Thailand*, Silkworm Books, Bangkok, 2000.

Pholsena, Vatthana and Ruth Banomyong, *Laos, From Buffer State to Crossraods?*, Mekong Press, Chiang Mai, Thailand, 2006.

Pholsena, Vatthana, *Post-War Laos, The Politics of Culture, History, and Identity*,

Cornell University Press, Ithaca, New York, 2006.

Simms, Peter and Sanda, *The Kingdoms of Laos, Six Hundreds Years of History*, Curzon Press, UK, 1999.

Stuart-Fox, Martin, *A History of Laos*, Cambridge University Press, Cambridge, 1997.

Stuart-Fox, Martin, *The Lao Kingdom of Lan Xang Rise and Decline*, White Lotus Press, Bangkok, 1998.

Stuart-Fox, Martin, *Historical Dictionary of Lao*, Scarecrow Press, Maryland, USA, 2008.

Syamananda, Rong, *A History of Thailand*, Thai Watana Panich Co., Ltd., Bangkok, Thailand, 1973.

Tarling, Nicholas(ed.), *The Cambridge History of Southeast Asia, Vol. One, From Early Times to C.1500*, Cambridge University Press, United Kingdom, 1999.

Wyatt, David K., *Thailand: A Short History*, Yale University Press, Thai Watana Panich Co., Ltd., 1984.

四、中文期刊論文和短文

王頲，「徑行半月：文單國新探及真臘疆域問題」，載於王頲著，**西域南海史地研究**，上海古籍出版社，上海，2005 年，頁 129-146。

文檔，「越南封建王朝對老撾的侵略」，**廣西師範學院學報**，1981 年 7 月，第 2 期，頁 46-49。

耿德銘，「古籍中的哀牢國」，**雲南民族學院學報（哲學社會科學版）**，第 19 卷第 6 期，2002 年 11 月，頁 70-74。

五、英文期刊論文和短文

Bellwood, Peter, "Southeast Asia before History, " in Nicholas Tarling(ed.), *The Cambridge History of Southeast Asia, Vol. One, From Early Times to C.1500*, Cambridge University Press, United Kingdom, 1999, pp.55-136.

Briggs, Lawrence Palmer, "The Treaty of March 23, 1907 Between France and Siam and the Return of Battambang and Angkor to Cambodia," *The Far Eastern Quarterly*, Vol. 5, No. 4 (Aug., 1946), pp. 439-454.

Case, William, "Laos in 2010: political stasis, rabid development, and regional counter-weighting," *Asian Survey*, Vol.51, No.1, January/February 2011, pp.202-207.

Coates, Karen J., "Plain of Jars," *Archaeology*, Vol.58, No.4, July/August 2005. （http://archive.archaeology.org/0507/abstracts/laos.html　2015 年 8 月 20 日瀏覽。）

Demeter, Fabrice, Thongsa Sayavongkhamdy, Elise Patole-Edoumba, Anne-Marie Bacon, John De Vos, Christelle Tougard, Bounheuang Bouasisengpaseuth, Phonephanh Sichanthongtip and Phlippe Duringer, "Tam Hang Rockshelter: Preliminary Study of a Prehistoric Site in Northern Laos" *Asian Perspectives*, Vol. 48, No. 2, Fall 2009, pp. 291-308.

Forbes, Dean and Cecile Cutler, "Laos in 2004: political stability, economic opening," *Asian Survey*, Vol.45, No.1, January/ February 2005, pp.161-165.

Fry, Gerald W., "The future of the Lao RDR: relations with Thailand and alternative paths to internationalization," in Jacqueline Butler-Diaz(ed.), *op.cit.*, pp.147-179.

Goscha, Christopher E., " Vietnam and the world outside: The case of Vietnamese communist advisers in Laos (1948–62)," *South East Asia Research*, Vol. 12,

No. 2, July 2004, pp. 141-185.

Gunn, Geoffrey C., "Laos in 2006: changing of the guard," *Asian Survey*, Vol.47, No.1, January/February 2007, pp.183-188.

Gunn, Geoffrey C., "Laos in 2007: regional integration and international fallout," *Asian Survey*, Vol.VIII, No.1, January/February 2008, pp.62-68.

Ireson, W. Randall, "Evolving village-state relations in the Lao PDR: time, space, and ethnicity," in Jacqueline Butler-Diaz, ed., *New Laos, New Challenges*, Arizona State University, 1998, pp.41-71.

Ivarsson, Søren, "Towards a new Laos, Lao Nhay and the campaign for a national 'Reawakening' in Laos 1941-45," in Grant Evans, *Laos, Culture and Society*, pp.61-78.

Jerndal, Randi and Jonathan Rigg, "From buffer state to crossroads state, spaces of human activity and integration in the Lao PDR," in Grant Evans, *Laos, Culture and Society*, Silkworm Books, Chiang Mai, Thailand, 1999, pp.35-60.

Jönsson, Kristina, "Laos in 2008: hydropower and flooding (or business as usual)," *Asian Survey*, Vol.XLIX, No.1, January/February 2009, pp.200-205.

Jönsson, Kristina, "Laos in 2009: recession and Southeast Asian games," *Asian Survey*, Vol.50, No.1, January/February 2010, pp.241-246.

Keesing's Contemporary Archives, October 18-25, 1941, Longman Group Limited, England, 1985, p.4844.

Keesing's Record of World Events, Vol.48, No.3, 2002, p.44678.

Keesing's Record of World Events, Vol.49, No.11, 2003, p.45700.

Lefferts, H. Leedom, JR., "Women's power and Theravada Buddhism, a paradox from Xieng Khouang," in Grant Evans, *Laos, Culture and Society*, pp.214-225.

Roberts, Christopher B., "Laos: a more mature and robust state?," *Southeast Asian Affairs*, 2012, pp.153-168.

Stuart-Fox, Martin, "Laos: the Chinese connection," *Southeast Asian Affairs*, 2009, pp. 141-169.

Zasloff, Joseph J., "The foreign policy of Laos in the 1990s," in Jacqueline Butler-Dias(ed.), *op.cit*, 127-145.

六、中文報紙

「右翼部隊倒戈 百人投向寮共」，**中國時報**（臺灣），1975 年 5 月 12 日，版 1。

「共黨破壞停火協定寮國局勢惡化猛卡西失陷永珍皇都交通切斷」，**中國時報**（臺灣），1975 年 5 月 8 日，版 4。

「尼克森總統稱 泰寮休戚相關 證實泰國派軍協防寮國」，**中央日報**（臺灣），1970 年 3 月 22 日，版 1。

「永珍出現親共政權，俄機運重武器援助，軍事委員會被解散，富西納接管軍政大權」、「富西納對記者悍然宣稱 如溥彌軍進攻永珍 彼將砲擊泰國河岸 指責美泰兩國支持溥彌部隊 寮國會不信任親共政權」，**中央日報**（臺灣），1960 年 12 月 13 日，版 1。

「永珍昨敉平政變 流亡將領陶邁不滿寮對共黨讓步 自泰潛回舉事旋因座機中彈喪亡」，**中央日報**（臺灣），1973 年 8 月 21 日，版 2。

「在政變集團強迫下 寮國內閣總辭 刁宋桑尼昨返永珍與康立會談 寮王任命蘇旺納溥瑪組新閣」，**中央日報**（臺灣），1960 年 8 月 16 日，版 1。

「安理會寮國小組提出調查報告 證明寮國叛軍確獲越共補給 對越共軍進入寮國未能證明」，**中央日報**（臺灣），1959 年 11 月 6 日，版 2。

「有關寮國當前情勢 哈瑪紹決深入研究 派陶慕亞駐寮調查 寮對聯合國新措施極感欣慰」，**中央日報**（臺灣），1959 年 11 月 17 日，版 2。

「我在寮國永珍 設立領事館 丁于正為首任領事」，**中央日報**（臺灣），1958 年 11 月 18 日，版 1。

「佛瑪離寮飛抵金邊佛米揮軍圍永珍 三角政爭成兩角康萊據寮京大戰迫眉睫 寮共乘機崛起進軍城郊」，**中國時報**（臺灣），1960 年 12 月 11 日，版 1。

「俄圖囊括越南三邦，要求取得大半越南、一半寮國及部分高棉，以先談政治問題為停戰條件」，**中央日報**（臺灣），1954 年 6 月 10 日，版 1。

「哈瑪紹往訪寮國 俄竟悍然反對 謂聯合國不應干涉寮局勢」，**中央日報**（臺灣），1959 年 11 月 11 日，版 2。

「哈瑪紹勸告寮國 要求組聯合政府 包括溥瑪及親共分子」，**中央日報**（臺灣），1961 年 1 月 30 日，版 2。

「法軍放棄寮境他曲」、「泰北部九省宣布戒嚴」，**中央日報**（臺灣），1953 年 12 月 27 日，版 2。

「法軍增援素旺據點，將對越共進行反攻」，**中央日報**（臺灣），1953 年 12 月 29 日，版 2。

「法與越共下令寮國昨起停火」，**中央日報**（臺灣），1954 年 8 月 7 日，版 2。

「協助寮國擊敗叛軍美決提供特種軍援 援款將用來裝備寮特種國民兵使寮陸軍可抽調更多兵力戡亂」，**中央日報**（臺灣），1959 年 8 月 27 日，版 1。

「俄航艦將在遠東部署 寮國將成俄前進基地」，**中國時報**（臺灣），1977 年 10 月 14 日，版 4。

「美正密切注視寮國局勢發展 寮共電台加緊反美宣傳」，**中央日報**（臺灣），1963 年 4 月 4 日，版 2。

「美在寮戰中死亡近四百」，**中央日報**（臺灣），1970 年 3 月 10 日，版 2。

「美與東約國家磋商結果 決定暫停對寮軍援 希望藉此促使寮國領袖間談判 溥瑪聲稱將採必要步驟」，**中央日報**（臺灣），1960 年 10 月 9 日，版 2。

「美與寮國達成八點協議 下月底前撤走美援機構由寮聯合政府接收開發署經費」，**中國時報**（臺灣），1975 年 5 月 28 日，版 4。

「美國恢復對寮軍援 助其對共黨壓力 並建議寮政府遷皇都遠離政變集團壓力 美國務院認柏森斯與溥瑪會談 已導致寮國政局獲得某種進展」，**中央日報**（臺灣），1960 年 10 月 19 日，版 1。

「美國務院正式聲明加緊軍事援助寮國 指出寮戰係由共黨的周密設計」，**中央日報**（臺灣），1959 年 8 月 28 日，版 2。

「美國務院發表白皮書稱 共黨集團介入寮戰 寮國面臨持續威脅 指出寮戰為共黨集團侵略型態的一部份 俄幕後策劃匪與越共則指揮支援寮叛軍」，**中央日報**（臺灣），1959 年 11 月 15 日，版 1。

「美國務院發表強烈聲明 促溥瑪勿使用武力奪取寮國鑾巴拉邦 溥瑪指控美支持革命軍」，**中央日報**（臺灣），1960 年 11 月 17 日，版 2。

南洋星洲聯合早報（新加坡），2000 年 7 月 4 日，版 20。

南洋星洲聯合早報（新加坡），2001 年 3 月 13 日，版 33。

「泰國副總理證實 泰國志願軍 在寮國作戰」，**中央日報**（臺灣），1970 年 4 月 1 日，版 2。

「泰國採取強硬立場 關閉接壤寮國邊界傳越軍正沿湄公河岸擴充力量」，**中國時報**（臺灣），1980 年 7 月 7 日，版 5。

翁永德，「否定泰人遷移的證據」，**星暹日報**（泰國），1985 年 2 月 11 日，版 9。

「寮政變集團昨宣布嚴守所謂中立政策，要求所有外國軍隊離開」，**中央日報**（臺灣），1960 年 8 月 11 日，版 1。

「寮國中立派與右派宣布合併成為一派 溥瑪任領袖今赴寮共總部會談」，**中央日報**（臺灣），1964 年 5 月 3 日，版 2。

「寮國局勢撲朔迷離 永珍對外通訊斷絕 傳政府軍已奉命向永珍攻擊 泰報載寮政府三部長已脫險」，**中央日報**（臺灣），1960 年 8 月 11 日，版 1。

「寮國政府傳與共黨達成軍政協議 以相等人數組聯合政府」，**中央日報**（臺灣），1973 年 7 月 30 日，版 2。

「寮國昨選議會，政府動員海軍巡邏，防止任何人離本國」，**中央日報**（臺灣），1955 年 12 月 26 日，版 2。

「寮國皇都昨發生政變 鑾巴拉邦衛戍部隊步兵營投向革命軍 總理蘇旺納提前返永珍」，**中央日報**（臺灣），1960 年 11 月 12 日，版 2。

「寮國叛亂敉平局勢恢復正常 泰考慮庇護叛變將領」，**中央日報**（臺灣），1966 年 10 月 24 日，版 2。

「寮國問題會議 達成三項協議 交工作委會擬細節」，**中央日報**（臺灣），1961 年 7 月 28 日，版 2。

「寮國停火期限 定為八月六日」，**中央日報**（臺灣），1954 年 7 月 25 日，版 2。

「寮國國王發表聲明 宣布嚴守中立政策 要求有關國家停止干預寮內政 盼由柬緬馬組委員會防止干預」，**中央日報**（臺灣），1961 年 2 月 21 日，版 2。

「寮國與共黨組聯合政府，赤化命運殆已決定」，**中央日報**（臺灣），1956 年 8 月 27 日，版 6。

「寮國領導階層內鬨 傳重要人員已投匪」，**中國時報**（臺灣），1979 年 8 月 17 日，版 5。

「寮國舉行總選 溥瑪穩操勝券 寮共阻撓影響甚微」，**中央日報**（臺灣），1967 年 1 月 3 日，版 2。

「寮國舉行國會選舉」，**中央日報**（臺灣），1992 年 12 月 21 日，版 6。

「寮國議會通過法案 授予總理特別權力 俾穩定政局並要求更多的美援 越共叫囂要求與寮國舉行談判」，**中央日報**（臺灣），1959 年 1 月 16 日，

版 3。

「寮國戰亂極端嚴重政府宣布五省戒嚴 已致電哈瑪紹促注意嚴重局勢 叛軍
　　加強控制寮北兩省」、「寮國政府發表公報 指控越共侵略寮國 被俘叛
　　軍攜有匪製武器」，**中央日報**（臺灣），1959 年 8 月 5 日，版 2。

「寮新閣日內可組成，將由庫阿布海擔任新閣閣揆」，**中央日報**（臺灣），
　　1960 年 1 月 8 日，版 2。

「寮總理溥瑪昨下令 軟禁康立半月 懲罰其未經許可而諂事俄使 溥瑪將要
　　求寮國會授予特權」，**中央日報**（臺灣），1960 年 10 月 19 日，版 1。

「寮聯合政府被推翻 右派軍官接掌政權 革命委員會以亞布海將軍為首 宣
　　告全寮國各地區均寧靜無事」，**中央日報**（臺灣），1964 年 4 月 20 日，
　　版 1。

「紐約時報記者報導 共匪侵寮益亟 派兵入寮協助寮共部隊活動越共兩營亦
　　開寮國邊界增援」，**中央日報**（臺灣），1957 年 5 月 16，版 1。

「越共加強控制寮國 雙方簽訂合作條約」，**中國時報**（臺灣），1977 年 7
　　月 19 日，版 4。

「越共兩師西侵寮國，泰邊他曲感受威脅」，**中央日報**（臺灣），1953 年
　　12 月 26 日，版 2。

「越共軍隊集中邊境 寮國遭受威脅 寮總理要求議會授特別權力 俾能完成
　　政府各項計劃」，**中央日報**（臺灣），1959 年 1 月 14 日，版 3。

「陳匪函日內瓦會 誣美與泰『侵略』寮國」，**中央日報**（臺灣），1960 年
　　12 月 29 日，版 2。

「溥瑪籲美繼續轟炸 阻止北越攫奪寮國 賴德稱美對寮政策有改變可能」，
　　中央日報（臺灣），1970 年 3 月 5 日，版 2。

盧偉林，「寮國的大選」，**中央日報**（臺灣），1972 年 2 月 11 日，版 2。

盧偉林，「寮國兩都『中立化』」，**中央日報**（臺灣），1974 年 3 月 2 日，
　　版 2。

「應付寮國局勢 美拒絕印度建議 反對恢復監察會」，**中央日報**（臺灣），
　　1961 年 1 月 1 日，版 2。

「懷特對寮局發表聲明，俟寮中立政府成立，美將續予軍經援助」，**中央
　　日報**（臺灣），1962 年 3 月 28 日，版 2。

「聯合政府組織原則，寮三親王獲致協議」，**中央日報**（臺灣），1962 年
　　1 月 21 日，版 2。

聯合報，1962 年 8 月 4 日，版 1；1962 年 8 月 5 日，版 1。

七、英文報紙

"Laos posts," *The Canberra Times*, December 9, 1981, p.5.

Lawrence, W.H., "Kennedy alerts nation on Laos; warns Soviet bloc, asks truce;
　　stresses SEATO's role in crisis; peril emphasized President Voices U.S.
　　'Resolution' -- Arms Build-Up Pushed Kennedy alerts country on Laos,"
　　New York Times, March 24, 1961, p.1.

Seth Mydans, "Laos uneasy amid echoes of Indochina war," *Taipei Times*, July
　　22, 2000, p.4.

八、美國官方檔案

Office of Historian, "107. Memorandum of conversation: Vienna Meeting
　　Between the President and Chairman Khrushchev," *Foreign Relations of the
　　United States*, 1961-1963, Vol.XXIV, Laos Crisis, Vienna, June 3, 1961.
　　https://history.state.gov/historicaldocuments/frus1961-63v24/d107　2016 年　10

月 20 日瀏覽。

Office of Historian, "108. Memorandum of conversation: Meeting Between the President and Chairman Khrushchev in Vienna ," *Foreign Relations of the United States*, 1961-1963, Vol.XXIV, Laos Crisis, Vienna, June 4, 1961. https://history.state.gov/historicaldocuments/frus1961-63v24/d108　2016 年 10 月 20 日瀏覽。

九、美國官方檔案

"Burma, Cambodia, Canada, People's Republic of China, Democratic Republic of Viet-Nam, etc., Declaration on the Neutrality of Laos, signed at Geneva, on 23 July 1962, and Protocol to the above-mentioned Declaration, signed at Geneva, on 23 July 1962," No. 6564, *Treaty Series of the United Nations*, 1963, pp.301-329.（https://treaties.un.org/doc/Publication/UNTS/Volume%20456/volume-456-I-6564-English.pdf 2016 年 1 月 21 日瀏覽。）

"Five-Point Peace Proposal presented by the Neo Lao Hak Sat on March 6 1970," in Joseph J. Zasloff, *The Pathet Lao Leadership and Organization*, A Report prepared for Defense Advanced Research Projects Agency, The Rand Corporation, the United States, 1973, pp.131-134.（http://www.rand.org/content/dam/rand/pubs/reports/2007/R949.pdf　2016 年 1 月 27 日瀏覽。）

"Agreement on the Restoration of Peace and Reconciliation in Laos, " in Joseph J. Zasloff, *The Pathet Lao Leadership and Organization*, pp.135-140.（http://www.rand.org/content/dam/rand/pubs/reports/2007/R949.pdf　2016 年 1 月 27 日瀏覽。）

"Lao People's Democratic Republic and Laos under the Pathet Lao after the

Vietnam War," in *Facts and Details*.（http://factsanddetails.com/southeast-asia/Laos/sub5_3a/entry-2941.html 2016 年 2 月 20 日瀏覽。）

http://workmall.com/wfb2001/laos/laos_history_developments_in_the_lao_peoples_democratic_republic.html 2005 年 5 月 23 日瀏覽。

http://www.photius.com/countries/laos/government/laos_government_origins_of_the_party.html 2005 年 5 月 23 日瀏覽。

http://www.photius.com/countries/laos/government/laos_government_ideology_of_the_lao_~9502html 2005 年 5 月 23 日瀏覽。

"Laos development in the Lao People's Democratic Republic,"（http://workmall.com/wfb2001/laos/laos_history_developments_in_the_lao_peoples_democratic_republic.html 2015 年 12 月 23 日瀏覽。）

"Laos Legislature,"（http://www.photius.com/countries/laos/government/laos_government_legislature.html 2015 年 12 月 23 日瀏覽。）

"Laotian Parliamentary election, 2011,"（https://en.wikipedia.org/wiki/Laotian_parliamentary_election,_2011 2015 年 12 月 23 日瀏覽。）

"Laos insurgents,"（http://www.photius.com/countries/laos/government/laos_government_insurgents.html 2015 年 12 月 23 日瀏覽。）

"Laos refugees,"（http://www.photius.com/countries/laos/government/laos_government_refugees.html 2015 年 12 月 23 日瀏覽。）

http://www.StudentsoftheWorld.info 2005 年 5 月 23 日瀏覽。

http://www.photius.com/countries/laos/government/laos_government_multilateral_donors.html 2005 年 5 月 23 日瀏覽。

"Laos stock market opens to boost economy," *BBC News*, January 11, 2011.（http://www.bbc.com/news/business-12160402 2016 年 1 月 27 日瀏覽。）

"The first Thai-Laos friendship bridge,"（http://thailand.embassy.gov.au/bkok/FunRun_Bridge_History.html 2015 年 11 月 20 日瀏覽。）

http://www.photius.com/countries/laos/government/laos_government_
government_structure.html 2005 年 5 月 23 日瀏覽。

Jeffrey Hays, "Lao People's Democratic Republic and Laos Under the Pathet Lao After the Vietnam War,"（http://factsanddetails.com/southeast-asia/Laos/sub5_3a/entry-2941.html 2015 年 12 月 23 日瀏覽。）

「蘭旺舞：最具代表性的老撾民間舞蹈」，人民網，2014 年 4 月 30 日，（http://gx.people.com.cn/BIG5/n/2014/0430/c346519-21111014.html 2016 年 4 月 30 日瀏覽。）

https://www.cia.gov/library/publications/resources/the-world-factbook/geos/la.html 2015 年 8 月 23 日瀏覽。

https://www.cia.gov/library/publications/resources/the-world-factbook/geos/la.html 2015 年 8 月 23 日瀏覽。

http://encyclopedia.lockergnome.com/s/b/Laos#Politics 2005 年 5 月 23 日瀏覽。

http://www.photius.com/countries/laos/society/laos_society_ethnic_diversity.html 2005 年 5 月 23 日瀏覽。

http://www.photius.com/countries/laos/society/laos_society_ethnic_diversity.html 2005 年 5 月 23 日瀏覽。

http://www.StudentsoftheWorld.info 2005 年 5 月 23 日瀏覽。

"Archaeology and culture,"（http://www.mmg.com/en/Our-Operations/Mining-operations/Sepon/Living-in-the-community/Archaeology-and-culture.aspx 2015 年 8 月 20 日瀏覽。）

http://www.hawaii.edu/cseas/pubs/vietnam/vietnam.html 2006 年 6 月 9 日瀏覽。

Joyce C. White, Helen Lewis, Bounheuang Bouasisengpaseuth, Ben Marwick & Katherine Arrell, "Archaeological investigations in northern Laos: new contributions to Southeast Asian prehistory," *Antiquity*.（http://antiquity.

ac.uk/projgall/white/ 2015 年 8 月 20 日瀏覽。）

"Fossil Finds in Laos May Represent Earliest Modern Humans in Southeast Asia," *Popular Archaeology*, August 20, 2012.（http://popular-archaeology. com/issue/june-2012/article/fossil-finds-in-laos-may-represent-earliest-modern-humans-in-southeast-asia 2015 年 8 月 20 日瀏覽。）

「盆蠻」，維基百科，https://zh.wikipedia.org/wiki/%E7%9B%86%E8%A0 %BB 2016 年 2 月 1 日瀏覽。

http://www.photius.com/countries/laos/government/laos_government_ government_and_polit~9499. html 2005 年 5 月 23 日瀏覽。

Jeffrey Hays, "Lao People's Democratic Republic and Laos Under the Pathet Lao After the Vietnam War," *Facts and Details*, May 2014.（http://factsan ddetails.com/southeast-asia/Laos/sub5_3a/entry-2941.html 2015 年 12 月 23 日瀏覽。）

http://www.photius.com/countries/laos/government/laos_government_the_ constitution.html 2005 年 5 月 23 日瀏覽。

International Boundary Study, No.20, Laos-Thailand Boundary, The Geographer Office of the Geographer Bureau of Intelligence and Research, Department of State of the United States, p.5. in http://www.law.fsu.edu/library/ collection/limitsinseas/ibs020.pdf 2010 年 12 月 14 日瀏覽。

" Wat Phu," *Wikipedia*.（https://en.wikipedia.org/wiki/Vat_Phou 2016 年 2 月 24 日瀏覽。）

Wiens, Mark, "Visiting Wat Phou (Ancient Temple Complex) in Champasak, Laos," *Migrationology*, June 22, 2011.（http://migrationology.com/2011/06/ visiting-wat-phou-ancient-temple-complex-in-champasak-laos/ 2016 年 2 月 24 日瀏覽。）

Project coordinator: Robert E. Lester, Guide compiled by Blair D. Hydrick,

"Confidential U.S. State Department Central Files, Laos 1960-January 1963, Internal Affairs and Foreign Affairs," A UPA Collection from Lexis Nexis, p.ix.（http://academic.lexisnexis.com/documents/upa_cis/2767_CFLaosIntForAffs1960-1963.pdf　2016 年 3 月 3 日瀏覽。）

"Myanmar general election, 2015," *Wikipedia.*（https://en.wikipedia.org/wiki/Myanmar_general_election,_2015　2016 年 3 月 3 日瀏覽。）

「寮國：首枚通信衛星發射成功，中國太空技術輸出」，The News Lens 關鍵評論，http://www.thenewslens.com/post/251835/　2016 年 3 月 25 日瀏覽。

" Laotian parliamentary election, 2016," *Wikipedia.*（https://en.wikipedia.org/wiki/Laotian_parliamentary_election,_2016　2016 年 4 月 23 日瀏覽。）

索引

五劃

六劃

九劃

十一劃

十六劃

歷史 世界史

寮國史

作　　　者—陳鴻瑜
發 行 人—王春申
總 編 輯—李進文
編輯指導—林明昌
主　　　編—王育涵
責任編輯—徐平
校　　　對—鄭秋燕
封面設計—吳郁婷

營業經理—陳英哲
行銷企劃—魏宏量
出版發行—臺灣商務印書館股份有限公司
　　　　　23141 新北市新店區民權路 108-3 號 5 樓（同門市地址）
電話：(02)8667-3712　傳真：(02)8667-3709
讀者服務專線：0800056196
郵撥：0000165-1
E-mail：ecptw@cptw.com.tw
網路書店網址：www.cptw.com.tw
Facebook：facebook.com.tw/ecptw

局版北市業字第 993 號
初版一刷：2017 年 5 月
初版二刷第一次：2019 年 3 月
印刷廠：沈氏藝術印刷股份有限公司
定價：新台幣 320 元
法律顧問：何一芃律師事務所

寮國史 ／ 陳鴻瑜 著. --初版. --新北市：臺灣
商務，2017. 05
　　面： 　公分. --（歷史 世界史）

ISBN 978-957-05-3076-6（平裝）

　1. 寮國史

738.51　　　　　　　　　　106003855